杭州全书编纂指导委员会

杭州全书编辑委员会

湘湖（白马湖）全书编纂指导委员会

《湘湖（白马湖）丛书》编辑委员会

《湘湖丛书》编委会

王国平 总主编

湘湖文化民间遗存

申屠勇剑 编著

西泠印社出版社

杭州全书总序

城市是有生命的。每座城市，都有自己的成长史，有自己的个性和记忆。人类历史上，出现过不计其数的城市，大大小小，各具姿态。其中许多名城极一时之辉煌，但随着世易时移，渐入衰微，不复当年雄姿；有的甚至早已结束生命，只留下一片废墟供人凭吊。但有些名城，长盛不衰，有如千年古树，在古老的根系与树干上，生长的是一轮又一轮茂盛的枝叶和花果，绽放着恒久的美丽。杭州，无疑就是这样一座保持着恒久美丽的文化名城。

这是一座古老而常新的城市。杭州有8000年文明史、5000年建城史。在几千年历史长河中，杭州文化始终延绵不绝，光芒四射。8000年前，跨湖桥人凭着一叶小木舟、一双勤劳手，创造了辉煌的“跨湖桥文化”，浙江文明史因此上推了1000年；5000年前，良渚人在“美丽洲”繁衍生息，耕耘治玉，修建了“中华第一城”，创造了灿烂的“良渚文化”，被誉为“东方文明的曙光”。而隋开皇年间置杭州，依凤凰山建造州城，为杭州的繁荣奠定了基础。此后，从唐代“灯火家家市，笙歌处处楼”的东南名郡，吴越国时期“富庶盛于东南”的国都，北宋时被誉为“上有天堂，下有苏杭”的“东南第一州”，南宋时全国的政治、经济、科教、文化中心，元代马可·波罗眼中的“世界上最美丽华贵之天城”，明代产品“备极精工”的全国纺织业中心，清代接待康熙、乾隆几度“南巡”的旅游胜地、人文渊薮，民国时期文化名人的集中诞生地，直到新中国成立后的湖山新貌，尤其是近年来为世人称羡不已的“最具幸福感城市”——杭州，不管在哪个历史阶段，都让世人感受到她的分量和魅力。

这是一座勾留人心的风景之城。“淡妆浓抹总相宜”的“西湖天下景”，“壮观天下无”的钱江潮，“至今千里赖通波”的京杭大运河（杭州段），蕴含着“梵、隐、俗、闲、野”的西溪烟水，三秋桂子，十里荷花，杭州的一山一水、一草一木，都美不胜收，令人惊艳。今天的杭州，西湖成功申遗，中国最佳旅游城市、东方休闲之都、国际花园城市等一顶顶“桂冠”相继获得，杭州正成为世人向往之“人间天堂”、“品质之城”。

这是一座积淀深厚的人文之城。8000 年来，杭州“代有才人出”，文化名人灿若繁星，让每一段杭州历史都不缺少光华，而且辉映了整个华夏文明的星空；星罗棋布的文物古迹，为杭州文化添彩，也为中华文明增重。今天的杭州，文化春风扑面而来，经济“硬实力”与文化“软实力”相得益彰，文化事业与文化产业齐头并进，传统文化与现代文明完美融合，杭州不仅是“投资者的天堂”，更是“文化人的天堂”。

杭州，有太多的故事值得叙说，有太多的人物值得追忆，有太多的思考需要沉淀，有太多的梦想需要延续。面对这样一座历久弥新的城市，我们有传承文化基因、保护文化遗产、弘扬人文精神、探索发展路径的责任。今天，我们组织开展杭州学研究，其目的和意义也在于此。

杭州学是研究、发掘、整理和保护杭州传统文化和本土特色文化的综合性学科，包括西湖学、西溪学、运河（河道）学、钱塘江学、良渚学、湘湖（白马湖）学等重点分支学科。开展杭州学研究必须坚持“八个结合”：一是坚持规划、建设、管理、经营、研究相结合，研究先行；二是坚持理事会、研究院、研究会、博物馆、出版社、全书、专业相结合，形成“1+6”的研究框架；三是坚持城市学、杭州学、西湖学、西溪学、运河（河道）学、钱塘江学、良渚学、湘湖（白马湖）学相结合，形成“1+1+6”的研究格局；四是坚持全书、丛书、文献集成、研究报告、通史、辞典相结合，形成“1+5”的研究体系；五是坚持党政、企业、专家、媒体、市民相结合，形成“五位一体”的研究主体；六是坚持打好杭州牌、浙江牌、中华牌、国际牌相结合，形成“四牌共打”的运作方式；七是坚持权威性、学术性、普及性相结合，形成“专家叫好、百姓叫座”的研究效果；八是坚持有章办事、有人办事、有钱办事、有房办事相结合，形成良好的研究保障体系。

《杭州全书》是杭州学研究成果的载体，包括丛书、文献集成、研究报告、通史、辞典五大组成部分，定位各有侧重：丛书定位为通俗读物，突出“俗”字，做到有特色、有卖点、有市场；文献集成定位为史料集，突出“全”字，做到应收尽收；研究报告定位为论文集，突出“专”字，围绕重大工程实施、通史编纂、世界遗产申报等收集相关论文；通史定位为史书，突出“信”字，体现系统性、学术性、规律性、权威性；辞典定位为工具书，突出“简”字，做到简明扼要、准确权威、便于查询。我们希望通过编纂出版《杭州全书》，全方位、多角度地展示杭州的前世今生，发挥其“存史、释义、资政、育人”作用；希望人们能从《杭州全书》中各取所需，追寻、印证、借鉴、取资，让杭州不仅拥有辉煌的过去、璀璨的今天，还将拥有更加美好的明天！

是为序。

王国平

2012年10月

前　言

北宋政和二年（1112），福建将乐人、萧山知县杨时率民筑成湘湖，周80里，成湖37002亩，灌溉崇化、夏孝、许贤、由化、新义、长兴、昭明、安养、来苏九乡农田146868亩，其地域范围相当于今之萧山区城厢、北干、蜀山、闻堰、义桥、所前和滨江区长河、浦沿、西兴各镇、街道。自此，九乡农田旱涝保收，顿成膏腴之地。所谓仓廪实而知礼节，自宋以降，萧山之人文渊薮，于九乡为盛，湘湖之孙氏、郑氏、魏氏家族，城中之王氏、汤氏、何氏、任氏、蔡氏、毛氏、丁氏、陆氏、陈氏家族，长河之来氏家族，西兴之傅氏、俞氏家族，蜀山之朱氏家族，埭上之黄氏家族，义桥之孔氏、韩氏家族，闻堰之汪氏家族，人文蔚起，科甲鼎盛，文物典籍，家藏秘宝，世代相传。埭上黄氏之甲科济美坊，明嘉靖四十年（1561）建，即为表彰黄氏科举兴盛而设，历450余年，犹巍然屹立。开小南门之黄九皋，为其族人。清末大力倡议开垦湘湖之黄元寿，当时多为九乡绅民诟病，今日观之，实为思想先进者。而长河来氏，按旧志选举表记载明清两朝中文武进士者竟达24人，最高至东阁大学士（宰相级别），中下级官员号称有三斗六升芝麻官，出仕为官人数之多，可谓罕见。黄阁河朱珪，为嘉庆帝师，逝后嘉庆有“半生惟独宿，一世不贪钱”之褒。县城王、单、汤、丁、何、蔡、陆七大姓，各自称雄。世进士第王家，父子进士，藏书十万卷，乡民至今犹称颂不已。旱桥头陆家，清末山西巡抚陆钟琦，辛亥革命时全国唯一死难之巡抚，时人目为愚忠；民国壬戌（1922）大水，族人陆钟渭鬻书募集千金赈灾，竟至落下呕血之症。何家弄何家，明清时建有藏书楼多处，以明之御书楼、清之寓赏楼最为著名。乾隆时族人何竹圃，因画艺高超，供奉内廷，诸籍却俱未载。堰下任氏之任熊、任薰兄弟和族侄任伯年，号称“萧山三任”。任熊画、蔡照初刻之木版画四种，堪称近代版画之绝唱。任伯年，为海派绘画巨擘，与吴昌硕、虚谷、蒲作英，时称清末海上四大家，名动大江南北。至若明之魏骥尚书，清之毛奇龄检讨、王绍兰总督、汪辉祖、汤金钊协揆、陶恩培巡抚等等，更是载在史册，自不赘言。

湘湖灌溉之九乡，其文化积淀之深厚，萧山境内，无出其右，遗存其间之契约文书、乡贤书画、缥缃古籍、金石碑刻、瓷杂等，虽历经战火离乱、“文革”浩劫，犹有在大搞农田水利时出土者，山宕开山取土石时出土者，砖厂取土发现者，旧城拆迁改造时乡民搬家弃之若废品出售者，建筑工地掘土而见者，且为具慧眼者识之、藏之。今遴选160余件湘湖遗存之物，结集出版，力求图文并茂，通俗易懂，以湘湖遗存之物为载体，一一考证，或人涉湘湖，或事涉湘湖。湘湖之人文，于本书即可见其大概。抛砖引玉，嘤其鸣矣，求其友声，但求同声相应，同气相求。

随着湘湖一、二、三期的建设完成，葫芦状的古湘湖旧貌已恢复，人文之湘湖，宛若潇湘的湘湖。900余年的湘湖，萧山的母亲湖——湘湖，更加年轻，更加青春焕发。

书中瑕疵不免，识者指正，编者所愿。

二〇一六年九月

目录

契约文书

萧山乡间，财产转让买卖，都要立字为据。湘湖多山，转让多以山场为主；湘湖烧窑，则有窑户转让。家族分家，其财产，或有房屋，或有窑户，或有船只，田地较少，一应转让买卖、过户、推收、验照、领证，商业买卖，婚丧寿庆，书信往来，以及司法判卷、捐官等各项社会活动，俱有纸质文书遗存。湘湖有陈元泰等家族之契约文书，始于乾隆年间，直到民国期间，近200年间发生的租赁典戤买卖，具有连续性、归户性，仅一个案研究，窥斑知豹，即可获知整个湘湖地区的经济社会活动。义桥韩镇炜家族一批往来书信，反映抗战前后一家商户的商业活动，其中1932年2月2日一信，记述上海一·二八淞沪战争事，或有正史不及载者。

浙江布政使

合格獎賞即此叢生現經本司詳奉
督撫憲批准由司刊發三聯官契蓋用司印發給每張酌定價錢壹百伍拾文編號發縣城鄉殷實
民購用立契成交後立即赴莊推收過戶領取推旂其産無論絕賣典戲限定兩個月內呈縣於契內
日及騎縫價數加蓋縣印照價完稅粘給契尾將中聯截發該業戶收執上聯繳司查核下聯留縣
後民間管業官司斷案均以司契為憑用昭畫一而資信守須至官契者

紹興府蕭山縣川源拾玖圖三都章家庄立絕賣田契人黃文學今將自己戶下 註 字號 正其
畝另九厘四毫浼中情愿絕賣與章建春處名下為業三面議定時值估價銀拾壹兩正其
日一併收足自絕之後任憑銀主管業收戶辦粮並無重疊交關倘有別房爭執及一應事端均歸
主自行承值不涉銀主之事欲後有憑立此杜絕賣契存照

計開

註 字四伯柒拾 號 田壹畝另九厘四毫壹 坐落 洪家墈 土名 蕩田

字 號 坐落 土名

字 號 坐落 土名

字 號 坐落 土名

四至 東至 大路 西至 墈堪 南至 張神會田 北至 本姓田

舊管拾九都三圖章家莊章養膳戶

今推收本都本圖本莊章建春戶

兄弟分书

1. 湘湖陈元泰为四子光荣、光懋、光曜、士龙立分书

2. 湘湖陈光荣为四子廷标、廷良、廷高、廷浩立分单

3. 湘湖陈家松、家相、炳生、任生四兄弟立分书

4. 湘湖孙张氏为四子立分书

5. 湘湖孙门金氏为二子云全、云先立分书

兄弟分书

1. 湘湖陈元泰为四子光荣、光懋、光曜、士龙立分书

湘湖陈元泰在乾隆五十一年（1786）二月，请来母舅姚士高、妻舅王学泗和亲族陈国太、陈永瑞、王仲源，作为见证人，为四子光荣、光懋、光曜、士龙分家，将现有房屋、山场、地亩并家具、什物四股均分。湘湖多山，田地不多，陈元泰主要将湘湖张家湾山、孙处承管山、张家山、周独山和房屋作了分析，左下注明三房陈光耀分书，并有骑缝“合同”半边字，各人名下俱签字画押，以防作伪改涂。代笔下名未署，或即陈元泰自己所书。乾隆时期的湘湖分书，真实记录了萧山湘湖地区的民生原貌。

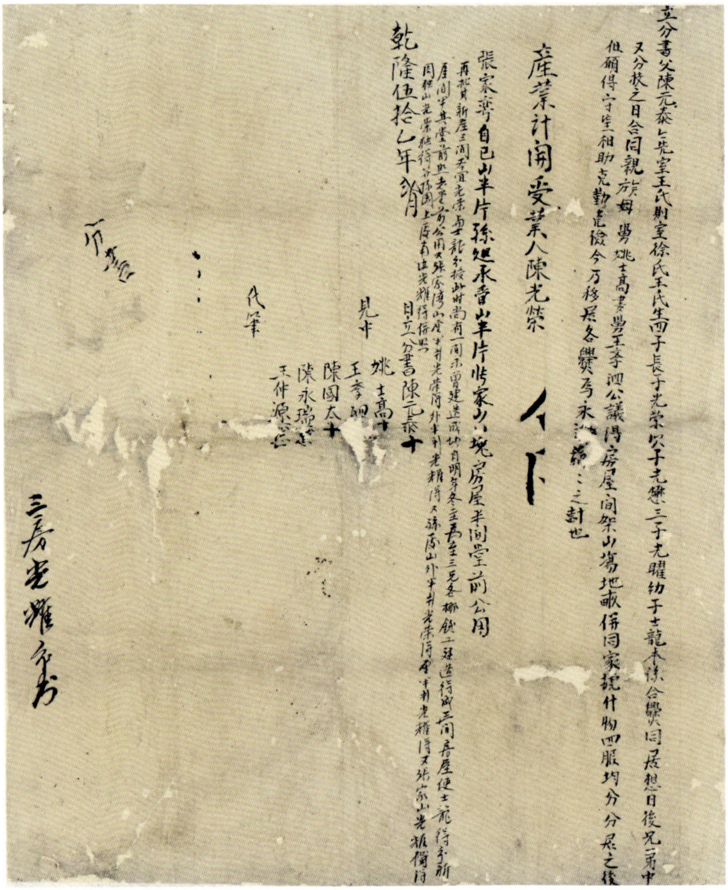

湘湖陈元泰为四子光荣、光懋、光曜、士龙立分书
纵59厘米 横50厘米

2. 湘湖陈光荣为四子廷标、廷良、廷高、廷浩立分单

湘湖陈光荣四兄弟于乾隆五十一年（1786）二月在父亲陈元泰主持下分了家，到道光二十一年（1841）正月，已历55年。陈光荣虽生四子廷标、廷良、廷高、廷浩和一女秀姑，然所有堂屋、园地、山场及一切家用什物仅按三股均分，老大廷标并未分得，唯注明卒后与父母一样殡葬归其余三房公管，秀姑三房中养。或许老大廷标婚后无子女，秀姑在家未嫁，故有如此分家。陈光荣分家之财产与乾隆年差不多，堂屋五间，主要以山场为大宗，如父授之湘湖张家湾山、周家山，自置之湘湖十二房坞、陈家园、郎毛山，为三子作了分析，见中人和代笔人均签字画押，以示公证真实，不亚于官方法律认证。

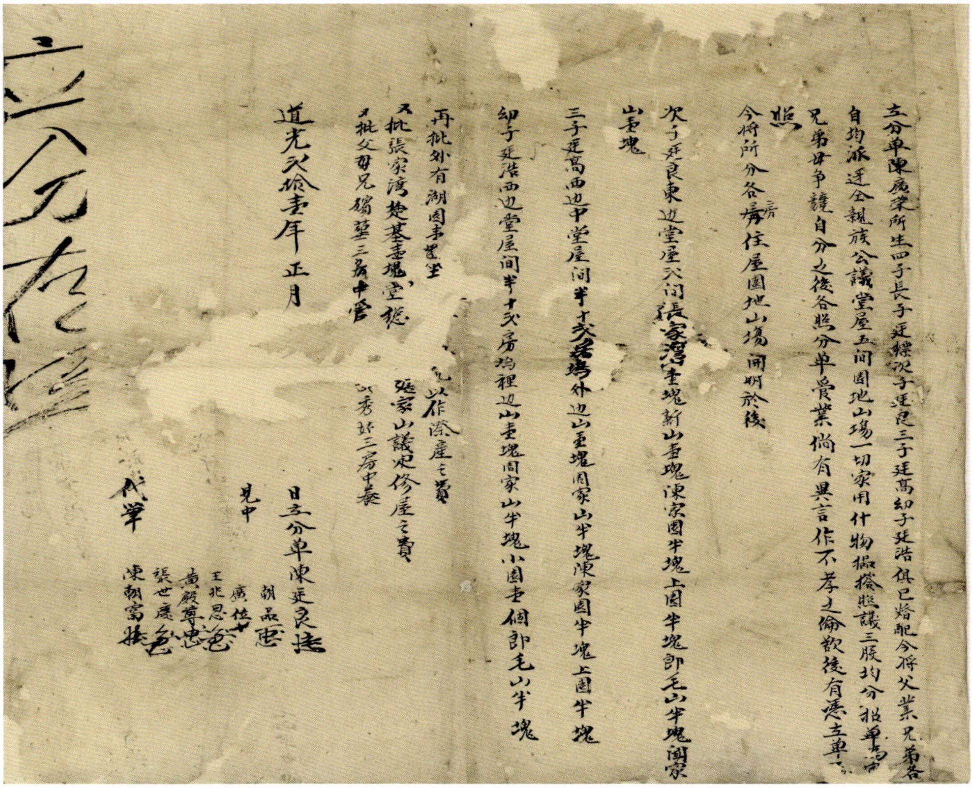
立分單陳廣榮所生四子長子廷標次子廷良三子廷高幼子廷浩俱已婚配今將父業兄弟各
自均派邀仝親族公議堂屋五間園地山場一切家用什物搭照議三股均分拈單為[illegible]
兄弟毋爭競自分之後各照分單管業倘有異言作不孝之論欲後有憑立單[illegible]
照
今將所分各房住屋園地山場開明於後
次子廷良東边堂屋六間張家灣壹塊新山壹塊陳家園半塊上園半塊郎毛山半塊周家
山壹塊
三子廷高西边中堂屋間半十二房塢外边山壹塊周家山半塊陳家園半塊上園半塊
幼子廷浩西边堂屋間半十二房塢裡边山壹塊周家山半塊小園壹個郎毛山半塊
再批外有湖園壹塊坐[illegible]以作祭產之費
又批張家灣地基壹塊堂總[illegible]家山議定修屋之費
又批父母兄殯葬三房中管以秀姑三房中養
道光貳拾壹年正月　日立分單陳廷良
見中　胡品　廣仕　王北忠　黄殿尊　張世慶
代筆　陳朝富

湘湖陈光荣为四子廷标、廷良、廷高、廷浩立分单
纵56.8厘米 横50.8厘米

3. 湘湖陈家松、家相、炳生、任生四兄弟立分书

湘湖陈家松、家相、炳生、任生四兄弟于光绪三十年（1904）二月在亲、族徐金贵、陈裕森主持下将家产作了分析。距道光二十一年（1841）分家隔了63年，四兄弟之祖父陈廷浩、父亲陈裕贵时均已去世，老三炳生承继大春公为嗣，得大春公继产，仅得祖产和尚山一块。老四领出，如回家，则老大老二之产派出分授。故老大、老二将祖、父遗产作两股均分。老园小园两个、东岳老会作父祭产，两房轮流。长子长孙新山一块。又红柴山一块归老大，贴出英洋10元，老二婚娶时拿出。其余分析之产有平屋、桃山、史家山、陈家园、孙家山、孙家园地、何姓山、十二房坞山，并特别列出老二婚娶财产小窑里吴舍屋两间、砖埂泥宕及洋54元。老三炳生婚娶时，其伯陈裕苍八会50千文壹脚，由长次两房品（拼）发，应得会钱归老三。旧时分家，长子长孙多分一点，因分家以后有些亲戚人情往来，多由其家负责，如此分配，既合情合理，又顾及兄弟手足情谊，皆大欢喜。

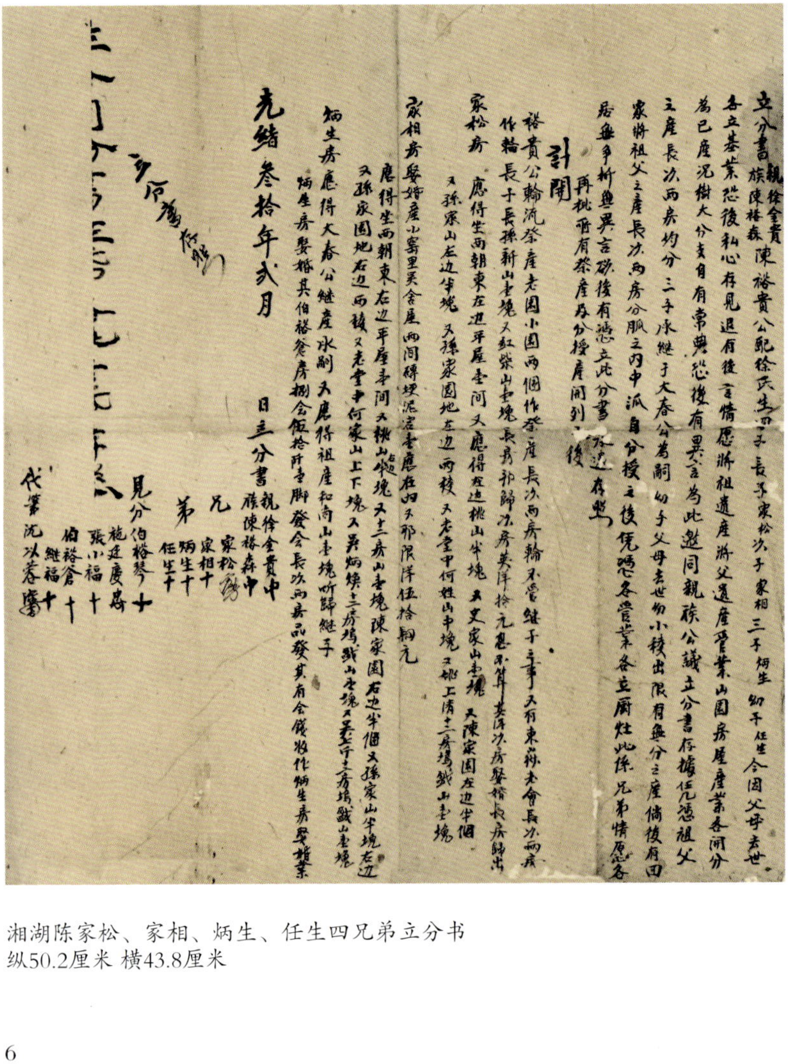
立分書親徐金貴族陳裕森　陳裕貴公配徐氏生四子　長子家松　次子家相　三子炳生　幼子任生　今因父母去世
各立基業　恐後私心存見　退有後言　情愿將祖遺產將父遺產暨業山園房屋產業各開分
為己產　况樹大分支　自有常典　恐後有異言　為此邀同親族公議立分書存據　任憑祖父
之產長次兩房均分　三子承繼于大春公為嗣　幼子父母去世仍小　稍出限有無分之產　倘後有回
家將祖父之產長次兩房分脈之內中派出分授之後　憑各管業　各立廚灶　此係兄弟情愿　各
居無爭　析無異言　碍後有憑　立此分書　永遠存照
再批　所有祭產及分授產開列於後
計開
裕貴公輪流祭產　老園小園兩個作祭產　長次兩房輪不管繼子之事　又有東嶽老會長次兩房
作輪　長子長孫新山壹塊　又紅柴山壹塊長房部歸　次房英洋拾元　恩不算　英洋次房娶婚長房歸出
家松房　應得坐西朝東左边平屋壹間　又應得左边桃山半塊　又史家山壹塊　又陳家園左边半個
又孫家山左边半塊　又孫家園地左边兩稜　又老屋中何姓山半塊　又十二房塢鉞山壹塊
家相房娶婚產小窰里吳舍屋兩間磚埂泥宕壹應在內　又部限洋伍拾肆元
應得坐西朝東右边平屋壹間　又桃山右边半塊　又十二房山壹塊　陳家園右边半個　又孫家山半塊右边
又孫家園地右边兩稜　又老屋中何家山上下塊　又界炳煥十二房塢鉞山壹塊　又界十二房塢鉞山壹塊
炳生房應得大春公繼產承嗣　又應得祖產和尚山壹塊　所歸繼子
炳生房娶婚其伯裕蒼房捌會伍拾千壹脚　發會長次兩房品發　其有會錢收作炳生房娶婚葉
光緒叁拾年貳月　日立分書　親徐金貴中　族陳裕森中
兄　家松　家相十
弟　炳生十　任生十
見分　伯裕琴十　施廷慶押　張小福十　伯裕蒼十　繼福十
代筆　沈以蓉

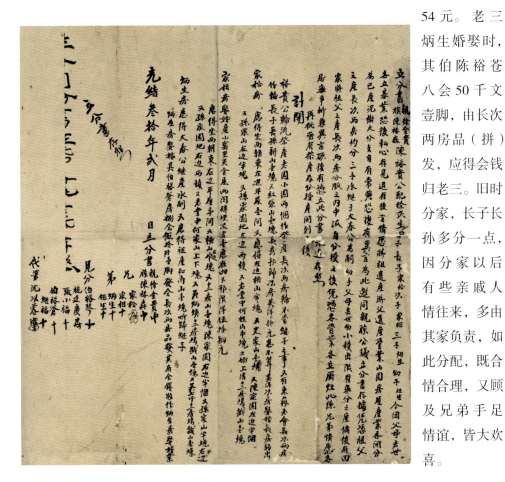

湘湖陈家松、家相、炳生、任生四兄弟立分书
纵50.2厘米 横43.8厘米

4. 湘湖孙张氏为四子立分书

湘湖孙氏为大族，人丁兴旺，有出仕为官者，有业擅岐黄者，有耕稼田野者，有画画为业者，有设窑取土烧砖瓦者，有打鱼为生者，有经商致富者，等等。湘湖孙氏老大房下墙门循义公派十七世孙邦贤（已故）妻张氏，于光绪十三年（1887）二月为长媳杨氏（因长子士顺已故）、次子士标、三子士坤、幼子士葵进行了家产分析，将房屋、田地、泥荡、大彭窑及家用什物四房均分，另注明湖船、里彭窑空地、狗钵池头石窑的处置方案，并列出祭膳田亩，一在湘湖青山坂，一在张家池大圩坂。所谓祖宗虽远，祭祀不可不诚。故在分家之时，这是首先要额外提出的一项重要财产，各房轮流执管。湘湖此支孙氏分家，共分祖遗田亩达25.312亩，又有大彭窑1座，取土泥荡1个，还有湖船2只，俨然小康之家。所请代写分书之人王吉人（1824 ~ 1890），湘湖湫上王人，字蔼如，号柳生，邑庠生。

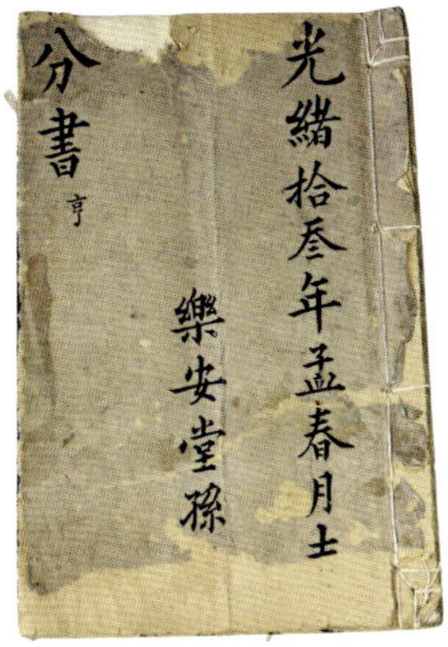
光緒拾叁年孟春月吉
樂安堂孫
分書
亨

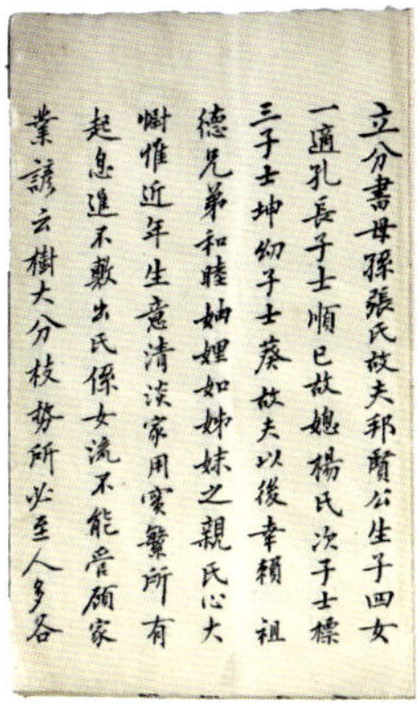
立分書毋孫張氏故夫邦賢公生子四女
一適孔長子士順已故媳楊氏次子士標
三子士坤幼子士葵故夫以後幸賴祖
德兄弟和睦妯娌如姊妹之親氏心大
慰惟近年生意清淡家用寔繁所有
起息進不敷出氏係女流不能資硒家
業諺云樹大分枝勢所必至人多各

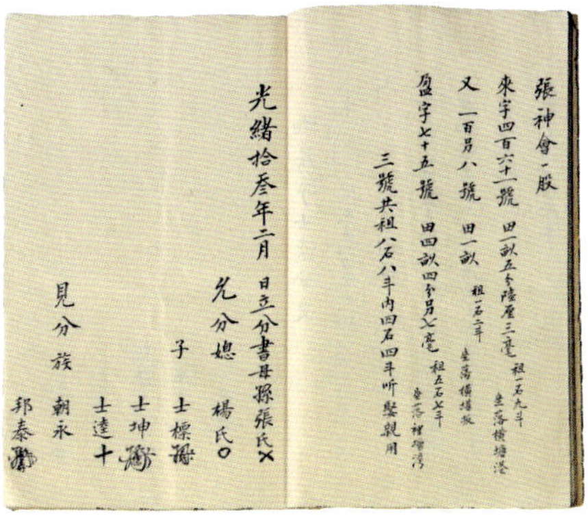
張神會一股
光緒拾叁年二月 日立分書毋孫張氏
允分媳 楊氏
子 士標 士坤 士達
見分族 朝永 邦泰

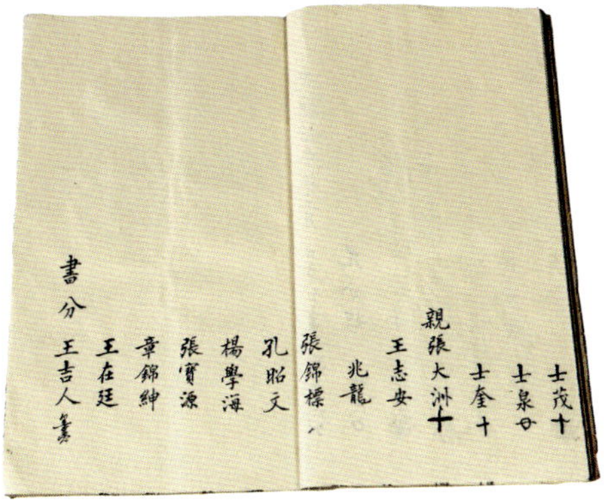
士茂 士泉 士奎
親張大洲
王志安 兆龍
張錦標 孔昭文 楊學海 張寶源 章錦紳 王在廷
書分 王吉人

湘湖孙张氏为四子立分书
纵23.5厘米 横15.2厘米

5. 湘湖孙门金氏为二子云全、云先立分书

湘湖孙元发（已故）妻金氏，于民国 6 年（1917）11 月，邀同亲族为儿子云全、云先分家。所分产业，计有 6 椽楼屋 1 间、6 椽墙门楼 1 个、4 椽灶屋 1 间、园地 4 埭、草庵塘做场 1 块、长砖埂 5 根、短砖埂 4 根、泥宕 1 个、水样坞张姓管山 1 块、李家坞桃树阴山 1 块、张神会 1 股、上坟会 1 股、老堂中祠堂祭 2 甲、老堂中大园山 1 块，为两兄弟作了合理的分配，其中注明 4 椽灶屋作吉塳，6 椽墙门楼作母亲供养之费，房屋居住归长房承管，所有欠款也归长房归还。权利和义务写的清清楚楚，各无异言。左边骑缝书写“立分书两纸各执壹纸”九个大字，母亲金氏和见证亲族俱各画押，以昭信用和公证。依口代笔者孙马生，名以根，为湘湖孙氏二十世，民国 17 年参与修纂宗谱。

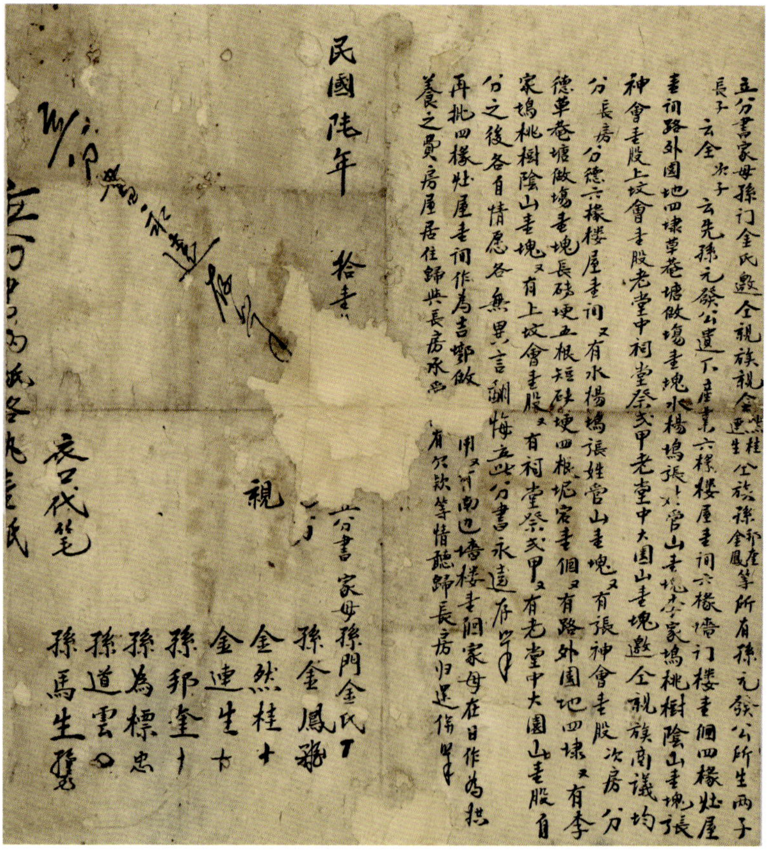

湘湖孙门金氏为二子云全、云先立分书
纵47.8厘米 横42.8厘米

买卖文契

1. 湘湖陈光耀立卖柴山契
2. 湘湖孙邦全同弟邦球等立绝卖油窑并余地文契
3. 湘湖陈廷茂立绝卖堂屋并基地契
4. 萧山许贤南坞邵憇贤立杜绝卖东岳社会壹甲文契
5. 湘湖成金顺立绝顶柴山文契
6. 湘湖成汝锦立绝顶管山文契
7. 湘湖成焕文立卖园地文契
8. 湘湖吴锡绶立杜绝卖柴山官契
9. 许贤南坞俞惠顺立杜绝卖煮竹皮镬文契
10. 湘湖丁金城立杜绝卖柴山官契
11. 萧山县十九都三图章家庄黄文学立绝卖田浙江布政使司官契纸和收旂
12. 湘湖陈祖奎立杜绝卖基地文契
13. 湘湖孙关福同弟关进立杜绝卖窑户文契
14. 湘湖陈小传立杜绝卖山文契
15. 湘湖王思孝立卖坟山契
16. 湘湖何淘氏立杜绝卖民山文契
17. 湘湖陈高氏同男嘉根立杜绝卖园地文契
18. 湘湖陈嘉松买契
19. 湘湖王寿康同子汝霖立出杜绝卖明山坟契
20. 湘湖傅汤氏同三子立杜绝卖柴山文契
21. 湘湖钱传东立出戤柴山文契
22. 湘湖孙阿云立出杜绝卖柴山契
23. 萧山县傅许乡来君若立杜绝卖民田文契

买卖文契

1. 湘湖陈光耀立卖柴山契

陈光耀兄弟四人在乾隆五十一年（1786）进行了分家，略分得湘湖山数块，此所卖名山，为其自置，并非父授。位置在十二房坞内，地号为坐字 1108 号，写明四至，于道光十二年（1832）十一月，卖给侄（廷浩），价钱 7 千文。在签名下均画押，以示真实和公证。

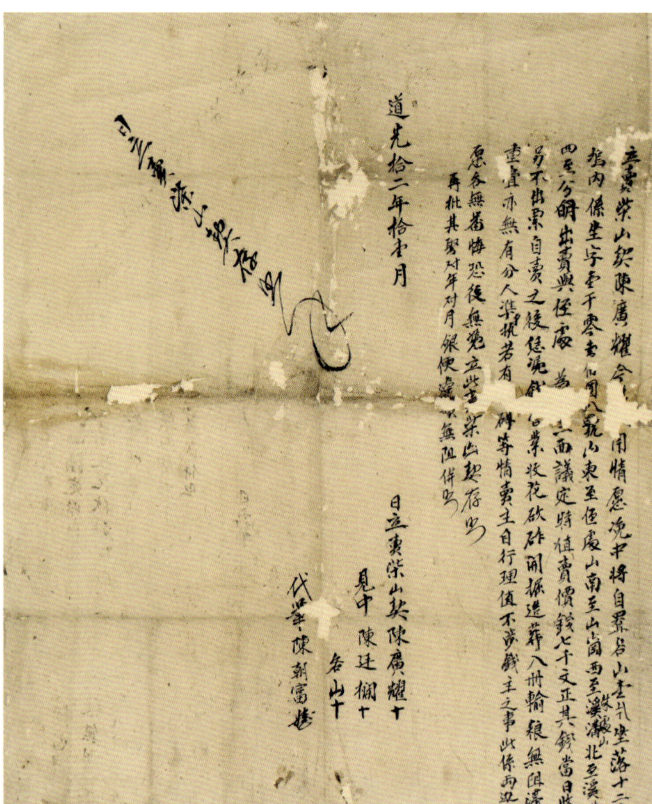
立賣柴山契陳廣耀今因情愿憑中將自置名山壹片坐落十二房
塢內係坐字壹千零壹佰零八號山東至侄處山南至山崗西至溪溝北至溪溝
四至分明出賣與侄處為業三面議定時值賣價錢七千文正其錢當日收足
另不出票自賣之後憑侄自業收花砍斫開掘造葬入冊輸糧無阻滯不
重疊亦無有分人等執若有礙等情賣主自行理值不涉買主之事此係兩边情
愿各無翻悔恐後無憑立此賣柴山契存照
再批其契對年對月銀便贖無阻併照
道光拾二年拾壹月　日立賣柴山契陳廣耀十
見中　陳廷棡十
名山十
代筆　陳朝富

湘湖陈光耀立卖柴山契
纵58.9厘米 横47.3厘米

2. 湘湖孙邦全同弟邦球等立绝卖油窑并余地文契

湘湖烧窑，盛于明中晚期，常见以砖瓦为主，而油（釉）窑，即烧琉璃建筑构件的窑炉，未见文献记载。2006 年浙江省博物馆修缮文澜阁时，出土有印记的琉璃瓦残件数块，印记分别为阴文“孙克让承造”“克让图记”和阳文“湘湖孙士豪办”。道光三十年（1850）八月湘湖孙邦全同邦球、邦奇、邦福、士豫、士玉、士奇、士忠、嘉贵、嘉友、玉兰、均方、炳文等将先祖国英公遗下油窑 2 座及四围余地 1 块，坐落三都六图湖里孙，绝卖与朝源房为业，价钱 4 千文整。价钱不高，其中或有隐情，不得而知。据民国 17 年（1928）《萧山湘湖孙氏宗谱》记载，孙克让（1746 ~？）为三房子良公派宗鏶公支十六世。孙士豪（1788 ~？）为老大房宝三公派下墙门循义公派十八世，且与孙邦全等同为国英公派下子孙，绝卖油窑列名之邦全、邦球、邦奇、邦福，为士豪之堂叔伯辈，士玉、士忠、嘉贵、嘉友、玉兰则均是堂兄弟，均方为士豪子，炳文为其胞侄。作为见证人的孙朝宗和邦太，朝宗与朝源为堂兄弟，邦太为朝源胞侄，相关人等俱属老大房宝三公派下墙门循义公派。唯孙克让与孙士豪同族而非同派，或另设油窑，为文澜阁烧制琉璃构件，亦未可知。

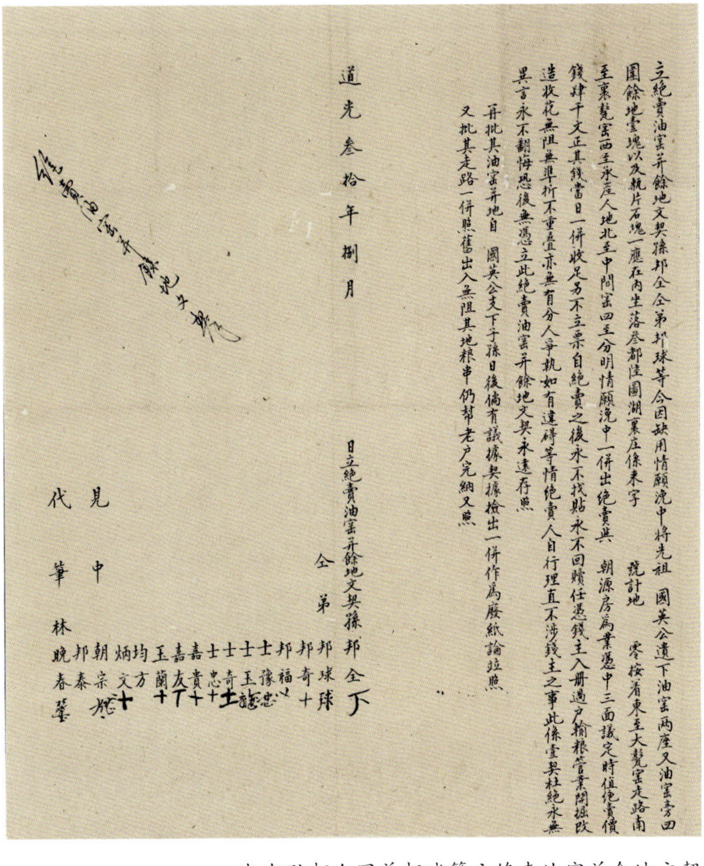
立絶賣油窑并餘地文契孫邦全仝弟邦球等今因缺用情願浼中將先祖　國英公遺下油窑兩座又油窑旁四圍餘地壹塊以及瓶片石塊一應在内坐落叁都陸圖湖裏庄係耒字　號計地　零　按看東至大甏窑走路南至裏甏窑西至承産人地北至中間窑四至分明情願浼中一併出絶賣與　朝源房爲業憑中三面議定時值絶賣價錢肆千文正其錢當日一併收足另不立票自絶賣之後永不找貼永不回贖任憑錢主入册過户輸粮管業開掘改造收花無阻無準折不重疊亦無有分人爭執如有違碍等情絶賣人自行理直不涉錢主之事此係壹契杜絶永無異言永不翻悔恐後無憑立此絶賣油窑并餘地文契永遠存照

再批其油窑并地自　國英公支下子孫日後倘有議據契據檢出一併作爲廢紙論竝照

又批其走路一併照舊出入無阻其地粮串仍帮老户完納又照

道光叁拾年捌月　日立絶賣油窑并餘地文契孫邦全

仝弟 邦球 邦奇 邦福 士豫 士玉 士奇 士忠 嘉貴 嘉友 玉蘭 均方 炳文

見中 朝宗 邦泰

代筆 林晚春

湘湖孙邦全同弟邦球等立绝卖油窑并余地文契
纵56.2厘米 横48.3厘米

3. 湘湖陈廷茂立绝卖堂屋并基地契

陈廷茂于咸丰元年（1851）七月，将祖遗六椽堂屋 1 间，地号坐字 1043 号绝卖与堂兄为业，得价钱 7 千文。列名见中者多为其兄弟辈，代笔郑敬宗，当为湘湖湖山村人。

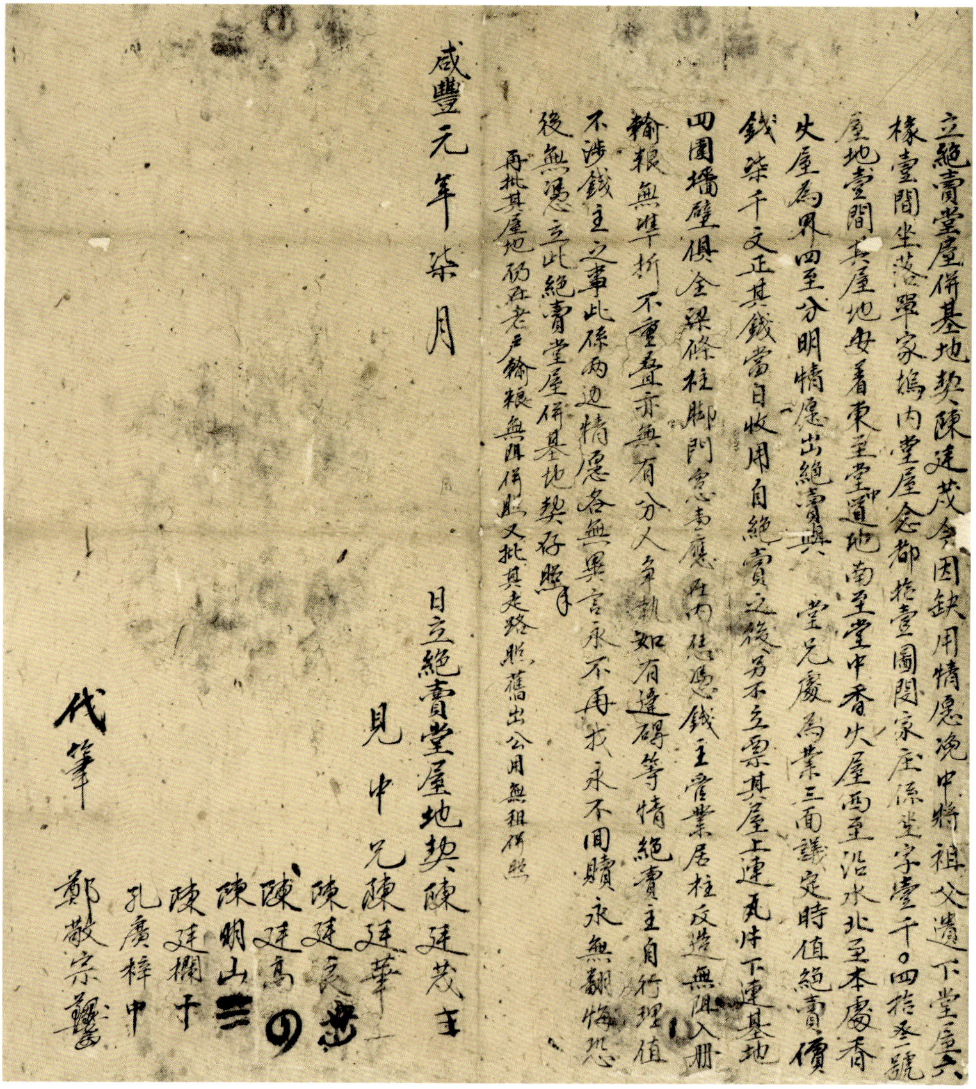
立絕賣堂屋併基地契陳廷茂今因缺用情愿憑中將祖父遺下堂屋六
椽壹間坐落單家塢內堂屋念都拾壹圖閏家庄係坐字壹千○四拾叁號
屋地壹間其屋地毋着東至堂道地南至堂中香火屋西至沿水北至本處香
火屋為界四至分明情愿出絕賣與 堂兄處為業三面議定時值絕賣價
錢柒千文正其錢當日收用自絕賣之後另不立票其屋上連瓦片下連基地
四圍墻壁俱全梁條柱脚門窗等應在内俱憑錢主管業居住反造無阻入冊
輸粮無阻折不重叠亦無有分人争執如有違碍等情絕賣主自行理值
不涉錢主之事此係兩邊情愿各無異言永不再找永不回贖永無翻悔恐
後無憑立此絕賣堂屋併基地契存照
再批其屋地仍在老户輸粮無阻併照又批其走路照舊出公用無租併照
咸豐元年柒月　日立絕賣堂屋地契陳廷茂
見中　兄陳拜華
陳廷良
陳廷高
陳明山
陳廷欄
孔廣梓
代筆　鄭敬宗

湘湖陈廷茂立绝卖堂屋并基地契
纵45.8厘米 横41.3厘米

4. 萧山许贤南坞邵憩贤立杜绝卖东岳社会壹甲文契

邵憩贤（1802 ～ 1862）于壬戌年（1862）十一月，将东岳社会腾字号会田 1 块，面积 3.6 亩，坐落蒋家坂，每社十二甲轮流，请邵其毛、邵松元（1839 ～ 1899）见中作证，邵景富（1814 ～ 1864）代笔，绝卖与俞姓，得价钱 1 千文。壬戌年为同治元年，然萧山当时为太平军占领，故民间交易立契，不敢用清同治年号，仅以干支壬戌纪年。

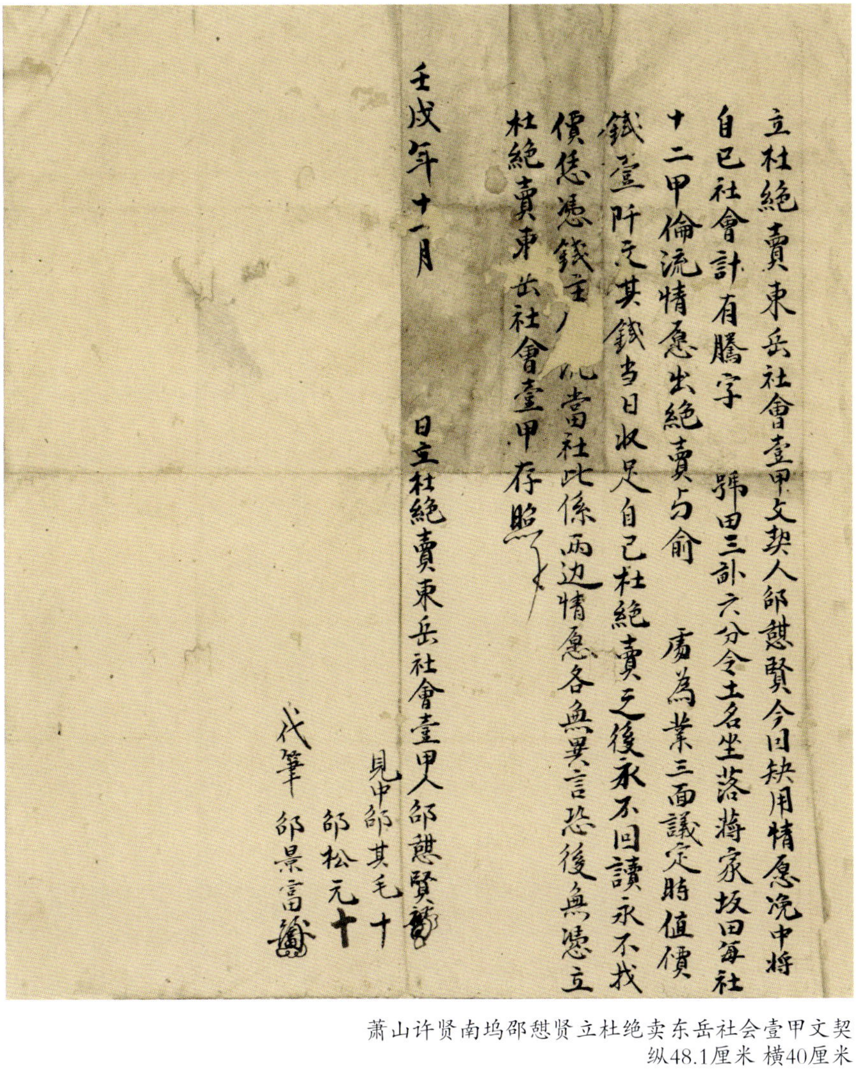

立杜絶賣東岳社會壹甲文契人邵憩賢今因缺用情愿浼中将
自已社會計有騰字 號田三畝六分令土名坐落蔣家坂田每社
十二甲倫流情愿出絶賣与俞 處為業三面議定時值價
錢壹阡文其錢当日収足自已杜絶賣之後永不回贖永不找
價恁憑錢主入當社此係兩边情愿各無異言恐後無憑立
杜絶賣東岳社會壹甲存照

壬戌年十一月 日立杜絶賣東岳社會壹甲人邵憩賢
見中 邵其毛 十
邵松元 十
代筆 邵景富

萧山许贤南坞邵憩贤立杜绝卖东岳社会壹甲文契
纵48.1厘米 横40厘米

5. 湘湖成金顺立绝顶柴山文契

光绪二年（1876）二月，成金顺将湘湖二十都十一图闵家庄柴山1块，地号系坐字失号，土名十二房坞口平地，顶与沈姓，得价钱7千文。代笔人詹思俊，为萧山马湖詹氏跨湖桥派十七世。

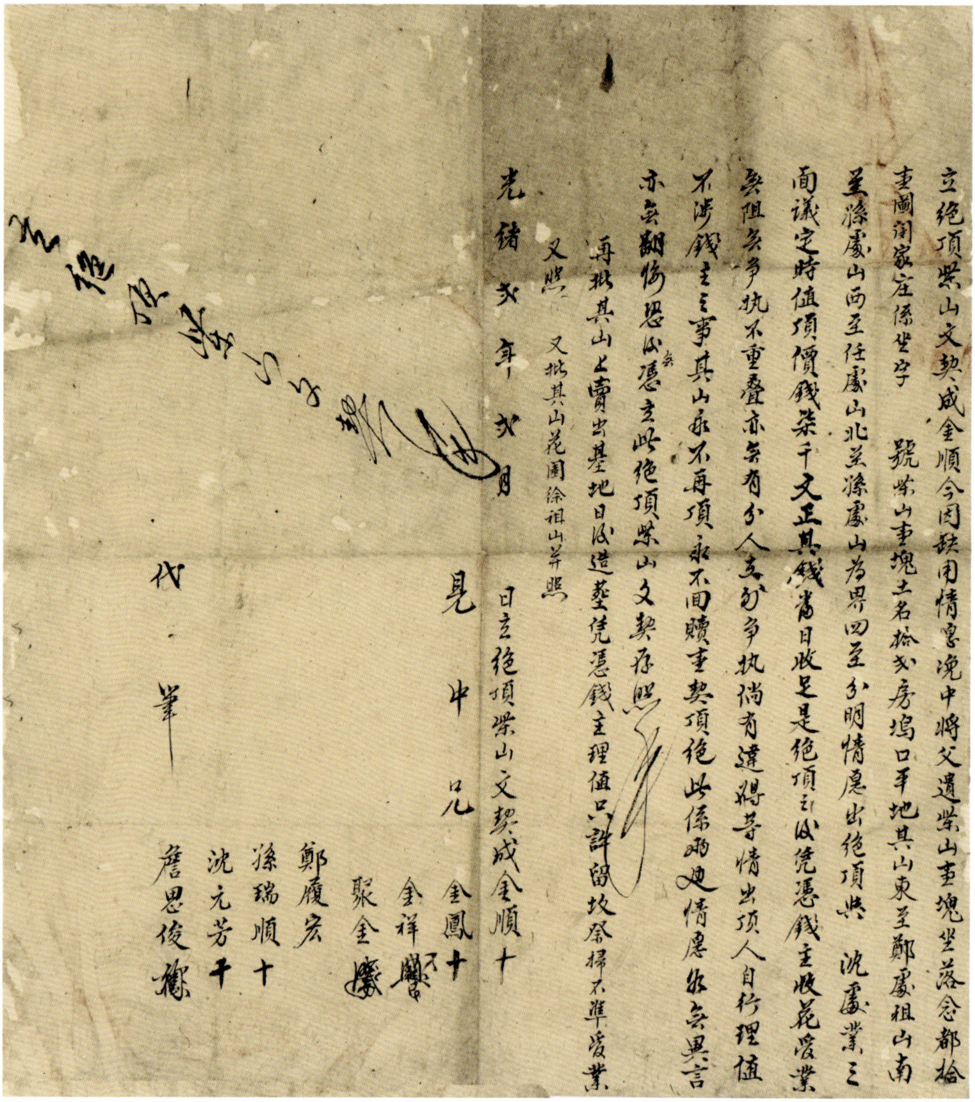
立絕頂柴山文契成金順今因缺用情愿將父遺柴山壹塊坐落念都拾
壹圖閔家庄係坐字 號柴山壹塊土名拾貳房塢口平地其山東至鄭處祖山南
至孫處山西至任處山北至孫處山為界四至分明情愿出絕頂與 沈處業三
面議定時值頂價錢柒千文正其錢當日收足是絕頂之後凭錢主收花管業
無阻無爭執不重疊亦無有分人支分爭執倘有違碍等情出頂人自行理值
不涉錢主之事其山永不再頂永不回贖重契頂絕此係兩邊情愿永無異言
亦無翻悔恐後無凭立此絕頂柴山文契存照
再批其山上賣出基地日後造墳凭錢主理值只許留墳祭掃不准管業
又照 又批其山花園徐祖山并照
光緒貳年貳月 日立絕頂柴山文契成金順十
見中 兄 金鳳十 金祥 聚金
鄭履宏 孫瑞順十 沈元芳十
代筆 詹思俊

湘湖成金顺立绝顶柴山文契
纵48厘米 横44厘米

6. 湘湖成汝锦立绝顶管山文契

光绪九年（1883）十一月，成汝锦将湘湖土名钱网山1块，坐落单家坞口二十都十一图，出顶与陈姓，得价钱13千文。特别注明任凭钱主种植、留养、砍斫、收花管业，不许厝开掘造葬。可见绝顶与绝卖，性质有明显不同。

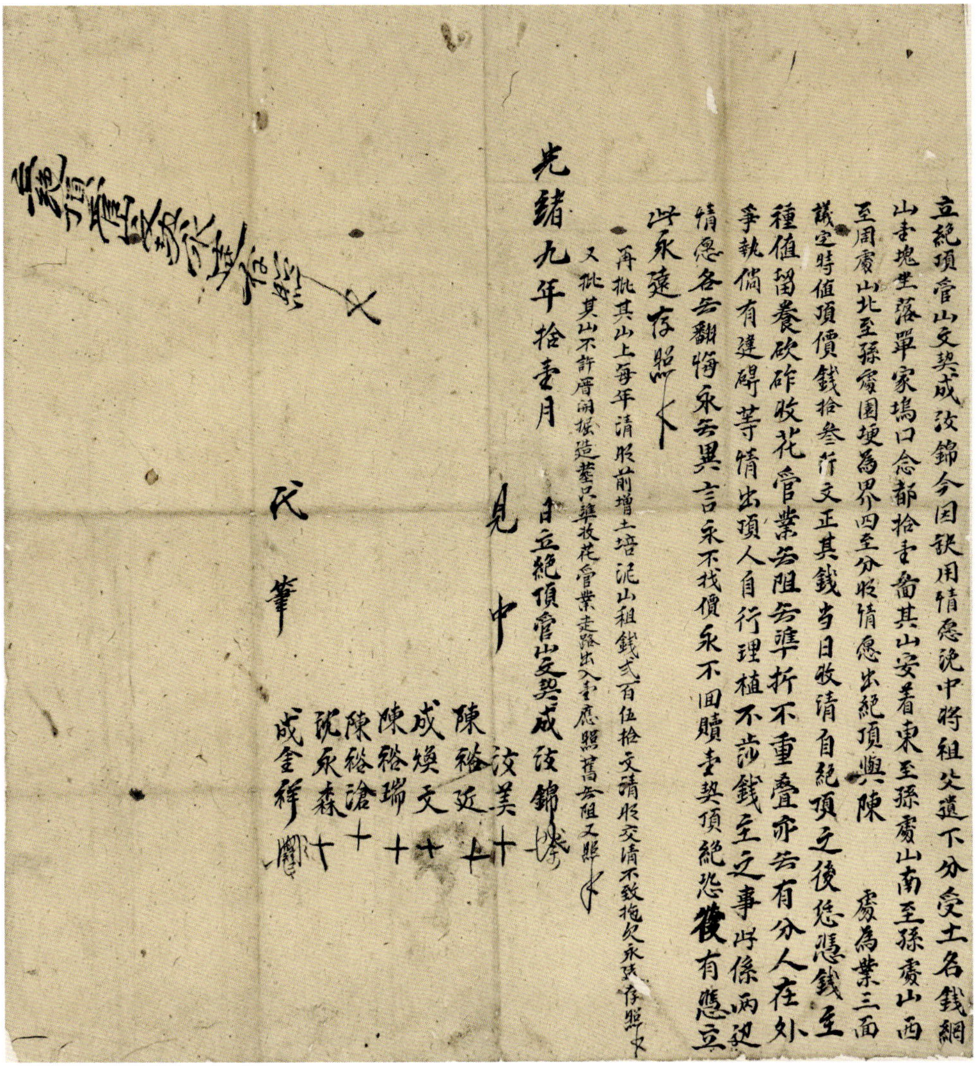

立絕頂管山文契成汝錦今因缺用情愿憑中將祖父遺下分受土名錢網山壹塊坐落單家塢口念都拾壹啚其山安着東至孫處山南至孫處山西至周處山北至孫處園埂爲界四至分明情愿出絕頂與陳處爲業三面議定時值頂價錢拾叁仟文正其錢當日收清自絕頂之後悉憑錢主種植留養砍斫收花管業無阻無難折不重疊亦無有分人在外爭執倘有違碍等情出頂人自行理值不涉錢主之事此係兩退情愿各無翻悔永無異言永不找價永不回贖壹契頂絕恐後有憑立此永遠存照

再批其山上每年清明前增土培泥山租錢式百伍拾文清明交清不致拖欠永遠存照

又批其山不許厝開掘造葬只準採花管業走路出入重憑照舊無阻又照

光緒九年拾壹月　日立絕頂管山文契成汝錦

見中　汝美　陳裕延　成煥文　陳裕瑞　陳裕滄　張永森　成金祥

代筆

湘湖成汝锦立绝顶管山文契

纵48.1厘米 横43.6厘米

7. 湘湖成焕文立卖园地文契

光绪十年（1884）二月成焕文将祖父遗下园地1块，坐落庵弄里二十都十一图闵家庄，地号系坐字失号，卖与陈姓，得价九九大钱4千文。契内说明，此款长年2分起息，倘有1年无利，任凭钱主收花管业。又批，不拘年月远近，任凭原价回赎。说明这块园地相当于抵押借款，其利息也与当时当铺的利息一样。

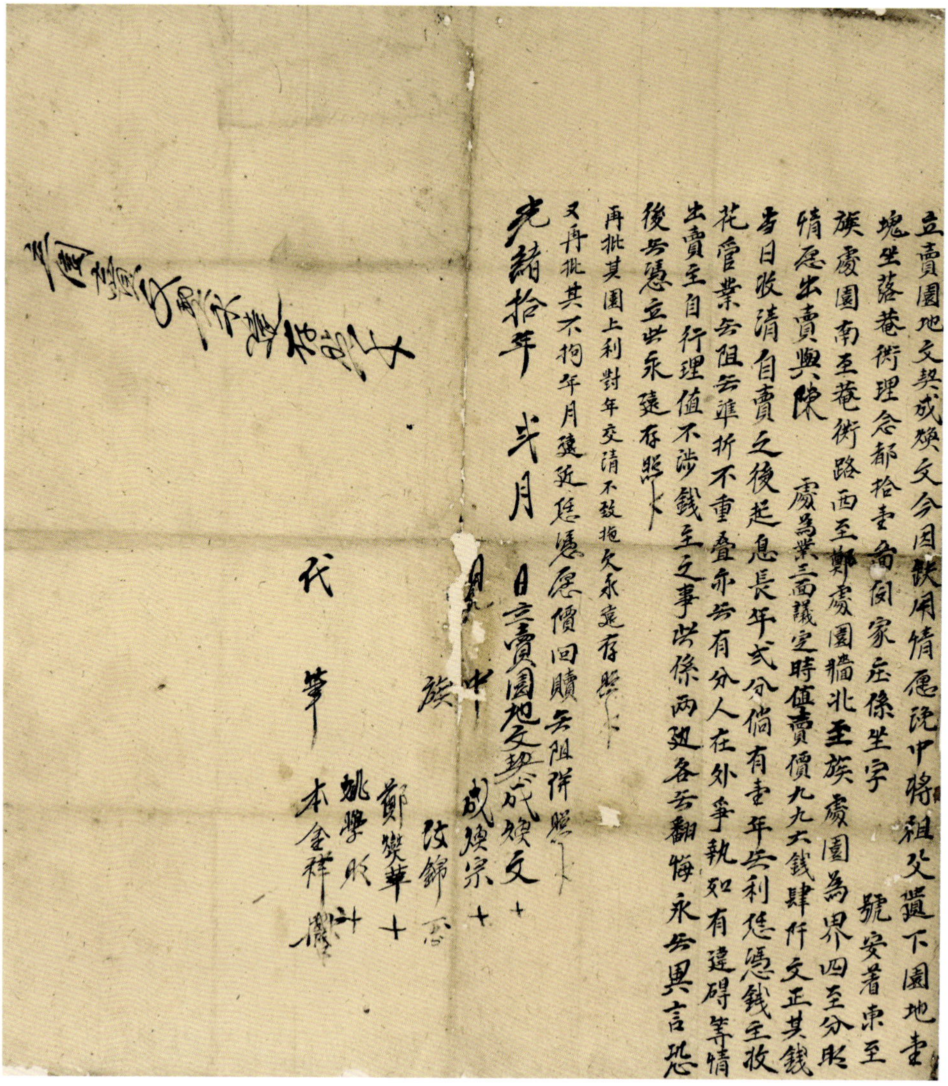
立賣園地文契成煥文今因缺用情愿浼中將祖父遺下園地壹
塊坐落菴衖理念都拾壹啚閔家庄係坐字　號安著東至
族處園南至菴衖路西至鄭處園牆北至族處園為界四至分明
情愿出賣與陳　處為業三面議定時值賣價九九大錢肆仟文正其錢
当日收清自賣之後起息長年弍分倘有壹年無利任凴錢主收
花管業無阻無準折不重疊亦無有分人在外爭執如有違碍等情
出賣至自行理值不涉錢主之事此係兩愿各無翻悔永無異言恐
後無憑立此永遠存照
再批其園上利對年交清不致拖欠永遠存照
又再批其不拘年月遠近任凴原價回贖無阻存照
光緒拾年　弍月　日立賣園地文契成煥文 +
見中　成煥宗 +
族　孜錦
鄭樂華 +
姚學明
本全祥
代筆

湘湖成焕文立卖园地文契
纵48.4厘米 横44厘米

8. 湘湖吴锡绶立杜绝卖柴山官契

光绪十二年（1886）十月，吴锡绶将地号为来字失号柴山 1 块，坐落三都七图跨湖庄，土名八面金星山，卖与傅姓为业，得价银 5 两。此契为官契，已投税，故在价银五两处盖“萧山县印”满汉文官印，左下角盖骑缝印，因契尾已失，纳税多少不知。光绪时山场田地屋宇交易官府税率百分之三，5 两银子纳税 1.5 钱。

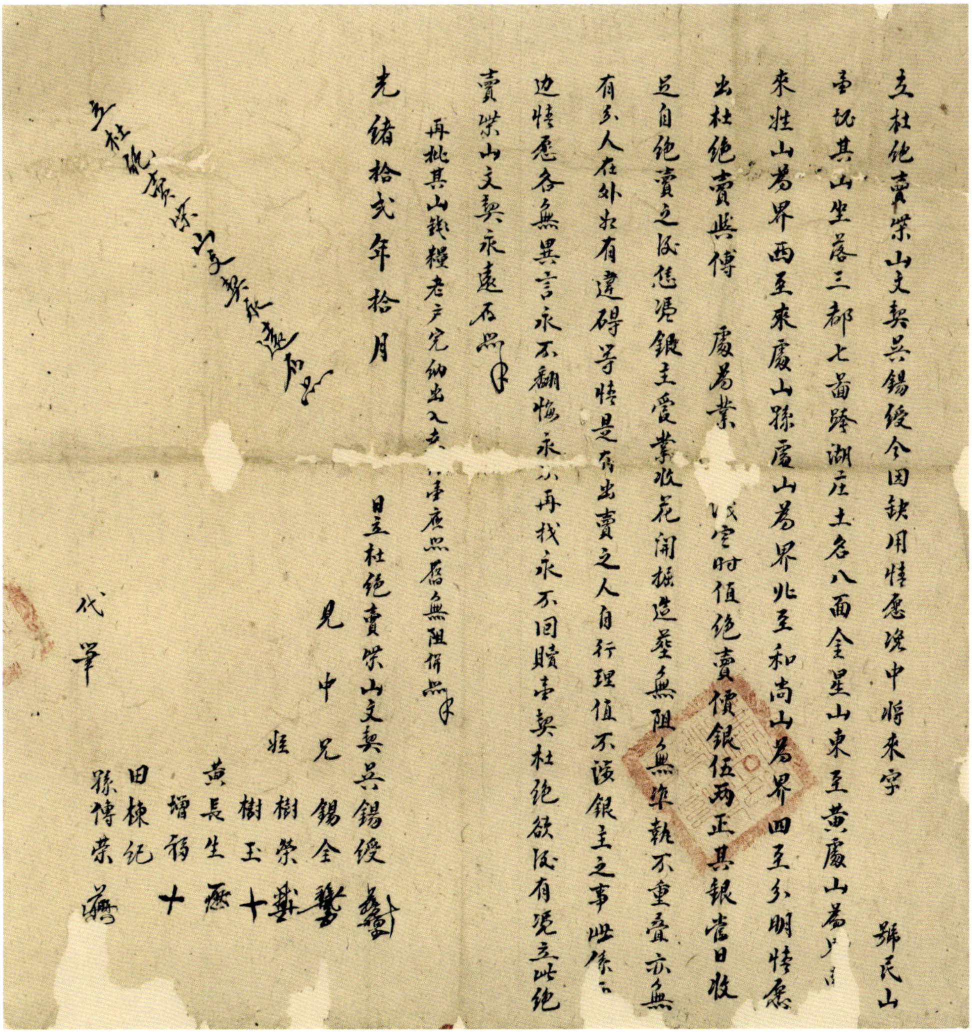

立杜絶賣柴山文契吳錫綬今因缺用情愿浼中將來字　號民山
壹號其山坐落三都七畐跨湖庄土名八面金星山東至黃處山爲[illegible]界
來姓山爲界西至來處山孫處山爲界北至和尚山爲界四至分明情愿
出杜絶賣與傅　處爲業　當時值絶賣價銀伍兩正其銀當日收
足自絶賣之後悉憑銀主管業收花開掘造壟無阻無染執不重疊亦無
有分人在外如有違碍等情是有出賣之人自行理值不涉銀主之事此係二
比情愿各無異言永不翻悔永不再找永不回贖恐無憑立此杜絶賣契存照
賣柴山文契永遠存照
再批其山錢糧老户完納出入[illegible]本年[illegible]照舊無阻存照
光緒拾弍年拾月　日立杜絶賣柴山文契吳錫綬
見中　兄　錫全
姪　樹榮　樹玉
黃長生
增福
田棟紀
孫傳榮
代筆
立杜絶賣柴山文契永遠存照

湘湖吴锡绶立杜绝卖柴山官契
纵47.8厘米 横42.7厘米

9. 许贤南坞俞惠顺立杜绝卖煮竹皮镬文契

光绪十七年（1891）四月，俞惠顺将祖遗分授煮竹皮镬1只、灰宕1个、铁镬1只，四围余地公用，其镬4股内1股，土名坐落天香炉，地号为腾字失号，绝卖与邵姓为业，得价钱20千文。最后加注一笔，皮镬不论年远月近，任凭原价回赎。说明是抵押借款。

萧山南乡盛产毛竹，旧时制作销售土纸是乡民的一项大宗收入来源。土纸生产工具除皮镬以外，还有塘滩、脚碓（水碓）、大榨、槽桶、焗弄。土纸的制作方法，大致分削竹、办料、制纸3个复杂的手工劳作阶段。削竹，是置办原料阶段，即在每年农历小满到芒种这一段时间，砍取当年生仔竹，而后再分断青、削青、摔料、剖料、敲料、晒料等6道工序；办料，是原料深加工阶段，又可分落滩浸料、起滩浆料、入镬煮料、跌料转滩、淘尿等5道工序；制纸，是土纸生产的最后阶段，有榨料、舂料、撞耙、抄纸、晒纸、包装等6道工序。至此，土纸的制作才算完成。萧山南乡又把造纸人家称槽户，因槽桶是纸浆的盛放工具，故取一槽字，突出主题。槽户之家产大小则以有几只皮镬来论，也有多人合股1只皮镬者。皮镬作为重要的造纸工具，发生转让抵押而所立的契据，是萧山南乡造纸的重要文献史料。

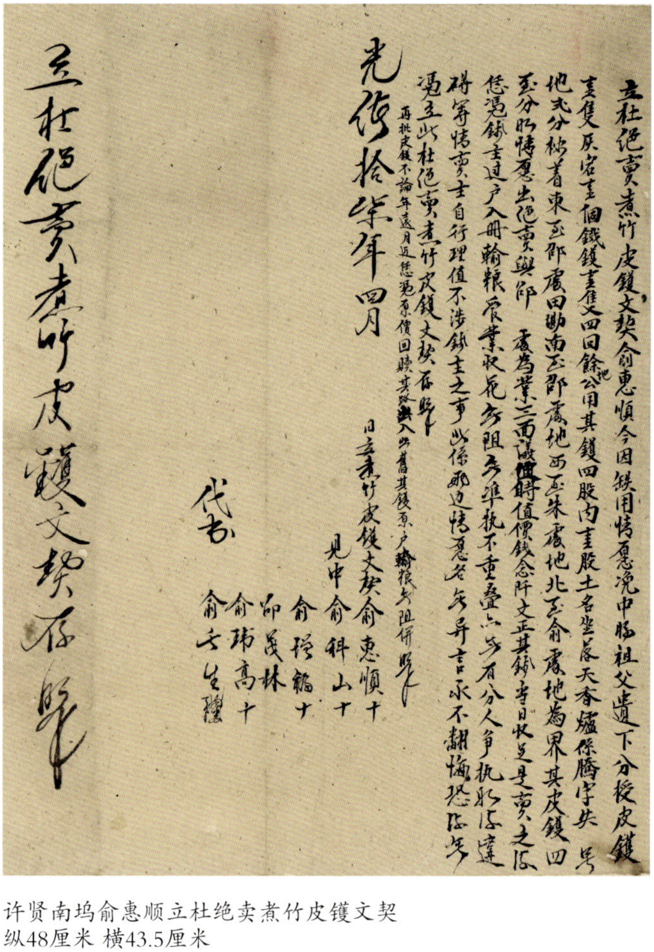
立杜絕賣煮竹皮鑊文契俞惠順今因缺用情愿凴中將祖父遺下分授皮鑊
壹隻灰宕壹個鐵鑊壹隻四圍餘地公用其鑊四股內壹股土名坐落天香爐係騰字失号
地丈分畝著東至鄧處田塍南至鄧處地西至朱處地北至俞處地為界其皮鑊四
至分明情愿出絕賣與邵處為業三面議時值價錢念千文正其錢當日收足是賣之後
悉憑錢主過戶入冊輸粮管業收花無阻并無准折不重叠亦無有分人爭執此係
碍等情賣主自行理值不涉錢主之事此係兩邊情愿各無异言永不翻悔恐後無
憑立此杜絕賣煮竹皮鑊文契存照
再批皮鑊不論年遠月近憑原價回贖
光緒拾柒年四月　日立煮竹皮鑊文契俞惠順十
見中　俞科山十　俞祥鶴十　邵茂林　俞瑞高十　俞文生
代書
立杜絕賣煮竹皮鑊文契存照

许贤南坞俞惠顺立杜绝卖煮竹皮镬文契
纵48厘米 横43.5厘米

10. 湘湖丁金城立杜绝卖柴山官契

光绪十七年（1891）二月，丁金城在湘湖有祖遗分授柴山1爿，地号来字149号，面积7亩，坐落三都六图，土名余家坞扦山，卖与族处为业，得价钱10千文。此契为官契，纳税3钱，粘贴契尾，骑缝和价钱处均加盖“萧山县印”满汉文官印，以防涂改作伪。

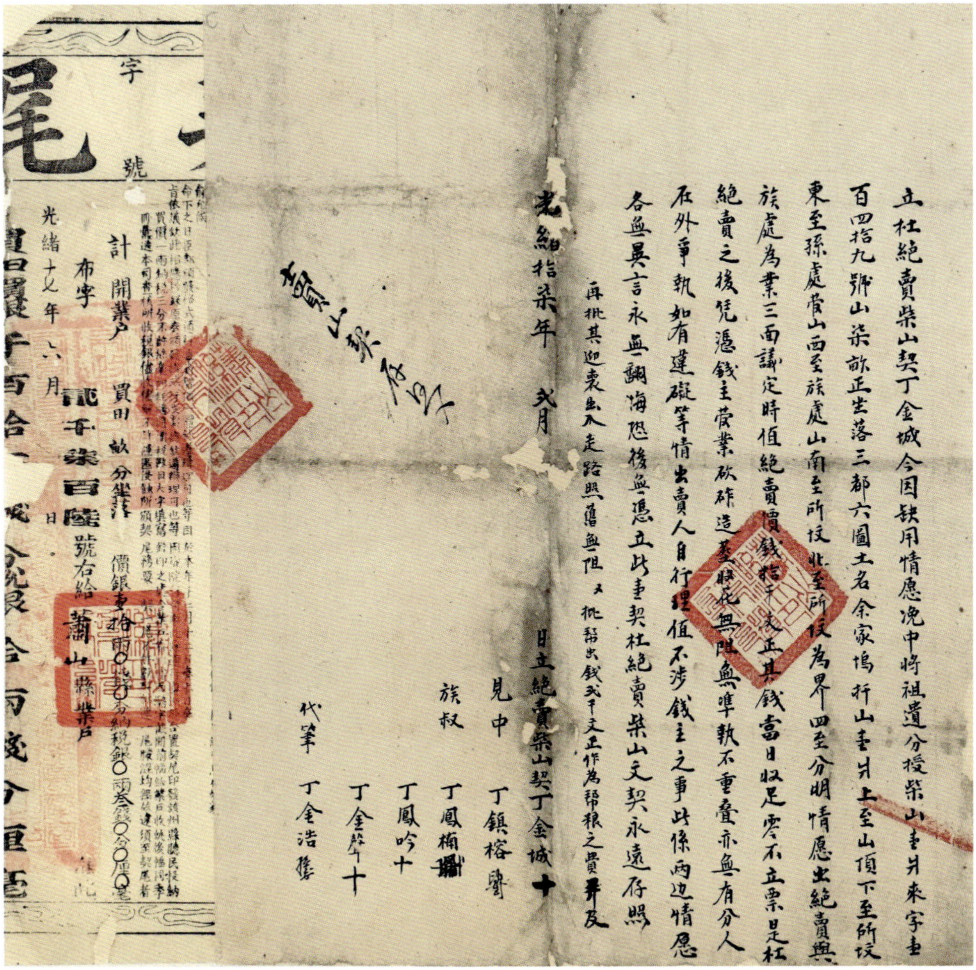

湘湖丁金城立杜绝卖柴山官契
纵49.5厘米 横54.5厘米

11. 萧山县十九都三图章家庄黄文学立绝卖田浙江布政使司官契纸和收旂

光绪三十一年（1905）二月，萧山县十九都三图章家庄黄文学，将自己户下让字号田 1.094 亩，绝卖于章建春，得价银 11 两，投税 3.3 钱后，粘贴契尾，骑缝及价银数目处加盖“萧山县印”满汉文朱红官印。浙江布政使司官契纸，萧山仅光绪宣统朝有之，是由布政司刊发的三联官契，均加盖“浙江等处承宣布政使司之印”朱红官印，编号发城乡殷实铺户，听民购用，每张酌定价钱 150 文，当时主要针对民间典卖田房山场产业写契多未合格，故此统一格式，照契填写。特别规定在立契成交之后，须立即赴庄推收过户，领取推旂，其产毋论绝卖典戤，限定 2 个月内呈县，于契内价售数目及骑缝价数加盖县印，照价完税，粘给契尾，将中联截发该业户收执，上联缴司查核，下联留县存查。嗣后民间管业官司断案，均以司契为凭。

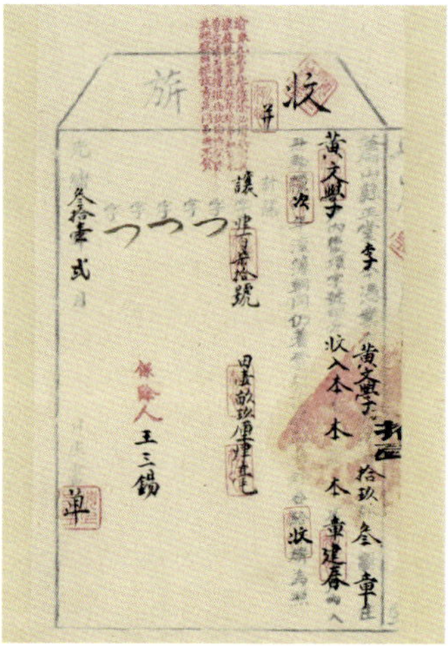

收旂
纵25.3厘米,横14.8厘米

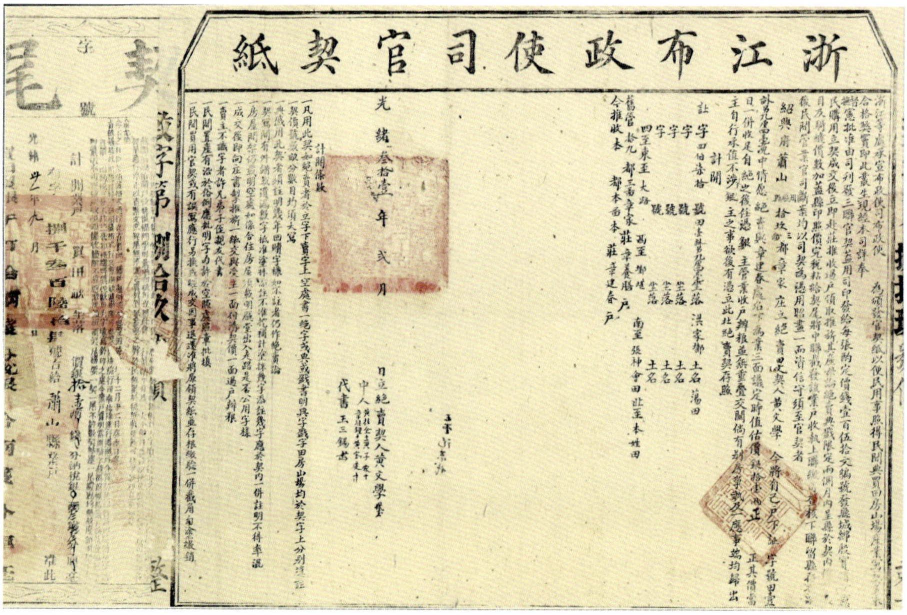

萧山县十九都三图章家庄黄文学立绝卖田浙江布政使司官契纸
纵46厘米 横70厘米

12. 湘湖陈祖奎立杜绝卖基地文契

辛亥年（1911）十二月，陈祖奎将祖遗基地1块，坐落湖头庄三都六图，地号来字790号，计地3分，出卖于族处为业，得价洋银14.5元。左边中间有墨戳“萧山县”三字尚存，原应贴有印花税票，已脱落。代笔之沃文链，此姓较稀，在湘湖湖头陈附近有此族居住，散布西兴、长河一带。辛亥年适逢新旧政权更替之际，人心惶惶，然主要用于造屋的基地买卖交易还是时有发生

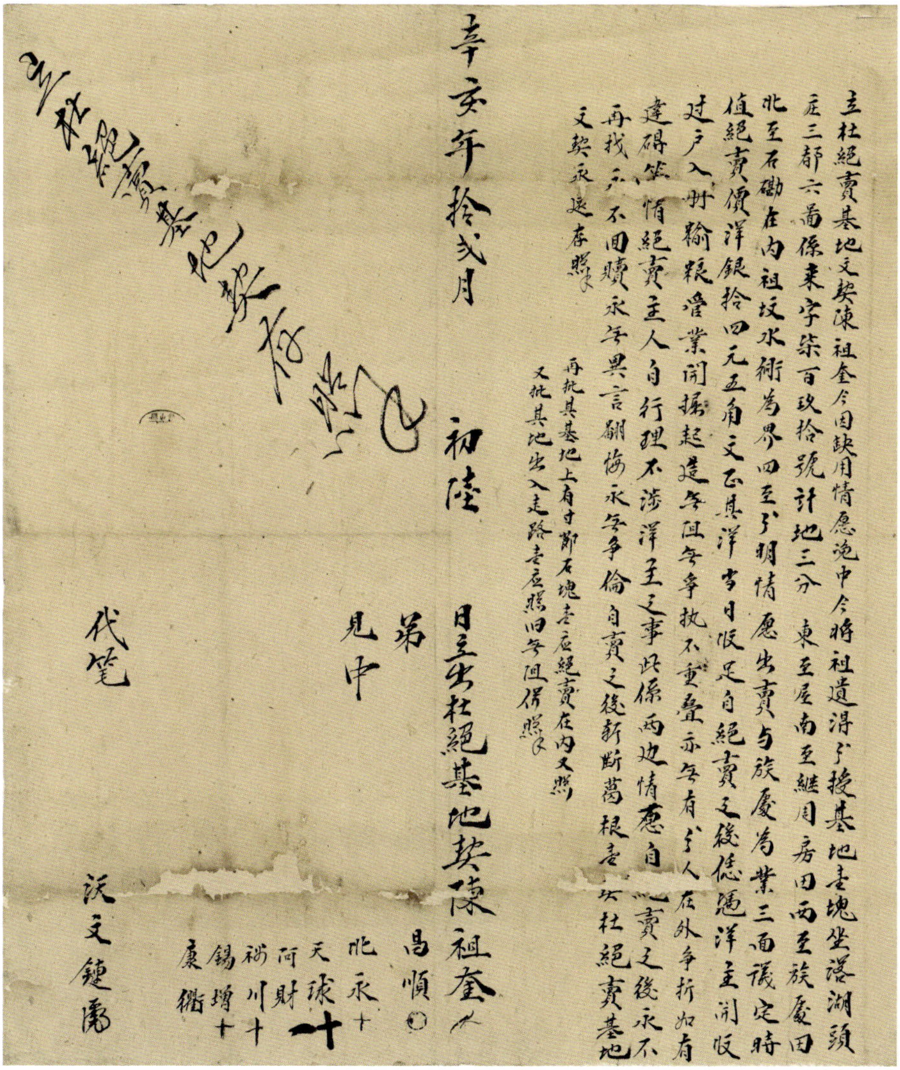

湘湖陈祖奎立杜绝卖基地文契
纵50厘米 横43.9厘米

13. 湘湖孙关福同弟关进立杜绝卖窑户文契

民国 2 年（1913）12 月，湘湖孙关福同弟关进，将父祭产老甏窑户 1.6 分，坐落三都六图，土名连字里，地号来字失号，卖与族处为业，市值价洋 16 元，收洋之后，任凭银主烧造收花管业。湘湖烧窑作为孙氏家族的一项主要产业，虽是烧造缸甏的一座小窑，亦是郑重其事，邀请七位族人见证。

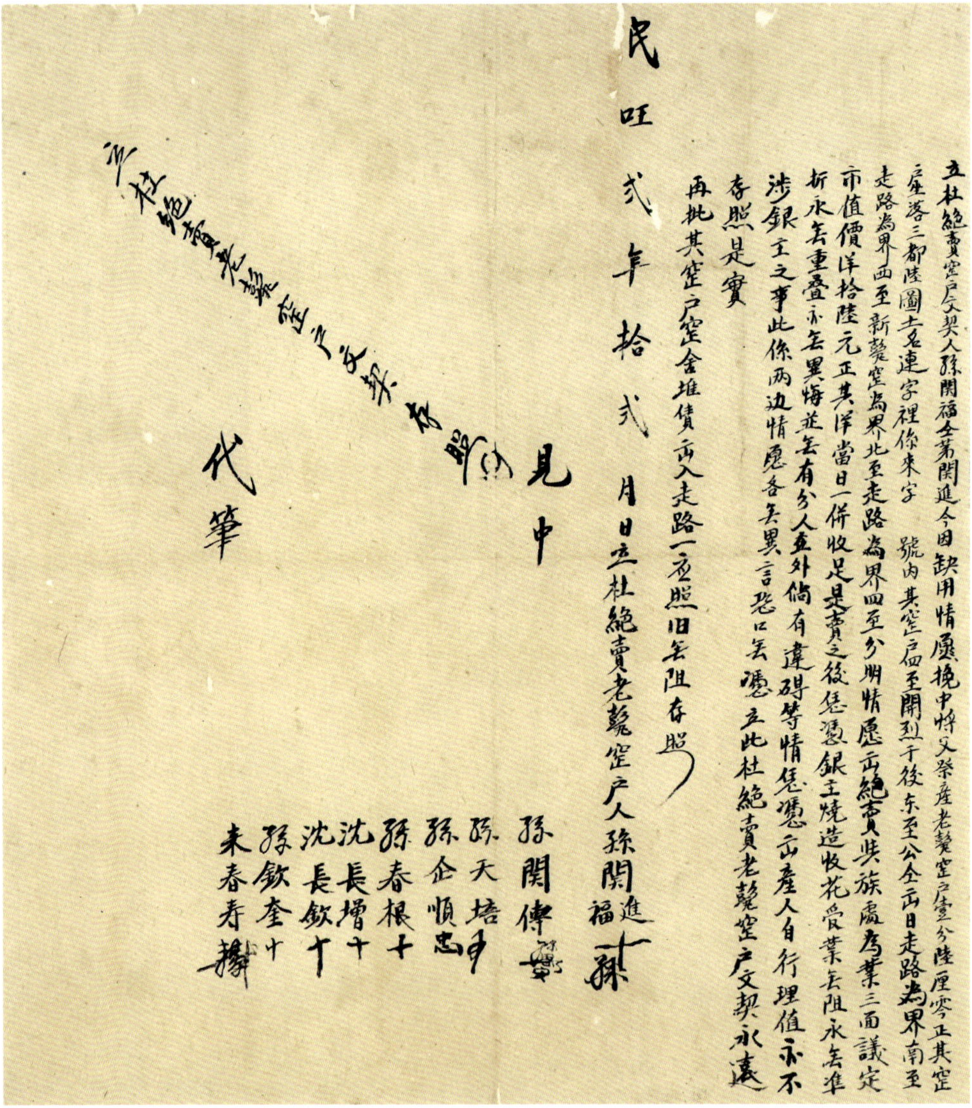
立杜絕賣窰户文契人孫関福仝弟関進今因缺用情愿挽中將父祭產老甕窰户壹分陸厘零正其窰
座落三都陸圖土名連字裡係來字 號內其窰户四至開列于後東至公仝山日走路為界南至
走路為界西至新甕窰為界北至走路為界四至分明情愿出絕賣與族處為業三面議定
市值價洋拾陸元正其洋當日一併收足是賣之後任憑銀主燒造收花管業無阻永無準
折永無重疊亦無異悔並無有分人在外倘有違碍等情任憑出產人自行理值亦不
涉銀主之事此係兩边情愿各無異言恐口無憑立此杜絕賣老甕窰户文契永遠
存照是實
再批其窰户窰仝堆貨出入走路一应照旧無阻存照
民國貳年拾貳月　日立杜絕賣老甕窰户人孫関福 進 十
見中 孫関傳 十 孫天培 十 孫企順 十 孫春根 十 沈長增 十 沈長欽 十 孫欽奎 十
代筆 來春
立杜絕賣老甕窰户文契存照

湘湖孙关福同弟关进立杜绝卖窑户文契
纵48.5厘米 横44厘米

14. 湘湖陈小传立杜绝卖山文契

民国 4 年（1915）6 月，陈小传将祖遗二十都十一图湘湖庄柴山 1 块，地号坐字失号，坐落土名单家坞，卖与族处，价洋 9 元。

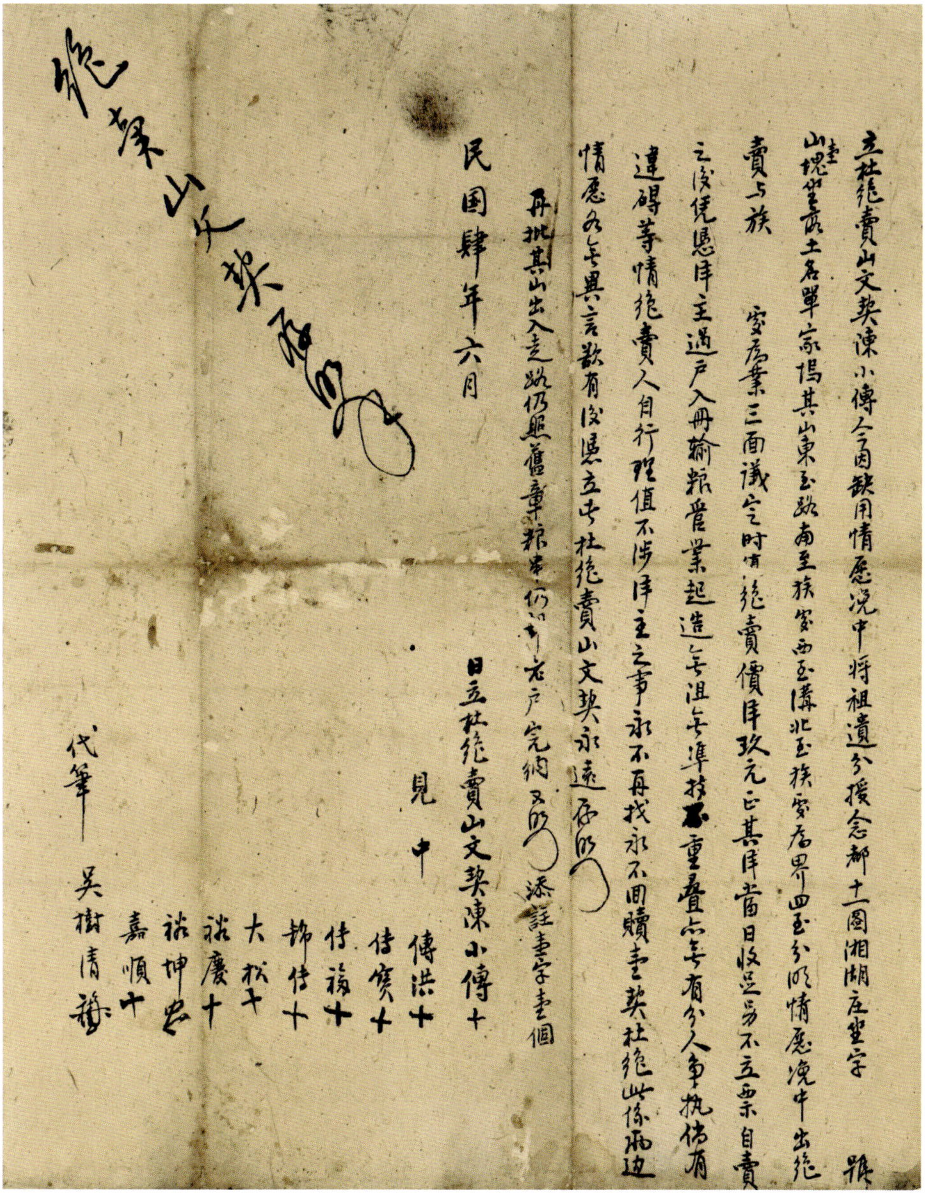

湘湖陈小传立杜绝卖山文契
纵49厘米 横38厘米

15. 湘湖王思孝立卖坟山契

民国 13 年（1924）3 月，王思孝将祖坟后民山 1 块，坐落三都七图跨湖庄，地号来字失号，土名八面金星，卖与孙姓做坟，造葬开掘一应无阻，时值价洋 11 元。

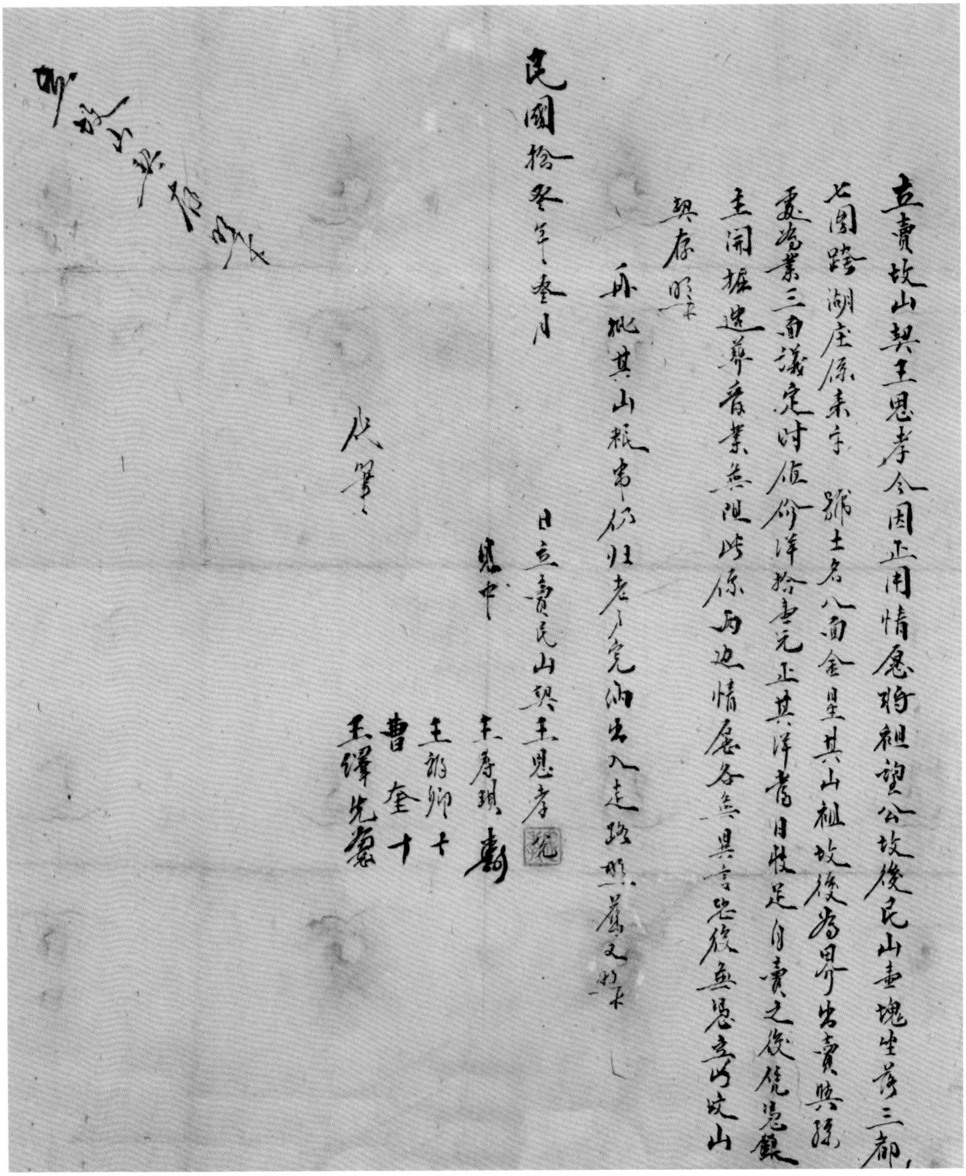
立賣坟山契王思孝今因正用情愿將祖望公坟後民山壹塊坐落三都

七图跨湖庄係来字 號土名八面金星其山祖坟後[illegible]出賣與孫

處為業三面議定时值價洋拾壹元正其洋當日收足自賣之後[illegible]

主開掘造葬管業無阻此係兩边情愿各無異言恐後無憑立此坟山

契存照

再批其山[illegible]仍归老户完纳出入走路照舊文照

民国拾叁年叁月 日立賣民山契王思孝

見中 朱寿琪 王韶卿 曹奎 王鐸先

代筆

湘湖王思孝立卖坟山契
纵35厘米 横34厘米

16. 湘湖何淘氏立杜绝卖民山文契

民国13年（1924）12月，何淘氏将祖父遗下民山1块，坐落二十都十一图闵家庄，土名十二房坞口，地号坐字1175号，计山2.9分，四至写明，绝卖与王姓为业，注明原有老坟只准留坟祭扫，不准厝葬。得绝卖价银20元。

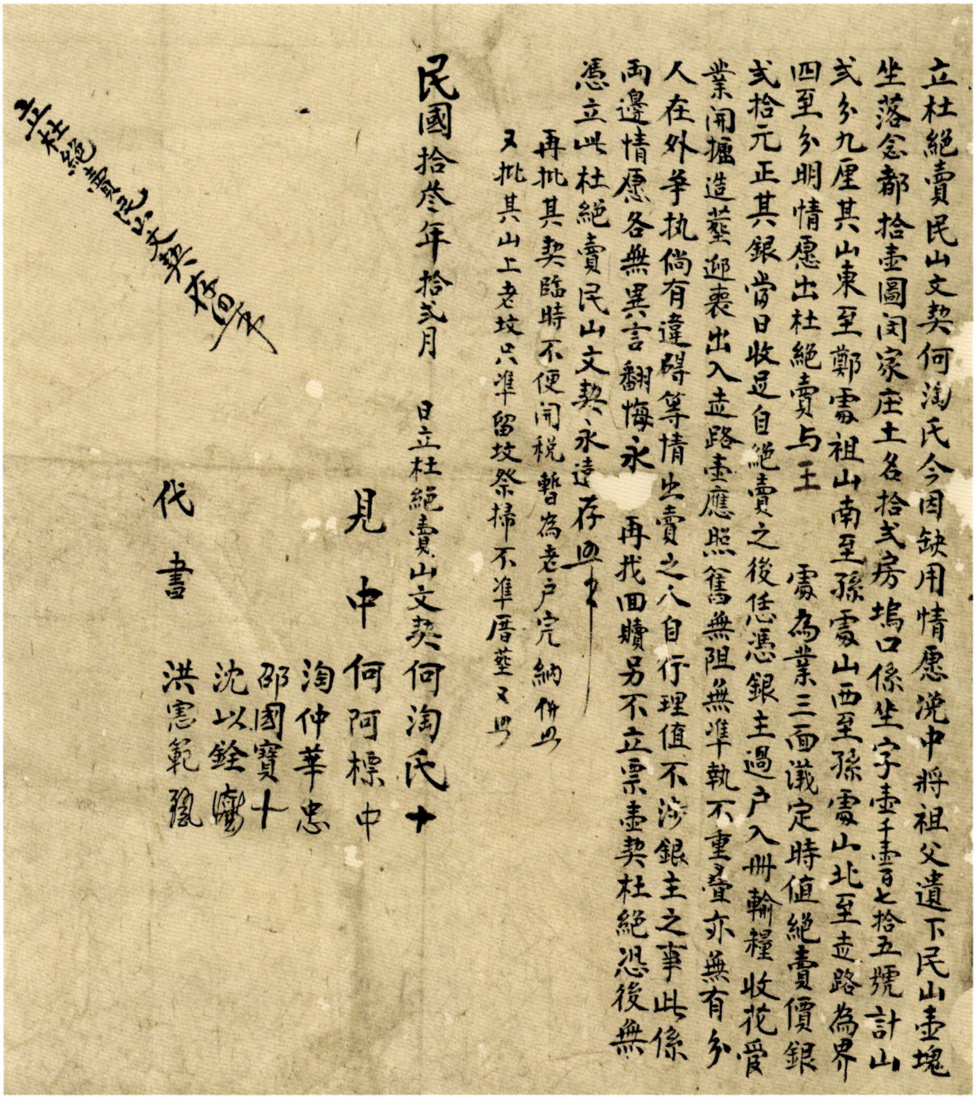
立杜絕賣民山文契何淘氏今因缺用情愿浼中將祖父遺下民山壹塊坐落念都拾壹圖闵家庄土名拾弍房塢口係坐字壹千壹百七拾五號計山弍分九厘其山東至鄭處祖山南至孫處山西至孫處山北至壹路為界四至分明情愿出杜絕賣与王　處為業三面議定時值絕賣價銀弍拾元正其銀當日收足自絕賣之後任憑銀主過户入册輸糧收花管業開掘造塟迎喪出入壹路壹應照舊無阻無準執不重疊亦無有分人在外爭執倘有違碍等情出賣之人自行理值不涉銀主之事此係兩邊情愿各無異言翻悔永　再找回贖另不立票壹契杜絕恐後無憑立此杜絕賣民山文契永遠存照

再批其契臨時不便開稅暫為老户完納併照

又批其山上老坟只准留坟祭掃不準厝塟又照

民國拾叁年拾弍月　日立杜絕賣山文契何淘氏十

見中　何阿標中
淘仲華忠
邵國寶十
沈以銓

代書　洪憲範

立杜絕賣民山文契存照

湘湖何淘氏立杜绝卖民山文契
纵50厘米 横44.1厘米

17. 湘湖陈高氏同男嘉根立杜绝卖园地文契

民国甲子年（1924），陈高氏同男嘉根将祖遗园地 1 块，坐落二十都十一图闵家庄，土名金家坞，地号坐字失号，面积 9 分，注明了四至位置，绝卖与族处，得价大洋 22 元。见中陈长保、陈嘉祥、陈嘉林，代笔沈以蓉。

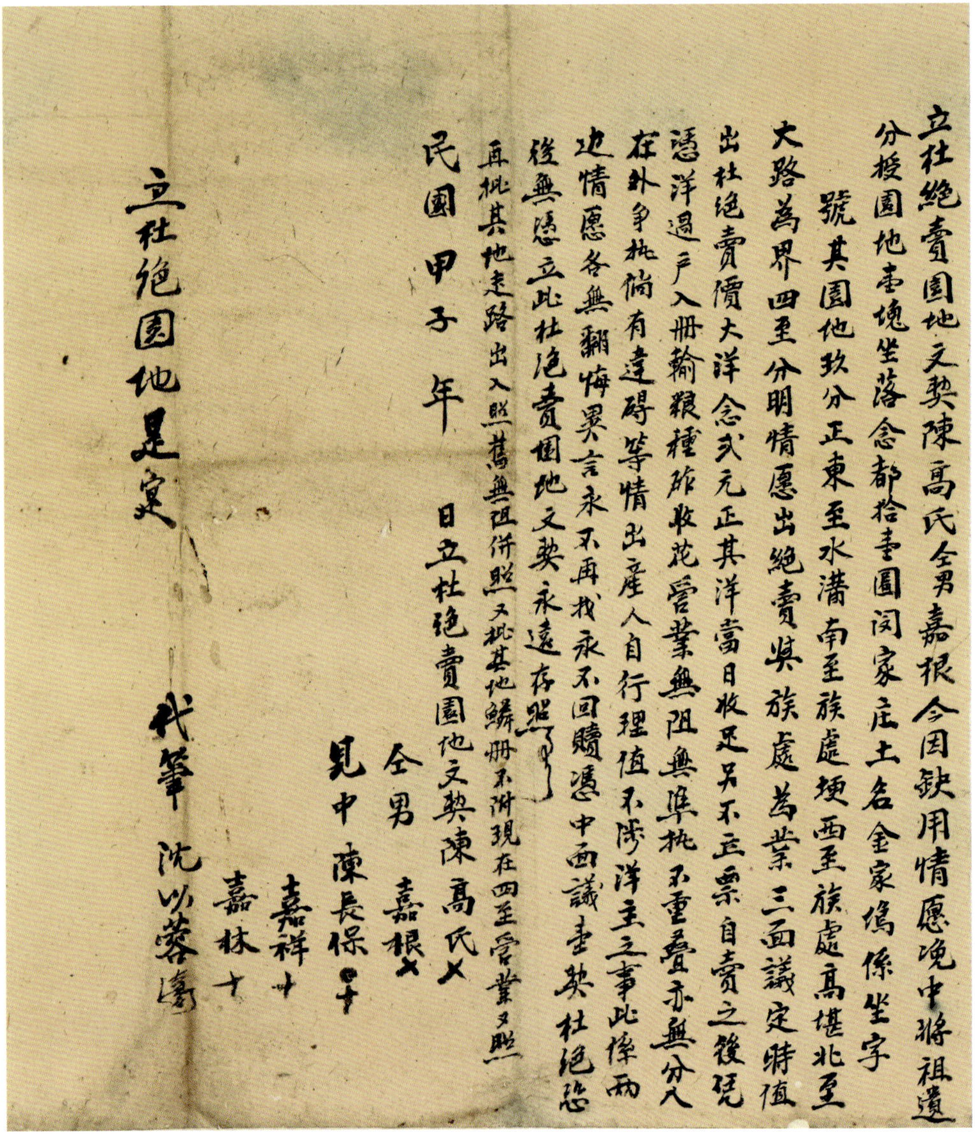
立杜絶賣園地文契陳高氏仝男嘉根今因缺用情愿浼中將祖遺
分授園地壹塊坐落念都拾壹圖閔家庄土名金家塢係坐字
號其園地玖分正東至水潽南至族處埂西至族處高堪北至
大路爲界四至分明情愿出絶賣與族處爲業三面議定時値
出杜絶賣價大洋念貳元正其洋當日收足另不立票自賣之後憑
憑洋過戶入冊輸粮種作收花管業無阻無異執不重叠亦無分入
在外爭執倘有違碍等情出產人自行理値不涉洋主之事此係兩
之情愿各無翻悔異言永不再找永不回贖憑中面議壹契杜絶恐
後無憑立此杜絶賣園地文契永遠存照
再批其地走路出入照舊無阻併照 又批其地鱗冊不附現在四至管業又照
民國甲子年　日立杜絶賣園地文契陳高氏
仝男　嘉根
見中　陳長保　嘉祥　嘉林
代筆　沈以蓉
立杜絶園地是實

湘湖陈高氏同男嘉根立杜绝卖园地文契
纵50.3厘米 横44.2厘米

18. 湘湖陈嘉松买契

民国 14 年（1925）4 月，陈嘉松向陈高氏买地 1 块，坐落二十都十一图，面积 1.5 亩，价洋 22 元，纳税 1.32 元，税率百分之六。此为民国时官颁契尾，根据正上方“萧山县印”骑缝印仅剩其半，可知原立私契已失。

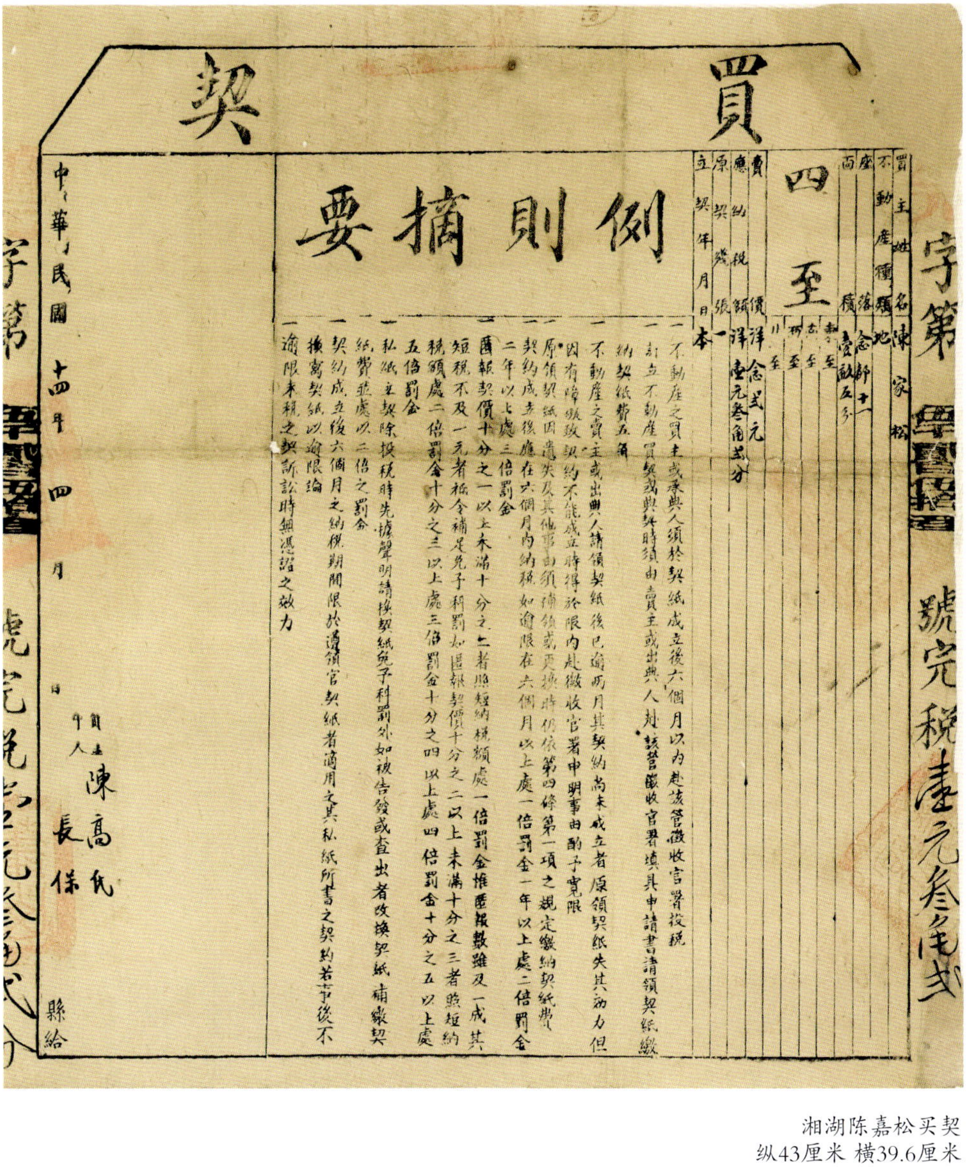
買契

買主姓名 陳家松
不動產種類 地
座落 念都十一圖
面積 壹畝五分
四至 東至 西至 南至 北至
賣價 洋念弍元
應納稅額 洋壹元叁角弍分
原契幾張 一
立契年月日 本

例則摘要

一 不動產之買主或承典人須於契紙成立後六個月以內赴該管徵收官署投稅
一 訂立不動產買契或典契時須由賣主或出典人赴該管徵收官署填具申請書請領契紙繳納契紙費五角
一 不動產之賣主或出典人請領契紙後已逾兩月其契約尚未成立者原領契紙失其效力但因有障礙致契約不能成立時得於限內赴徵收官署申明事由酌予寬限
一 原領契紙因遺失及其他事由須補領或更換時仍依第四條第一項之規定繳納契紙費
一 契約成立後應在六個月內納稅如逾限在六個月以上處一倍罰金一年以上處二倍罰金二年以上處三倍罰金
一 匿報契價十分之一以上未滿十分之二者照短納稅額處一倍罰金推匿報數雖及一成其短稅不及一元者祇令補足免予科罰如匿報契價十分之二以上未滿十分之三者照短納稅額處二倍罰金十分之三以上處三倍罰金十分之四以上處四倍罰金十分之五以上處五倍罰金
一 私紙立契除投稅時先據聲明請換契紙免予科罰外如被告發或查出者改換契紙補繳契紙費並處以二倍之罰金
一 契約成立後六個月之納稅期間限於遵領官契紙者適用之其私紙所書之契約若事後不換寫契紙以逾限論
一 逾限未稅之契訴訟時無憑證之效力

中華民國十四年四月 日
賣主 陳高氏
中人 長保
縣給

字第 號 完稅壹元叁角弍分

湘湖陈嘉松买契

纵43厘米 横39.6厘米

19. 湘湖王寿康同子汝霖立出杜绝卖明山坟契

民国 17 年戊辰（1928）10 月，王寿康同子汝霖将祖遗明山 1 块，坐落二十都十一图闵家庄，地号坐字 1261 号，面积 5 厘，绝卖与陈姓为业，价洋 21 元，契内特意注明东至西直长 3.6 丈，上横南至北 3 丈，下横南至北 2.4 丈。此契最后有“依口亲笔无代面订”数字，可知是在众人见证下，三对六面，当场写就。

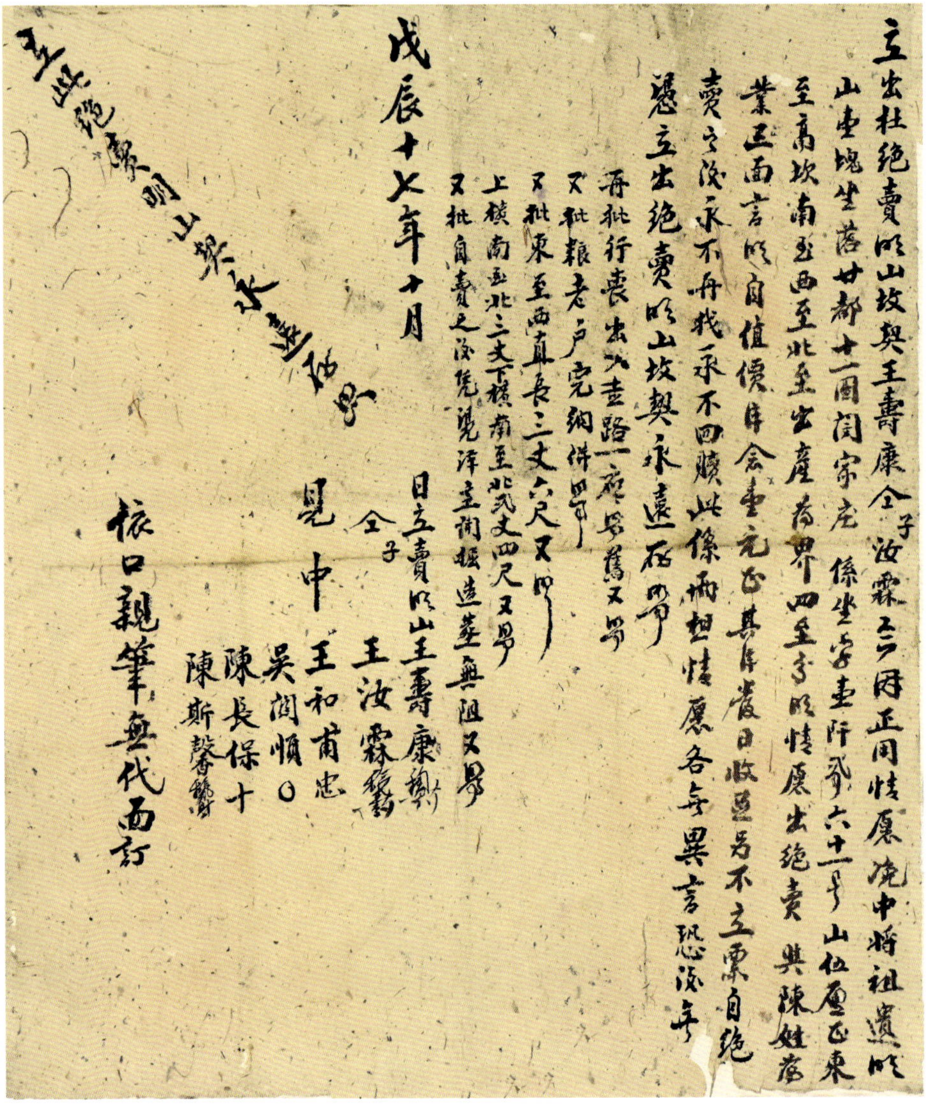
立出杜絕賣明山坟契王壽康仝子汝霖今因正用情愿浼中将祖遺明
山壹塊坐落廿都十一圖閔家庄　係坐字壹仟貳百六十一号山伍厘正東
至高坎南至西至北至出產為界四至之明情愿出絕賣與陳姓為
業三面言明自值價洋念壹元正其洋當日收足另不立票自絕
賣之後永不再找永不回贖此係兩相情愿各無異言恐後無
憑立出絕賣明山坟契永遠存照
再批行喪出入壹路一應照舊又照
又批糧老户完納併照
又批東至西直長三丈六尺又照
上横南至北三丈下横南至北貳丈四尺又照
又批自賣之後憑洋立閑掘造墓無阻又照
戊辰十七年十月　日立賣明山王壽康
仝子王汝霖
見中　王和甫忠
吳潤順
陳長保
陳斯馨
依口親筆無代面訂
王出絕賣明山契永遠存照

湘湖王寿康同子汝霖立出杜绝卖明山坟契
纵49厘米 横39.8厘米

20. 湘湖傅汤氏同三子立杜绝卖柴山文契

民国 19 年（1930）8 月，傅汤氏同三子锦林、锦堂、锦章，将来字失号民山 1 块，坐落三都七图跨湖庄，土名八面金星山，绝卖与孙姓为业，议定时值价洋 40.2 元。

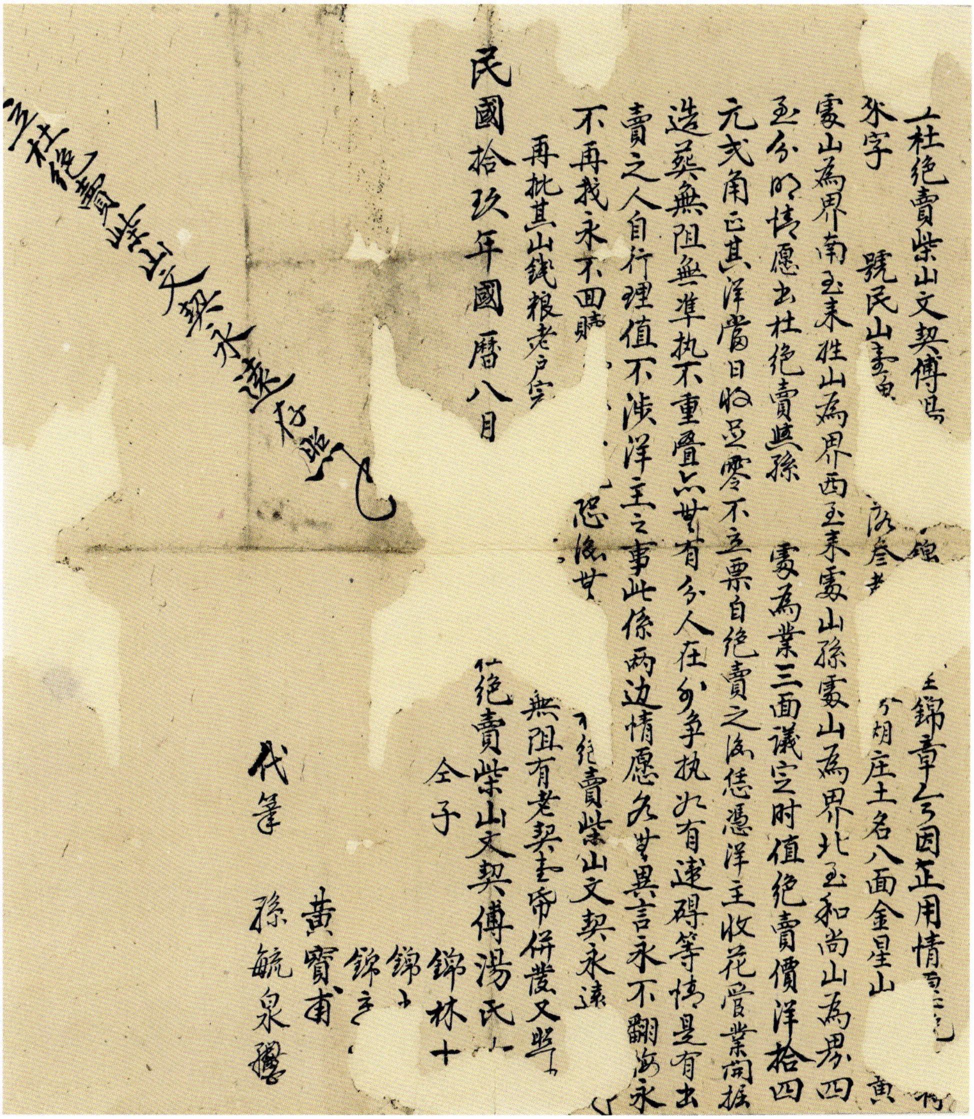

湘湖傅汤氏同三子立杜绝卖柴山文契
纵48.5厘米 横43.5厘米

21. 湘湖钱传东立出戤柴山文契

民国 21 年（1932）4 月，钱传东同侄浩根，将父遗柴山 1 块，坐落三都七图跨湖庄，土名小黄坞，地号暑字失号，出戤与孙姓为业，三面议定戤价洋 10 元。因是出戤，不是绝卖，所以批注其山限期 1 年钱到回赎，1 年之外，没有找补，按绝卖所论。另有中人费洋 1 元，1 年之内出戤人全负，1 年之外，各负一半。私立契约，作为见证的中间人，同时还负有担保责任，所以才会有高达百分之十的中费。

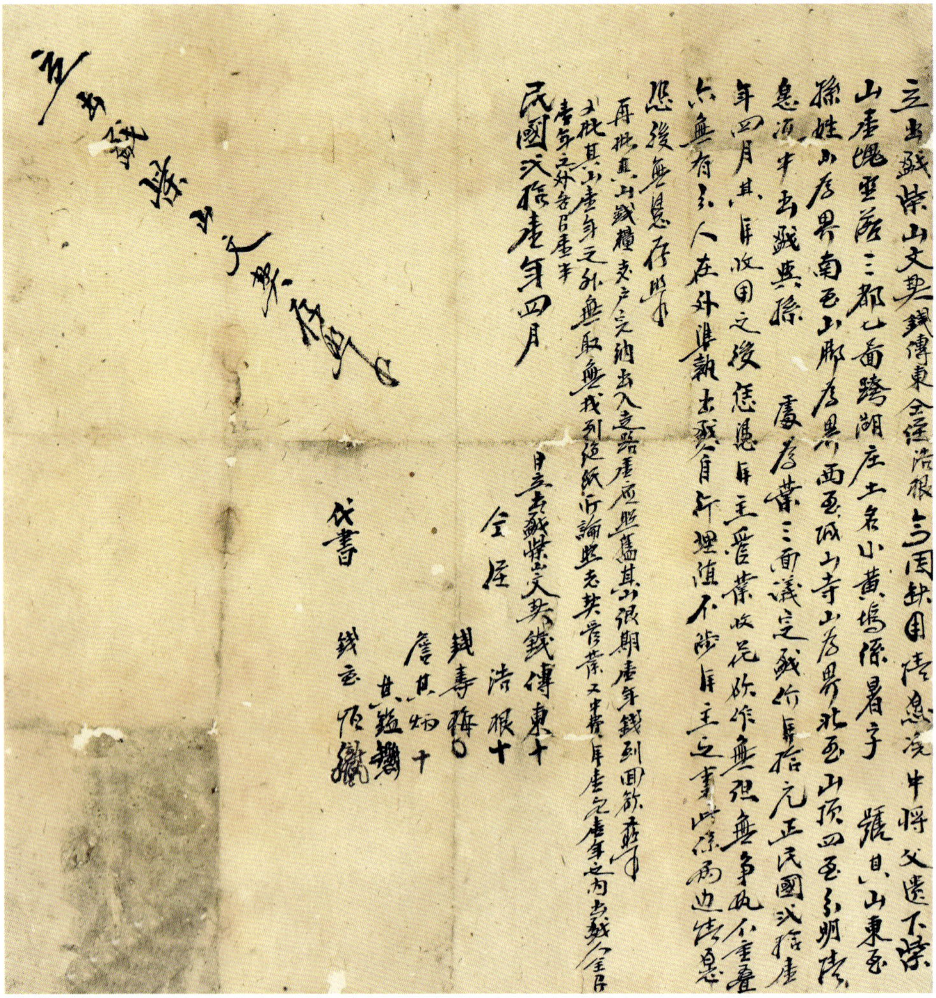
立出戳柴山文契錢傳東仝侄浩根今因缺用情愿浼中將父遺下柴
山壹塊坐落三都七圖跨湖庄土名小黃塢係暑字 號失山東至
孫姓山為界南至山腳為界西至城山寺山為界北至山頂四至分明情
愿浼中出戳與孫 處為業三面議定戳價洋拾元正民國貳拾壹
年四月其洋收用之後憑戳與主管業收花收作無阻無爭執不重疊
亦無有分人在外準執出戳自行理值不涉受主之事此係兩边情愿
恐後無憑存照
再批其山出戳權交戶之納出入走路壹應照舊其山限期壹年錢到回贖存照
又批其山壹年之外無取無找列絕賣所論照老契管業又中費洋壹元壹年之內出戳人全負
壹年之外各負壹半
民國貳拾壹年四月 日 立出戳柴山文契 錢傳東 十
仝侄 浩根 十
錢壽梅
詹其炳 十
甘鑑瀛
代書 錢丞恒
立出戳柴山文契

湘湖钱传东立出戤柴山文契
纵49.6厘米 横43.2厘米

22. 湘湖孙阿云立出杜绝卖柴山契

民国 29 年（1940）12 月，孙阿云将父遗柴山 1 爿，地号来字 149 号，面积 7 亩，坐落三都六图，土名余家坞扦山，绝卖与族处为业，时值国币 24 元。湘湖这块柴山光绪十七年（1891）卖价是铜钱 10 千文，这年卖价是 24 元，却是日寇占领萧山时老百姓不得不使用的汪伪储备票，贬值很大，两者实际价格相差是很大的。左上角加盖“浙江省地政局萧山土地登记处验讫发还”椭圆公章，填发日期 1947 年 8 月 28 日，则是抗战胜利后对全国所有公私动产、不动产进行了重新认定和登记，对汪伪汉奸逆产则一律予以没收，当时政府人员也有趁机大发国难财的，不过对普通百姓在沦陷时的财产买卖交易，经验讫后，多数还是予以认可的。

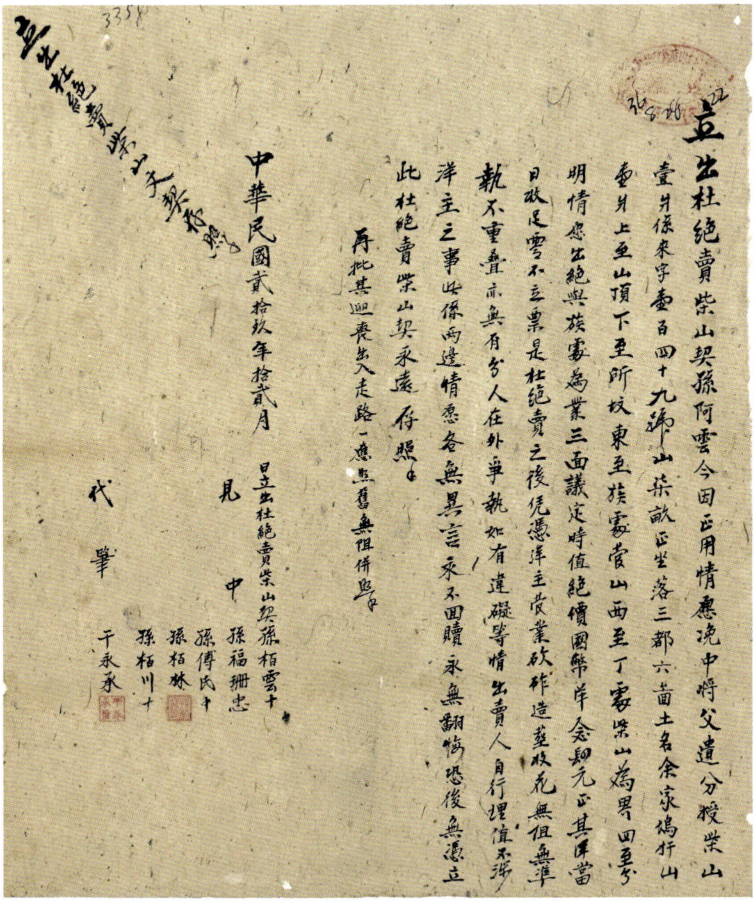
立出杜絕賣柴山契孫阿雲今因正用情愿浼中將父遺分授柴山
壹片係來字壹百四十九號山柒畝正坐落三都六圖土名余家塢扦山
壹片上至山頂下至所坟東至族處菅山西至丁處柴山為界四至
明情愿出絕與族處為業三面議定時值絕價國幣洋念肆元正其洋當
日收足零不立票是杜絕賣之後凭憑洋主發業砍斫造葬收花無阻無準
執不重疊亦無有分人在外爭執如有違礙等情出賣人自行理值不涉
洋主之事此係兩邊情愿各無異言永不回贖永無翻悔恐後無憑立
此杜絕賣柴山契永遠存照
再批其廻裏出入走路一應照舊無阻併照
中華民國貳拾玖年拾貳月　日立出杜絕賣柴山契孫阿雲十
見中　孫福珊忠　孫傳氏十　孫柏林　孫柏川十
代筆　干永承
立出杜絕賣柴山契存照

湘湖孙阿云立出杜绝卖柴山契
纵44厘米 横38厘米

23. 萧山县傅许乡来君若立杜绝卖民田文契

民国 38 年（1949）2 月，来君若将父遗坐落傅许乡，土名天生房，丈编号码一都二十二图第 2753 号民田 1 坵，面积 3.63 亩，租额 4.8 石，东至 2752 号田，西至 2755 号田，南至 2750 号田，北至河为界，绝卖与谁未填，计价白米 14.4 石。见中来季穆，代笔来吉。民国末期，通货膨胀厉害，纸币等同废纸，民间交易多以白米来结算，黑市则仍有用银元交易的。此契正是这一历史时期的真实见证。来君若与来季穆为亲兄弟，萧山西兴襄七房人，其父即光绪壬寅科举人来福诒。

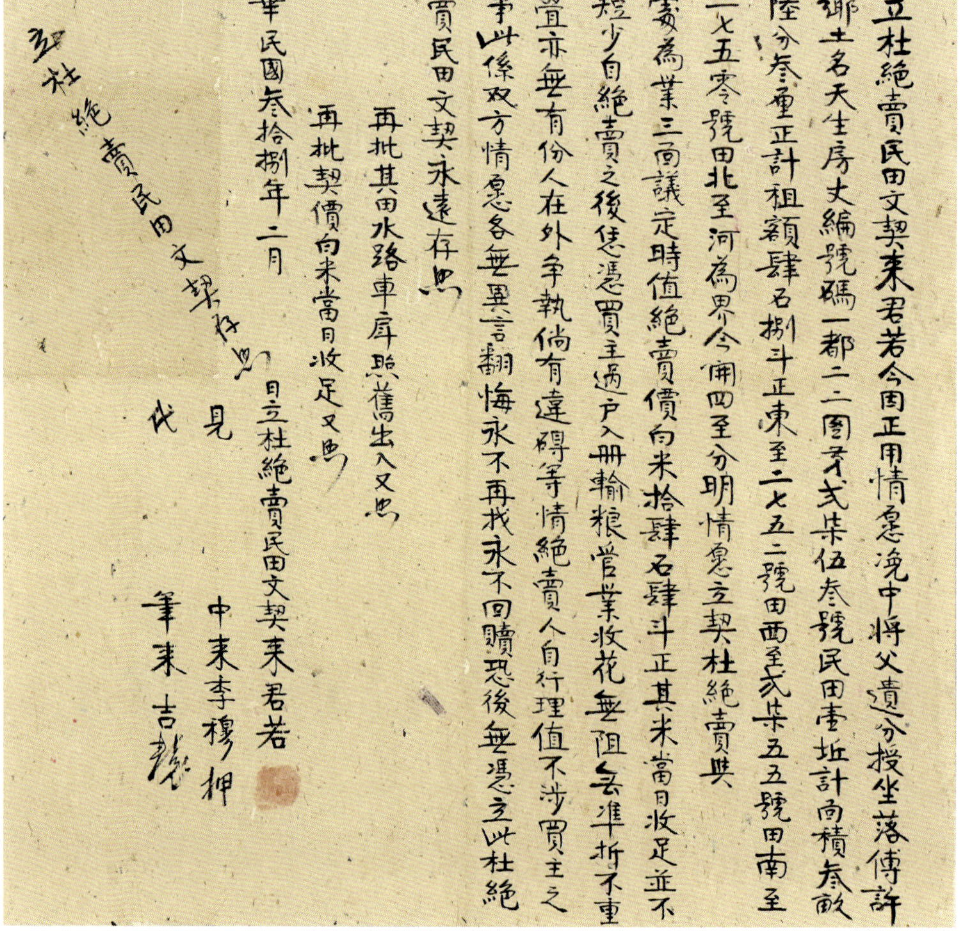
立杜絶賣民田文契来君若今因正用情愿浼中將父遺分授坐落傅許
鄉土名天生房丈編號碼一都二二圖第弍柒伍叁號民田壹坵計面積叁畝
陸分叁厘正計租額肆石捌斗正東至二七五二號田西至弍柒五五號田南至
二七五零號田北至河為界今將四至分明情愿立契杜絶賣與
處為業三面議定時值絶賣價白米拾肆石肆斗正其米當日收足並不
短少自絶賣之後任憑買主過户入冊輸粮管業收花無阻無準折不重
疊亦無有份人在外爭執倘有違碍等情絶賣人自行理值不涉買主之
事此係双方情愿各無異言翻悔永不再找永不回贖恐後無憑立此杜絶
賣民田文契永遠存照
再批其田水路車戽照舊出入又照
再批契價白米當日收足又照
中華民國叁拾捌年二月 日立杜絶賣民田文契来君若
見中来季穆押
代筆来吉
立杜絶賣民田文契存照

萧山县傅许乡来君若立杜绝卖民田文契
纵42.3厘米 横42.5厘米

票据凭证

1. 湘湖孙来氏同男在茂立收据
2. 湘湖陈王氏同男廷茂立拨单
3. 萧山县暂给陈廷浩产业印单
4. 萧山邵云盛捐官户部执照
5. 兰溪王益堂寄绍兴安昌水运货单
6. 湘湖姚张氏立收清票
7. 萧邑绣衣坊傅瑞源号铜锡发票
8. 萧山闻堰潭头汇康盈砖灰发票
9. 湘湖跨湖桥詹恭和号慧记本窑砖瓦发票
10. 萧山义桥公泰号账单
11. 萧邑西汪桥裕通杉木板行发票
12. 萧山安仁典当票
13. 萧山义桥义济官盐号购用官盐凭证
14. 湘湖沈以蓉立议据
15. 湘湖陈家松验契执照
16. 湘湖陈高氏同男嘉根立开票
17. 湘湖陈家松承粮户摺
18. 萧山县茅草坞乡农民协会会员王阿根缴纳入会费收据
19. 湘湖孙锦生立借票
20. 义桥韩华生与韩商隐等 15 人立会约
21. 萧山县法院民事判决书
22. 萧山县茅山乡曹生泉土地执照粘附丈正户地图
23. 湘湖陈家松上期田赋执照
24. 湘湖陈水林立转让管山契
25. 湘湖陈水林阅图摘记单
26. 湘湖陈水林共有人图状保持证
27. 萧山县长河乡来裕生农会会员证
28. 萧山汤荃宰土地所有权状附实测户地图
29. 湘湖孙校彬立笔据

票据凭证

1. 湘湖孙来氏同男在茂立收据

道光二十六年（1846）十二月，孙来氏同儿子在茂将祖遗盈字 74 号田 2.837 亩，绝卖与族处，得价 170 千文，其钱一并收足，在来佐燿见证下立的一纸收据，名下均有画押，以示真实。

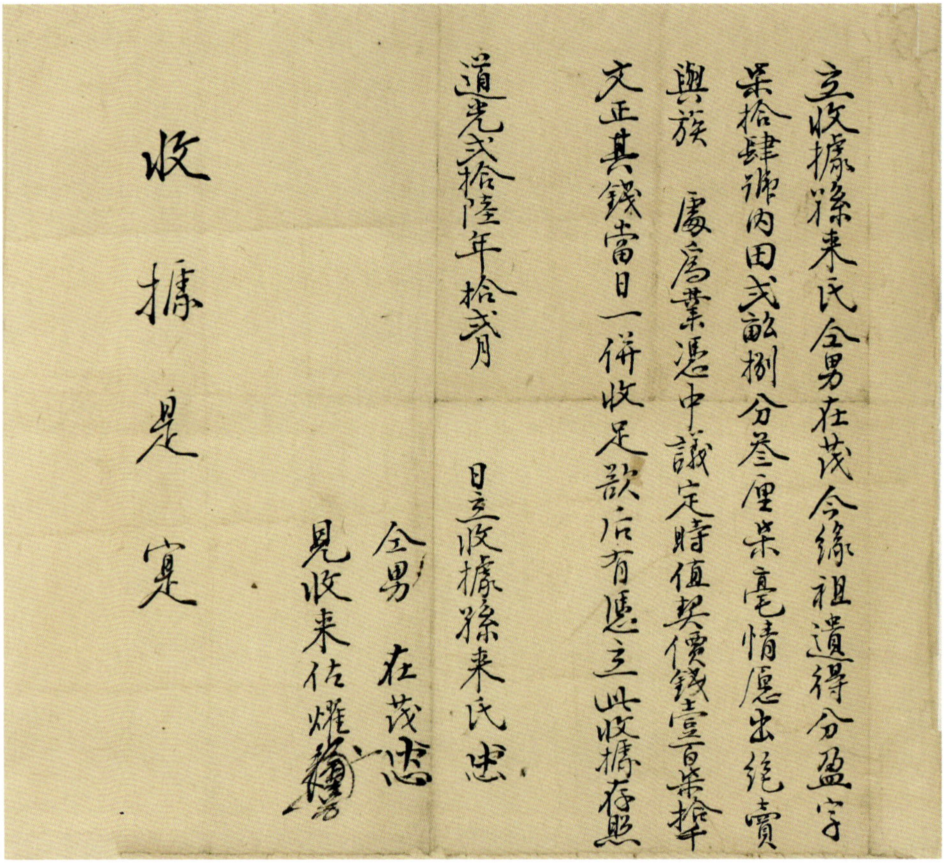
立收據孫來氏仝男在茂今緣祖遺得分盈字
柒拾肆號內田貳畝捌分叁厘柒毫情愿出絕賣
與族　處為業憑中議定時值契價錢壹百柒拾
文正其錢當日一併收足訖後有憑立此收據存照
道光貳拾陸年拾貳月　日立收據孫來氏
仝男　在茂
見收來佐燿
收據是寔

湘湖孙来氏同男在茂立收据
纵24.5厘米 横25.7厘米

2. 湘湖陈王氏同男廷茂立拨单

道光二十八年（1848）八月，陈王氏同儿子廷茂，将二十都十一图闵家坞坐字 1108 号山 4 亩，拨入陈廷浩名下，陈廷华见拨。此单是在民山转让立契之后所立的单子，交付买主以为凭据。错字很多，则证明可能是陈王氏的亲笔。

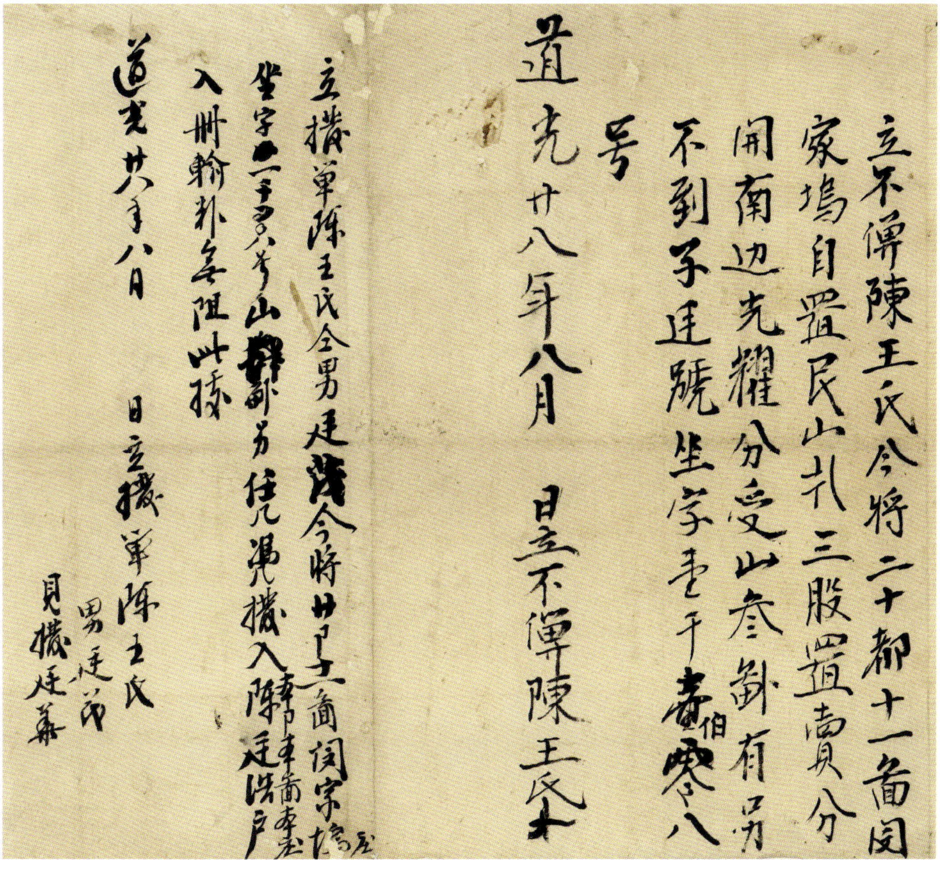

湘湖陈王氏同男廷茂立拨单
纵24.9厘米 横36.4厘米

3. 萧山县暂给陈廷浩产业印单

同治三年（1864）五月，萧山县正堂为清查粮产，暂给陈廷浩的产业印单，计开二十都十一图闵家庄，共有山9.2亩。加盖“萧山县印”满汉文官印和“清查粮产图记”公章。

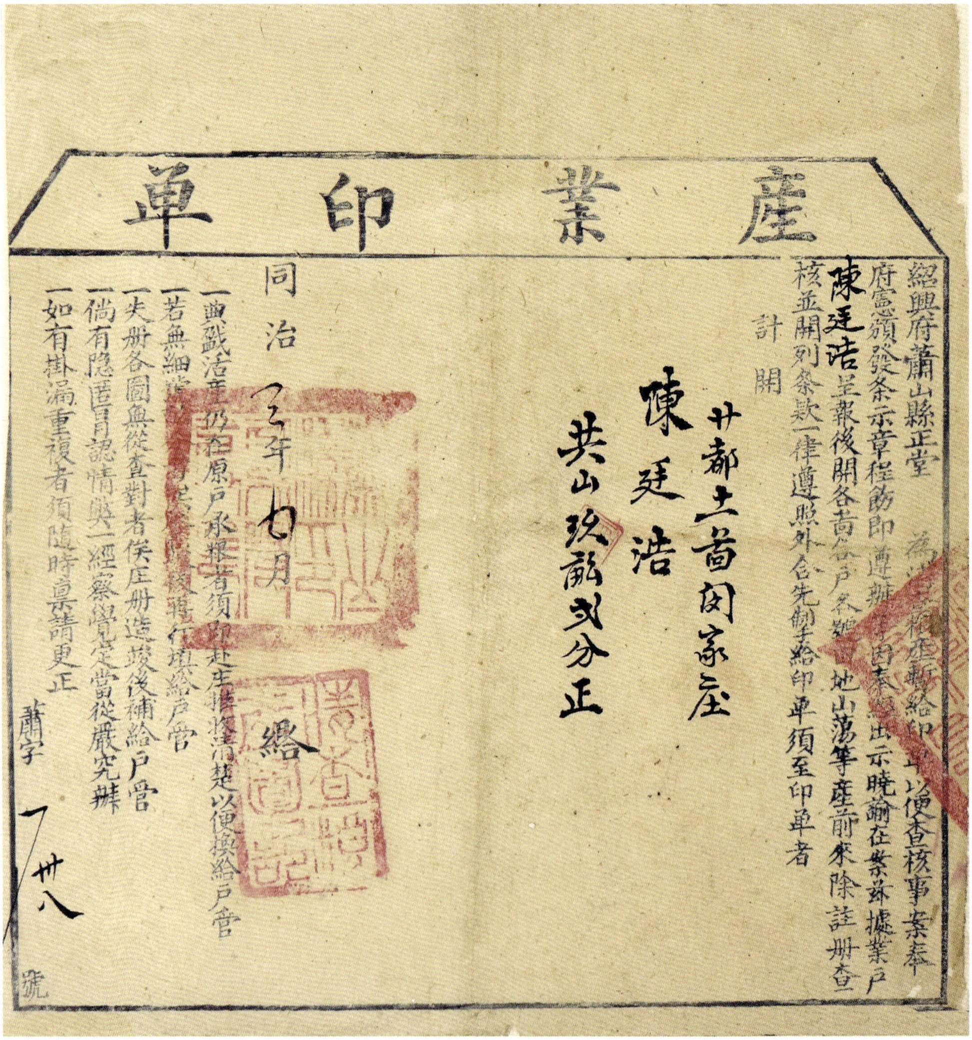
產業印單

紹興府蕭山縣正堂[illegible]以便查核事案奉
府憲頒發條示章程飭即遵辦[illegible]出示曉諭在案茲據業戶
陳廷浩呈報後開各[illegible]地山蕩等產前來除註册查
核並開列條款一律遵照外合先制給印單須至印單者

計開

廿都十一啚闵家庄
陳廷浩
共山玖畝弍分正

同治三年[illegible]月　[illegible]

一典戳活産仍[illegible]原戶承粮者須[illegible]清楚以便換給戶管
一若無細[illegible]行換給戶管
一失册各圖無從查對者俟庄册造竣後補給戶管
一倘有隱匿自認情弊一經察覺定當從嚴究辦
一如有掛漏重複者須隨時稟請更正

蕭字廿八號

萧山县暂给陈廷浩产业印单
纵26.8厘米 横25.8厘米

4. 萧山邵云盛捐官户部执照

捐官始于汉代。清康熙十三年（1674）因平吴三桂、耿精忠、尚之信等三藩之乱，军饷不足，捐官盛行。咸丰朝为镇压太平军，军饷就地筹办，捐官为又一高潮。清代官制，分九品十八级，每一品级，均有职官一一对应。到乾隆以后，文最高可捐到正四品的道台，武最高可捐到从三品的游击，然均非实授，这是指捐官职的。还有一种只是捐职衔的，普通百姓捐较少的银子而得到的一种较低级的职衔，仅是荣誉而已，并无实际官职。如邵云盛即为后者，其于光绪十五年（1889）四月廿七日，因捐了40两银子，领到了一张户部朱笔签发“实行”及“廿七”等醒目大字的从九品衔执照，并在其姓名处画了朱圈，表示已实际签发。按清代文官品级属从九品者，有翰林院待诏、国子监典籍、钦天监博士、各部院司务、太常寺司乐、布政司仓大使、按察司司狱、道库大使、府照磨、宣课司大使、巡检、各州吏目、府阴阳正术、府医学正科等官职。执照内邵云盛之履历及祖宗三代名讳均填写的一清二楚，其曾祖之铨（1754～1793）、祖毓瑚（1792～1834）、父礼堂（1826～1872），参阅宗谱，俱真实无误。邵云盛（1860～1910），谱名庆洼，字梅斋，萧山许贤南坞人，职员。

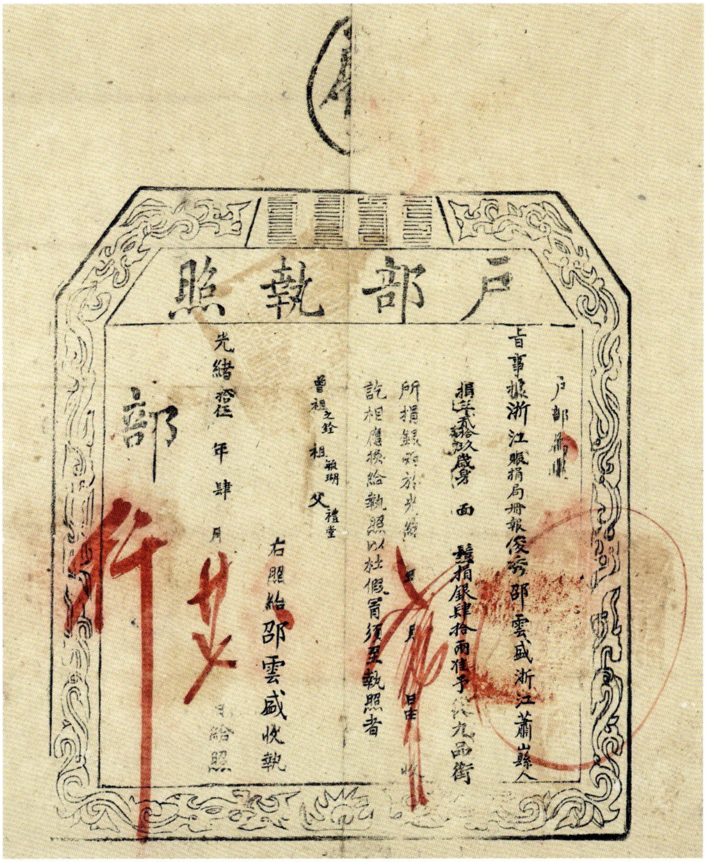
戶部執照
右照給邵雲盛收執
光緒拾伍年肆月　日給照

萧山邵云盛捐官户部执照
纵58.7厘米 横48.6厘米

5. 兰溪王益堂寄绍兴安昌水运货单

浙江兰溪王益堂商号在光绪十八年（1892）八月二十日，由水路运往绍兴安昌万泰商号的 1 张货运单。途经兰江、桐江、富春江、浦阳江到义桥后，委托韩殿扬过塘行转运，由内河船再运到安昌。晚清民国时期，运输主要以水运为主，故沿江集镇如萧山义桥、临浦、闻堰、西兴等货物转运极为繁盛，均由各家过塘行经营。义桥古镇韩氏为大族，故过塘行大多为韩氏所开，如大来行、茂林行、公茂行等 10 余家，因文献散失，韩殿扬过塘行未有知者。韩殿扬（1855 ~ 1921 后），庠名文潮，字振声，萧山义桥人，世居湘湖南岸之府前桥。

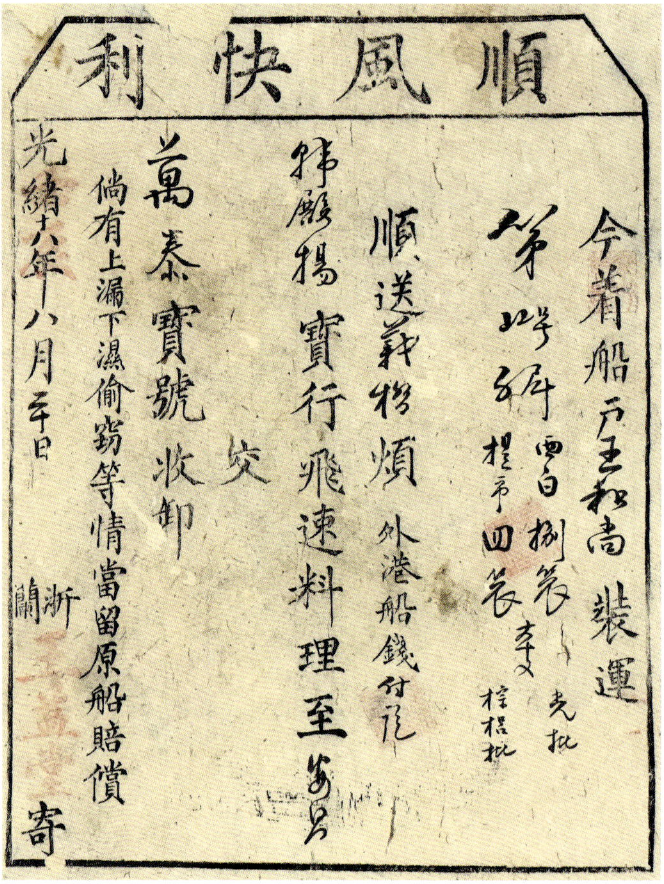
順風快利
今着船戶[illegible]裝運
第[illegible]號[illegible]
順送義橋
韓殿揚 寶行飛速料理至安昌
外港船錢付訖
萬泰寶號收卸 交
倘有上漏下濕偷竊等情當留原船賠償
光緒十八年八月廿日
浙蘭 王益堂 寄

兰溪王益堂寄绍兴安昌水运货单
纵34.5厘米 横27.3厘米

光绪四年戊寅（1878）浙江学政黄倬科试入学，宣讲生，五品军功。著有《痘科续金镜录》《痔科秘诀》待梓。光绪丁酉湘南韩氏续修宗谱、宣统辛亥（1911）接修宗谱，两任总理。湘湖建闸蓄水，攸关九乡农田水利，宋政和二年成湖以来，历朝均禁止开垦。民国 4 年（1915）、10 年湘湖垦、禁之争，韩殿扬均列名九乡公民代表，反对开垦湘湖。

6. 湘湖姚张氏立收清票

光绪三十一年（1905）姚张氏同男宝铨、宝生、宝林、宝源，已将正契价九九大钱53.2千文收清而立的1张票据。今因正契已失，不知出卖的是田地山场或房屋。

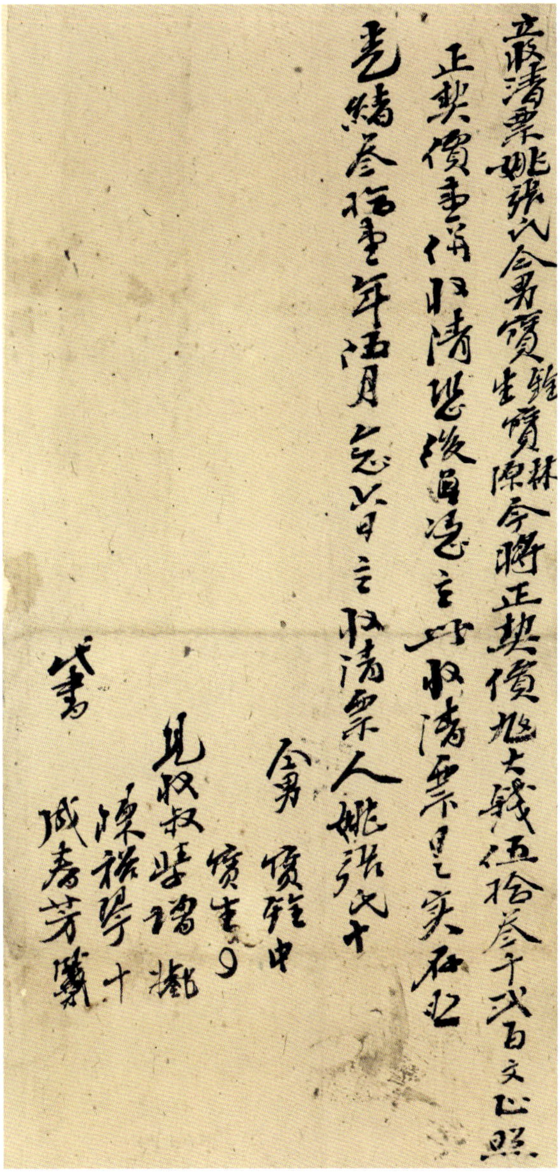

湘湖姚张氏立收清票
纵49厘米 横21.5厘米

7. 萧邑绣衣坊傅瑞源号铜锡发票

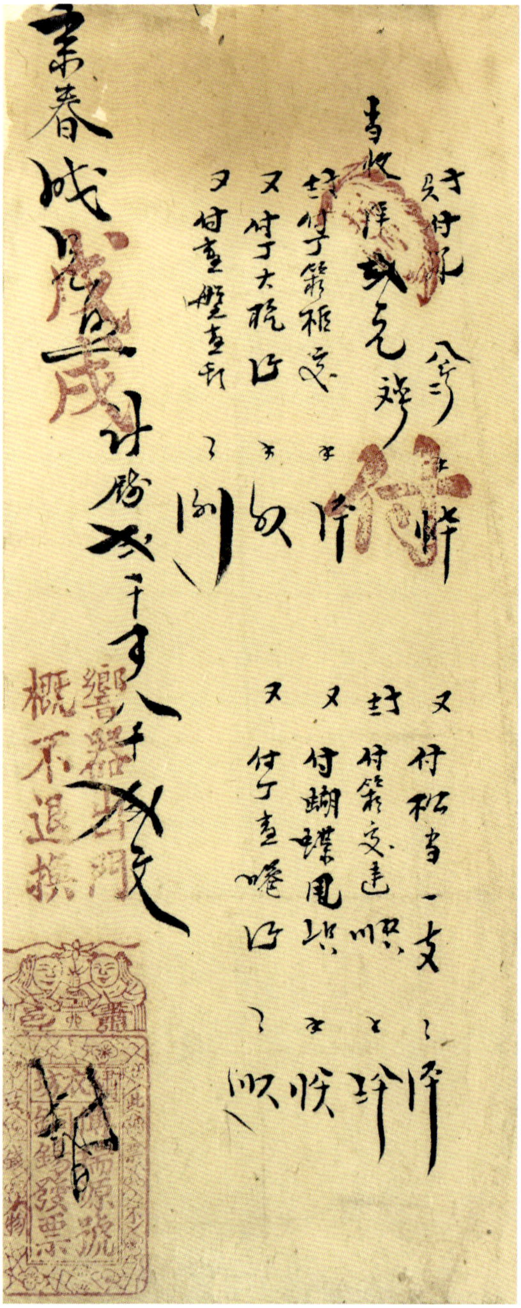

萧邑绣衣坊傅瑞源号铜锡发票
纵24厘米 横10厘米

傅瑞源号铜锡店，开设萧山城中市心桥西绣衣坊，双向店面，是晚清民国时期萧山有名的一家铜锡店。根据开出的1张发票，可略知当时铜锡器价格情况。如箱铰链3只，钱780文，蝴蝶甩6只，钱288文，等等，总计钱2182文。发票上加盖数个红戳，“（光绪）戊戌（1898）、响器出门概不退换、付”，“瑞源”树叶形戳，左下角盖和合二仙梅花图店名发票章一方，有“萧邑绣衣坊傅瑞源铜锡发票、此票不支钱物”多字，和合二仙图中间隐约似有“丁卯”二字，或即傅瑞源铜锡店同治丁卯年（1867）创建之年。顾客来春成（1854～1922），谱名书田，字春城，又字春澄，萧山长河来氏四房二十二世，授从九品职衔。其长兄来寿田（1839～1928后），字春昫，又字春云、春荣，晚号逸叟，邑廪生，光绪壬午恩贡，候选教谕，教读终身，有名文士，民国己未（1919）重逢入泮之年，门下请征诗不获辞，出所撰自寿句“榆杏降庚，藻芹周甲，梧桐结子，桃李逢辰”为题，赠稿纷如，均收入锦囊，辑有《锦囊寿言初编》行于世。

8. 萧山闻堰潭头汇康盈砖灰发票

光绪庚子（1900）三月二十四日，来春澄向潭头汇康盈砖灰行购买1500斤搬灰，总价英洋（即墨西哥鹰洋）5.1元，当日付英洋4元，约定明年二月底发货，再补足余款，由该行出具发票交来春澄收执。加盖红戳数个，分别为“加栈捐”“凡遇关卡尊客自纳”“□□（此两字模糊不识）倘有毁少每只给钱五十”等。闻堰潭头地处浦阳江边，诸暨等处石灰俱沿江装运而来，砖灰属于量大价贱之物，为运输、堆放方便，故砖灰行多设在江边一带。顾客来春澄，即来春成，萧山长河人，古时名字写法不规范，只要音同，可有多种写法，见诸契约文书，不在少数。

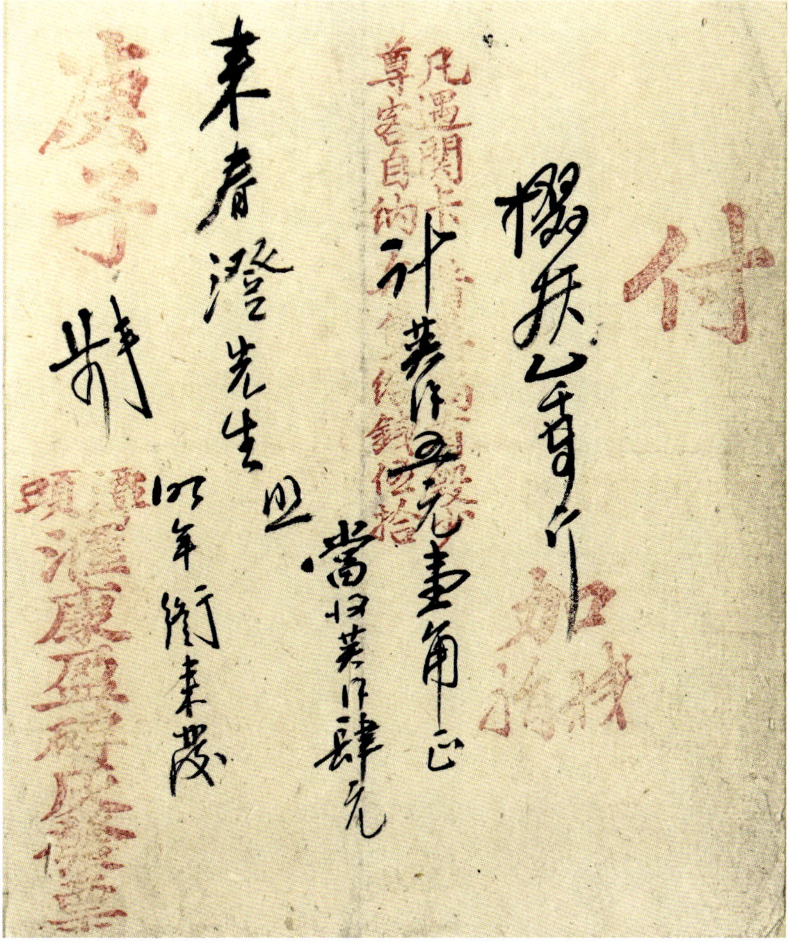

萧山闻堰潭头汇康盈砖灰发票
纵16厘米 横13厘米

9. 湘湖跨湖桥詹恭和号慧记本窑砖瓦发票

萧山湘湖沿岸，旧时窑户林立，生产各种砖瓦，其名色有尺八方、太堂、大延陵、棒硾砖、双开、砖簧、板瓦、筒瓦、定瓦、天沟筒、狗头瓦、筷储筒、菊花盆、瓦将军、花边滴水等 35 个品种。

来春荣从詹恭和号购得瓦 4000 张、大延陵 1200 个、双开 1200 张，日期二月初九日，船力 720 文，未写总价多少，应该还有 1 张发票。根据来春荣（即来春云）戊辰年（1928）购买木板，可知此项砖瓦交易大约也发生在同一时期。顾客来春荣，即来春云，谱名来寿田，为来春成长兄，萧山方言“荣”音与“云、昀”音相同，均读做 yong。

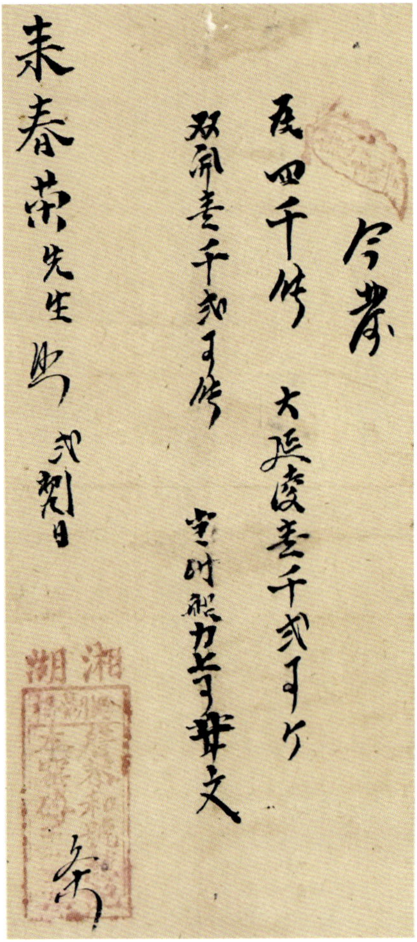
瓦四千张
双开壹千弍百张
来春荣先生
弍月初九日

湘湖跨湖桥詹恭和号慧记本窑砖瓦发票
纵23.3厘米 横8.3厘米

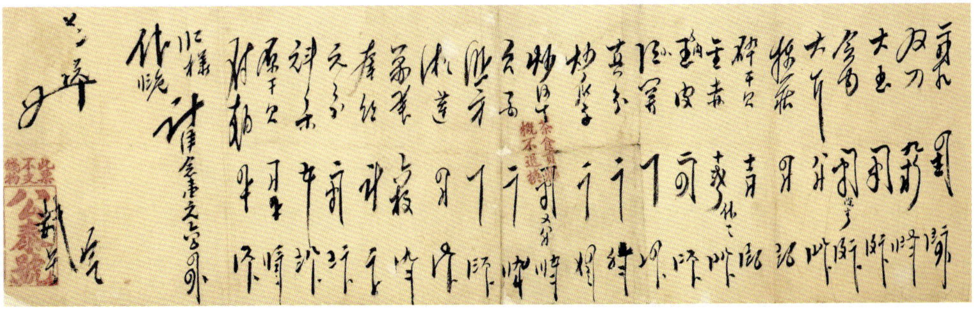

萧山义桥公泰号账单
纵15.8厘米 横51.3厘米

10. 萧山义桥公泰号账单

民国时期开设在义桥上埠大街的公泰号南货店，与升泰、源春、乾裕号称义桥南货四大店，其生产的公泰朝糕，最为出名，每天用糯米 2 至 3 石。此张账单，分别写明品种、数量、价格，旧时商号字迹潦草，且多用苏州码子计数，往往难以释读，仅略可知有大玉、碎干贝、肉皮、炒瓜子、原干贝等 22 样货品，计洋 21.644 元。左上角据现存不完整字迹，可知原应贴有印花税票，已脱落。

11. 萧邑西汪桥裕通杉木板行发票

民国戊辰年（1928）桂月十九日，来春云向裕通杉木板行购买根板 19 块，计洋 9.5 元，外加树力洋 0.288 元。来春云，即来春荣，谱名来寿田，生于道光己亥（1839）二月初七日，则是年已九十高龄，同一时期又购买砖瓦，或为建寿圹、寿材之用。

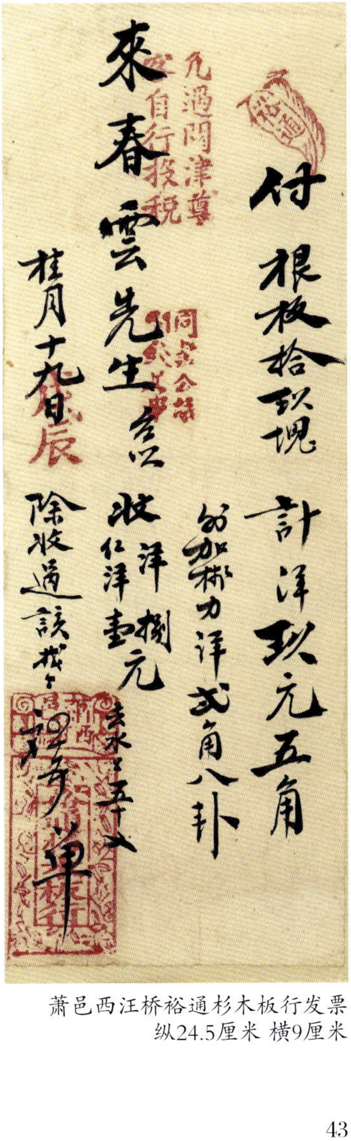

萧邑西汪桥裕通杉木板行发票
纵24.5厘米 横9厘米

12. 萧山安仁典当票

安仁当为萧山涝湖陈秋渔创建于同治六年（1867），位于祇园寺前寺先桥畔。创办资金大洋 3 万元。抗战之前县城共有安仁、咸庆、洽裕、同裕、复泰、绪昌等 6 家当铺。民国 22 年（1933），安仁当全年营业额为 7.98 万元，生意兴隆，故留存至今的安仁当当票多为这一年。旧时典当业有特定的当票文字，大多不识。此票当物名称亦潦草不清，据加盖“存箱”红戳和二件等字分析，可知大概为衣物类当物。另一红戳“大小式分”，是指当时当衣饰铜锡等，2 分取息之意，18 个月为满，逾期变卖归当本。

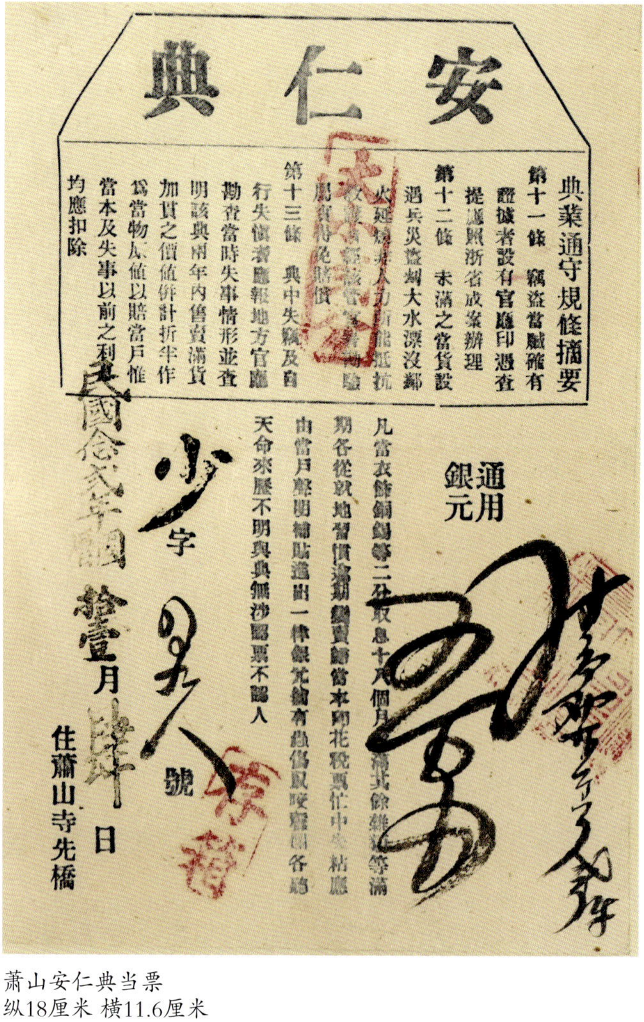
安仁典

典業通守規條摘要

第十一條　竊盜當贓確有證據者設有官廳印憑查提遵照浙省成案辦理

第十二條　未滿之當貨設遇兵災盜劫大水漂沒鄰火延燒非人力所能抵抗[illegible]驗[illegible]免賠償

第十三條　典中失竊及自行失慎者應報地方官廳勘查當時失事情形並查明該典兩年內售貨滿貨加貸之價值併計折半作為當物原值以賠當戶惟當本及失事以前之利息均應扣除

通用銀元

凡當衣飾銅錫等二分取息十八個月滿其餘雜貨等滿期各從就地習慣逾期變賣歸當本所花稅[illegible]中[illegible]粘應由當戶聲明補貼遺出一律照先繳有蟲傷鼠咬霉爛各聽天命來歷不明與典無涉認票不認人

字　號

民國念弍年　拾壹月　日

住蕭山寺先橋

萧山安仁典当票
纵18厘米 横11.6厘米

13. 萧山义桥义济官盐号购用官盐凭证

民国 26 年（1937）11 月 6 日，曹某到义桥义济官盐号购买食盐 9 斤，发给的购用官盐凭证，如遇官商缉私人员及引盐公所派员查阅，应将此证缴出查验。并加盖有“义桥义济官盐号”红戳及“萧山引盐公所”骑缝官印，以示真实可靠和防伪。

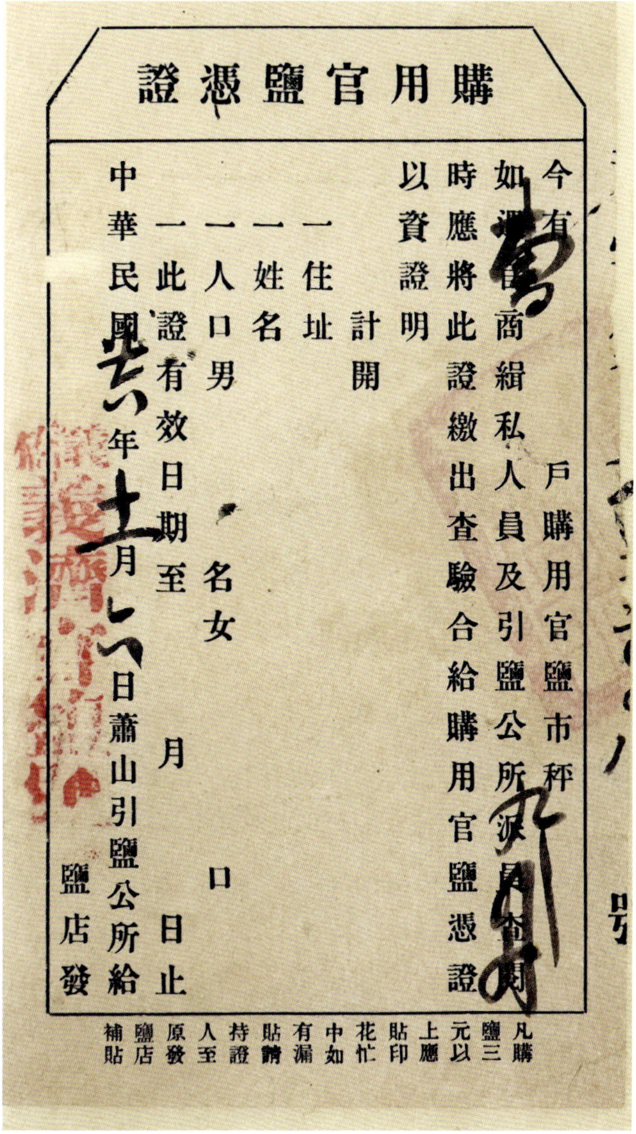
購用官鹽憑證

今有曹　　戶購用官鹽市秤
如遇官商緝私人員及引鹽公所派員查閱
時應將此證繳出查驗合給購用官鹽憑證
以資證明
計開
一住址
一姓名
一人口男　名女　口
一此證有效日期至　月　日止
中華民國廿六年十一月六日蕭山引鹽公所給
鹽店發

凡購鹽三元以上應貼印花忙中如有漏貼請持證人至原發鹽店補貼

萧山义桥义济官盐号购用官盐凭证
纵21厘米 横11厘米

14. 湘湖沈以蓉立议据

民国 2 年（1913）4 月，沈以蓉兄弟分家时曾约定有其帮贴幼弟以槎结婚费洋 20 元，如今以槎结婚缺屋居住，亲族议定由以蓉将分家所得朝西平屋基地 1 间，直出门堂在内，归以槎居住，抵充 20 元之数。亲族见证，兄弟各无异言，名下俱签字画押，特立议据一纸为凭。

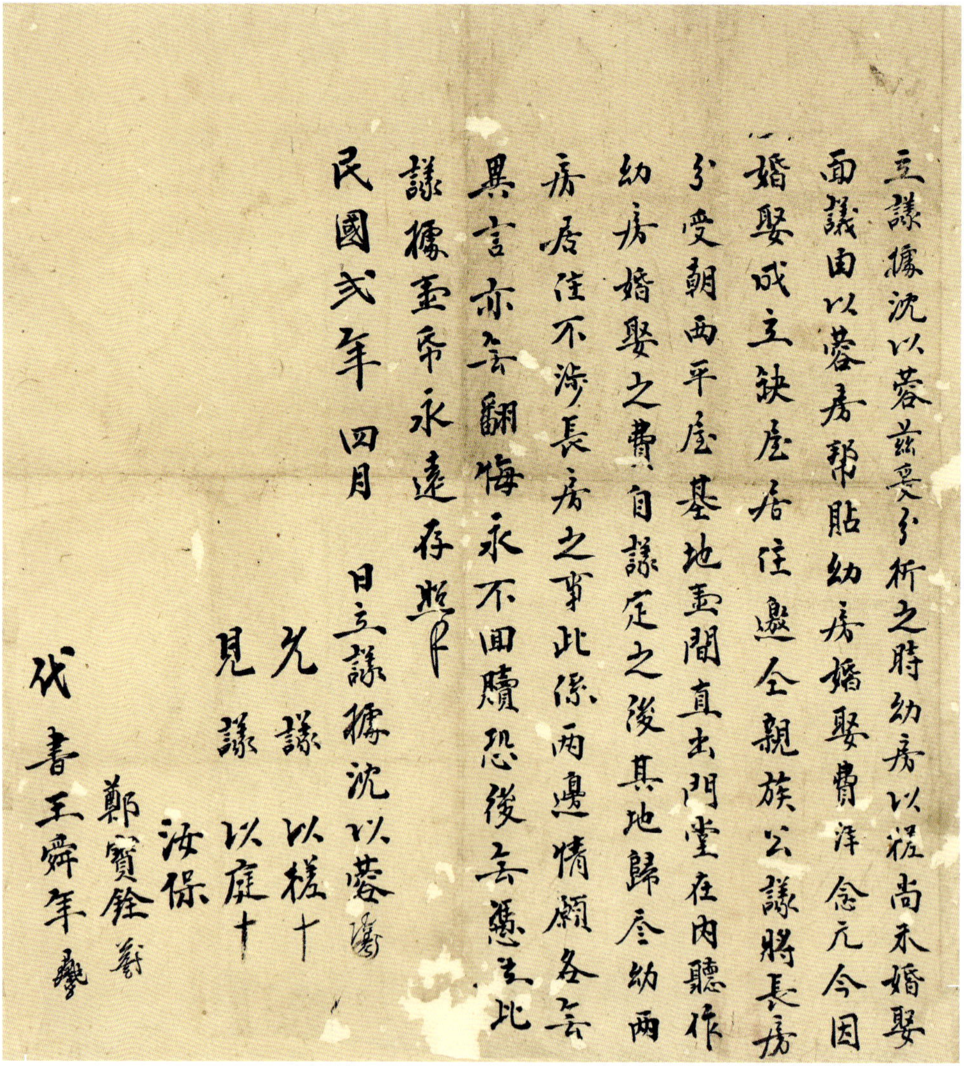
立議據沈以蓉茲憂分析之時幼房以槎尚未婚娶
面議由以蓉房幫貼幼房婚娶費洋念元今因
婚娶成立缺屋居住邀仝親族公議將長房
分受朝西平屋基地壹間直出門堂在內聽作
幼房婚娶之費自議定之後其地歸於幼兩
房居住不涉長房之事此係兩邊情願各無
異言亦無翻悔永不回贖恐後無憑立此
議據壹帋永遠存照
民國弍年 四月 日立議據沈以蓉（押）
兄 議 以槎 十
見 議 以庭 十
汝保
鄭寶銓（押）
代書王舜年（押）

湘湖沈以蓉立议据
纵48.3厘米 横43.8厘米

15. 湘湖陈家松验契执照

民国 4 年（1915）11 月，陈家松将坐落二十都十一图闵庄山 2.1 亩，呈请验契注册，缴注册费 1 角，加盖萧山县知事“彭延庆”名戳和“浙江财政厅印”朱红官印，另加盖“附收征费百分之八”红戳，银元 7.5 元填写于骑缝之处。

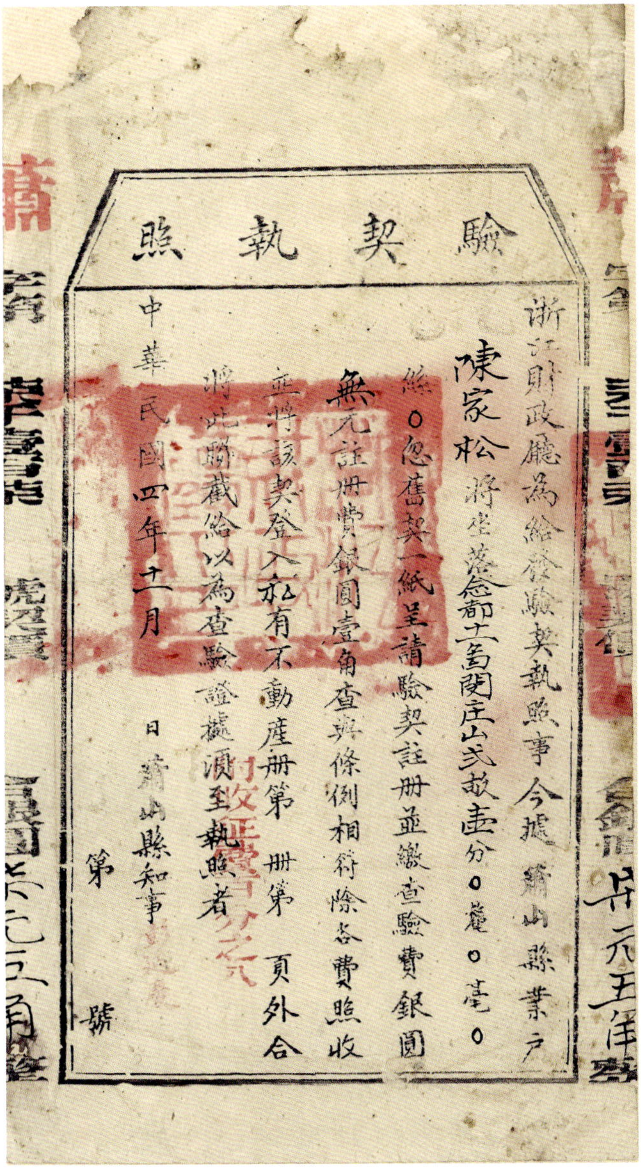
驗契執照

浙江財政廳為給發驗契執照事今據蕭山縣業戶

陳家松 將坐落念都十一啚閔庄山弍畝壹分〇釐〇毫〇

絲〇忽舊契一紙呈請驗契註冊並繳查驗費銀圓

無元註冊費銀圓壹角查與條例相符除各費照收

並將該契登入私有不動產冊第 冊第 頁外合

將此聯截給以為查驗證據須至執照者

中華民國四年十一月 日 蕭山縣知事

第 號

附收征費百分之八

湘湖陈家松验契执照
纵28.4厘米 横15.9厘米

16. 湘湖陈高氏同男嘉根立开票

民国甲子年（1924）11 月，陈高氏同儿子嘉根将祖遗园地 1 块，坐落二十都十一图闵家庄，面积 9 分，绝卖与陈嘉松，特立开票，归其入册输粮。见开陈长保、代笔沈以蓉也是绝卖园地契之代笔

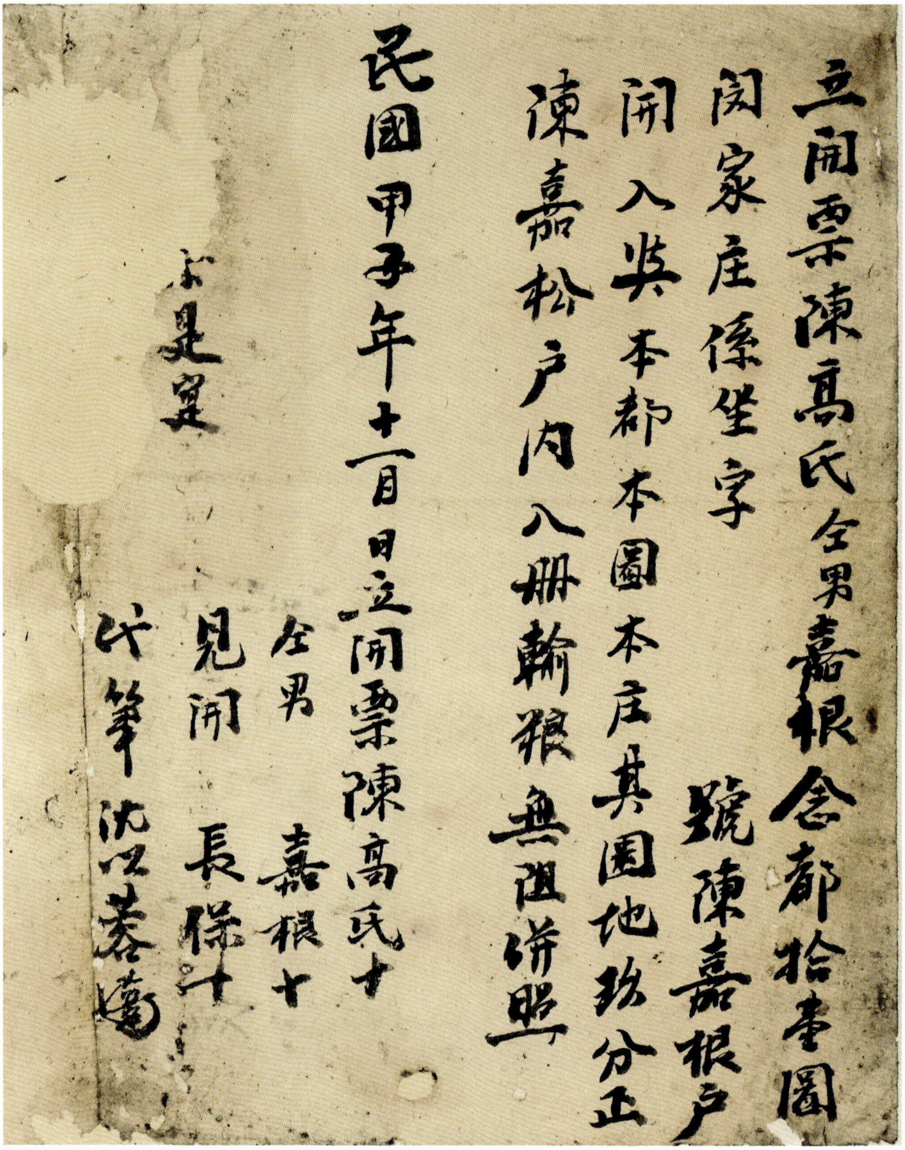
立開票陳高氏仝男嘉根念都拾壹圖
閔家庄係坐字　號陳嘉根户
開入與本都本圖本庄其園地玖分正
陳嘉松户內入册輸粮無阻併照
民國甲子年十一月　日立開票陳高氏十
仝男　嘉根十
見開　長保十
也是望
代筆　沈以蓉

湘湖陈高氏同男嘉根立开票
纵24厘米 横33.9厘米

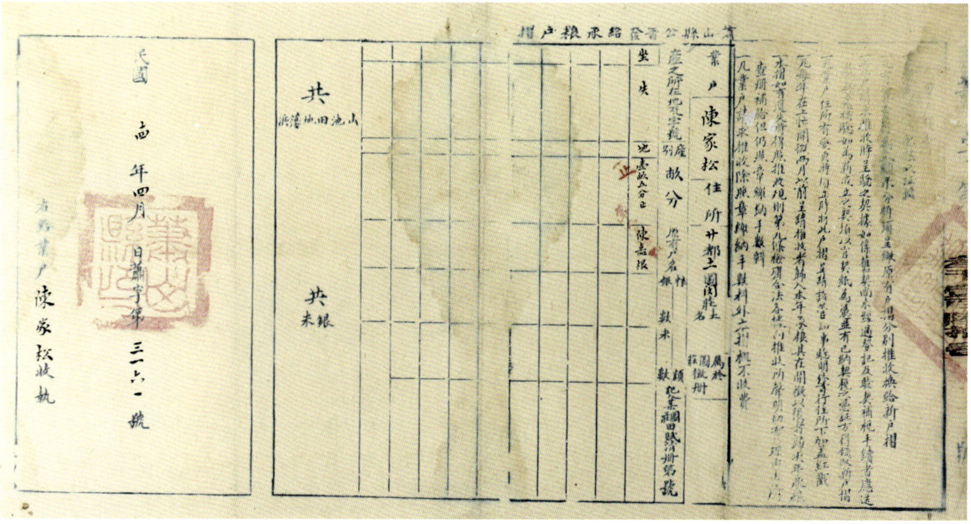
蕭山縣公署發給承粮户摺

業户 陳家松 住所 廿都三圖閔莊

民國 十四 年四月 日 蕭字第三一六一號

右給業户陳家松收執

湘湖陈家松承粮户摺
纵29.6厘米 横50厘米

17. 湘湖陈家松承粮户摺

民国甲子年（1924）11 月，陈家松向陈高氏、嘉根母子处购得园地 1 块，坐落二十都十一图闵家庄，面积 1.5 亩，推收过户，凭官契纸和已纳契税之凭证及验契执照，于民国 14 年（1925）4 月领取了由萧山县公署发给的承粮户摺，编号萧字第 3161 号。

18. 萧山县茅草坞乡农民协会会员王阿根缴纳入会费收据

民国 16 年（1927）2 月 18 日，国民革命军抵萧，3 月 8 日，国民党萧山县党部成立，同时，萧山县农民协会成立，各乡村亦普遍成立农民协会，茅草坞村位于长河，亦成立农民协会，大力推行“二五减租”。民国 18 年 12 月，六组会员佃农王阿根参加农民协会，交纳入会费大洋 2 角，萧山县农民协会给发收据。

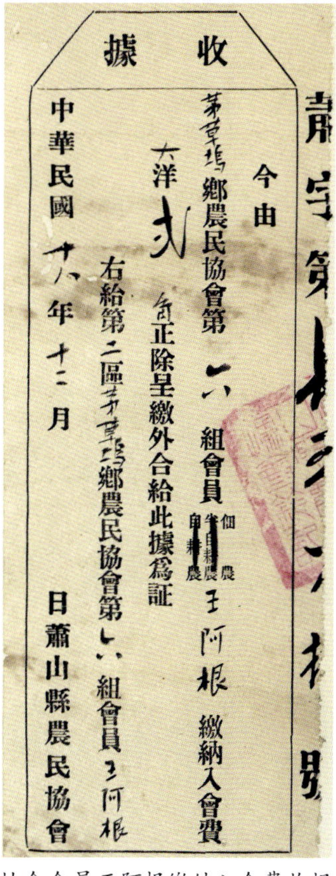
收據

今由

茅草塢鄉農民協會第六組會員 佃農 王阿根 繳納入會費

大洋弍角正除呈繳外合給此據爲証

右給第二區茅草塢鄉農民協會第六組會員王阿根

中華民國十八年十二月 日 蕭山縣農民協會

萧山县茅草坞乡农民协会会员王阿根缴纳入会费收据
纵30.4厘米 横9.4厘米

19. 湘湖孙锦生立借票

民国 18 年（1929）2 月，孙锦生向孙阿大借大洋 20 元，利息每年 2 分，分 2 期交清，限期 1 年，本利一并交卸清楚。张宝生见中，丁双全代书的 1 张借票。

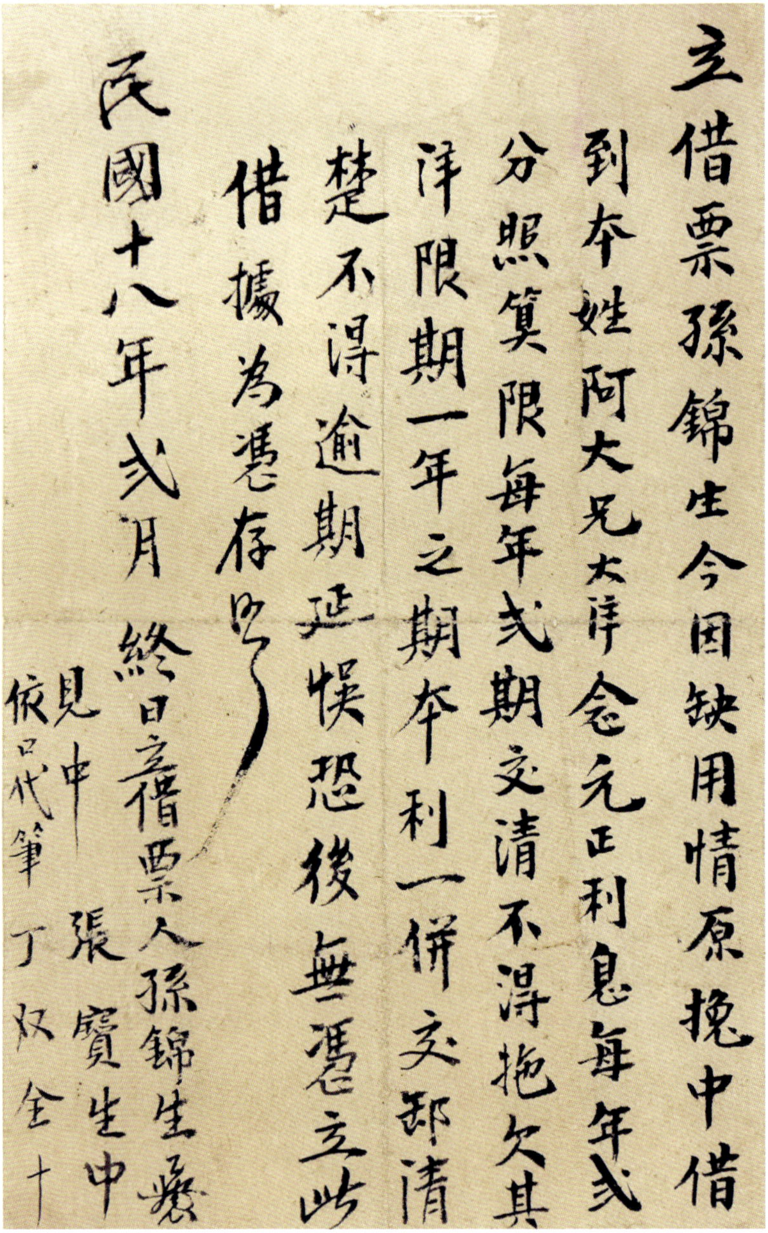
立借票孫錦生今因缺用情原挽中借
到本姓阿大兄大洋念元正利息每年弍
分照算限每年弍期交清不得拖欠其
洋限期一年之期本利一併交卸清
楚不得逾期延悞恐後無憑立此
借據為憑存照
民國十八年弍月 終日立借票人孫錦生
見中 張寶生 中
依口代筆 丁双全 十

湘湖孙锦生立借票
纵23厘米 横14.7厘米

20. 义桥韩华生与韩商隐等 15 人立会约

旧时民间常有为帮助缺钱亲友而自发集资的一种金融互助形式，俗称兜会，也会写纸立契，称会约。民国 18 年（1929）4 月 15 日，义桥韩华生得亲友韩商隐、韩喜功、於炳贤、韩华标、曹鉴廷、赵耀坤、戚锦坤、韩荣生、盛炳葵、张炳昆、孙文华、倪寿椿、韩达甫、韩关文等 15 人帮助筹集大洋 700 元七人会 1 个，会期每年 4 月 15 日，分 7 年 7 次依次发还 142 元、128 元、114 元、100 元、86 元、72 元、58 元，只还本，不计利息。注明会外进出不得会内扣除。韩华生人等均为义桥人氏，其中之韩商隐（1876 ~ 1946）最为有名，萧山义桥牌轩下人，邑庠生，庠名树桐，号幼峰，浙江官立法政学堂法律科毕业，曾任京外各级审判庭律师。民国 3 年、4 年、10 年，湘湖垦、禁之争，均名列主禁派，严禁开垦湘湖。

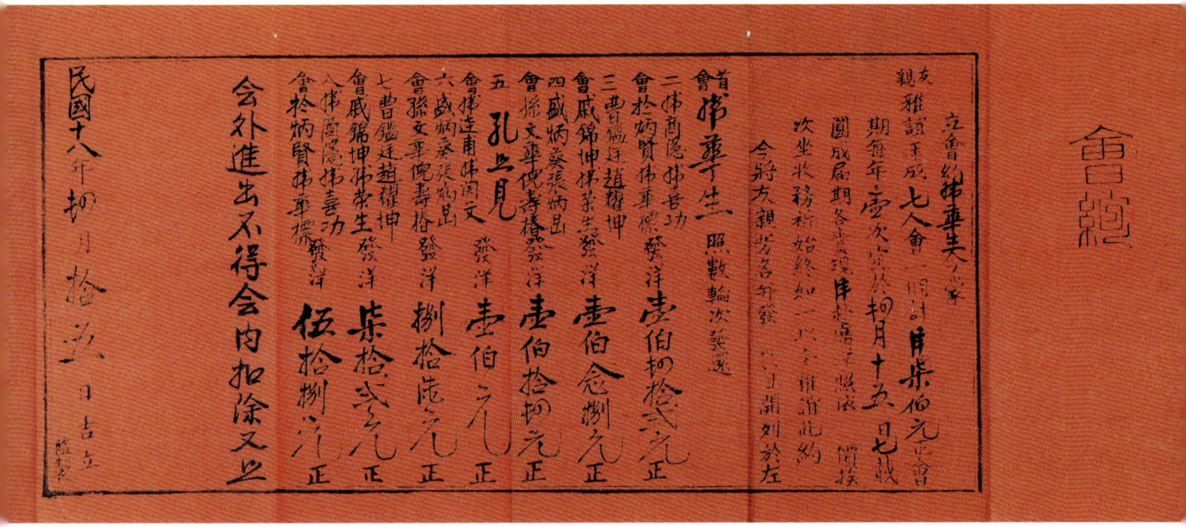
會約

立會約韩華生[illegible]

友親雅誼玉成七人會一[illegible]計洋柒佰元正[illegible]

期每年壹次定於肆月十五日七載

圓成届期各[illegible]現洋[illegible]照依[illegible]挨

次坐收務祈始終如一[illegible]全雅誼此約

今將友親芳名列後[illegible]刻於左

首會韩華生 照數輪次[illegible]

二韩商隱韩喜功 會於炳賢韩華標 發洋壹伯肆拾貳元正

三曹鑑廷趙耀坤 會戚錦坤韩荣生 發洋壹伯念捌元正

四戚炳葵張炳昆 會孫文華倪壽椿 發洋壹伯拾肆元正

五 孔[illegible]見 發洋壹伯元正

會韩達甫韩関文

六戚炳葵張炳昆 會孫文華倪壽椿 發洋捌拾陸元正

七曹鑑廷趙耀坤 會戚錦坤韩荣生 發洋柒拾貳元正

八韩商隱韩喜功 會於炳賢韩華標 發洋伍拾捌元正

会外進出不得会内扣除又照

民國十八年肆月拾伍日吉立 [illegible]

义桥韩华生与韩商隐等十五人立会约

纵18厘米 横53.5厘米

21. 萧山县法院民事判决书

民国 20 年（1931）2 月，浙江萧山县法院民事判决书（二十年初字第二十号）。原告人韩庆涛，义桥人，业商。被告人名字因原件缺失不知。韩庆涛在长兴经理源记哺坊，与被告有生意往来，被告欠原告货款 377.69 元，屡索不还，曾经申请发给支付命令在案，被告申诉是另一人王宝正用被告名义与原告交易，然法院判决以原告所提供之簿据为证，维持原判，由被告偿还原告货款。上诉时间自本判决后二十日内，萧山县法院民庭推事骆德辉、书记官李卓立在判决书相关地方分别盖章，以防涂改作伪。韩庆涛（1871 ~ 1941），湘南韩氏东宅宝一房山下韩磨刀桥支二十六世。其子韩焕潮，杭州万源钱庄经理，民国 35 年初，私人出资建造了许贤乡中心国民学校。

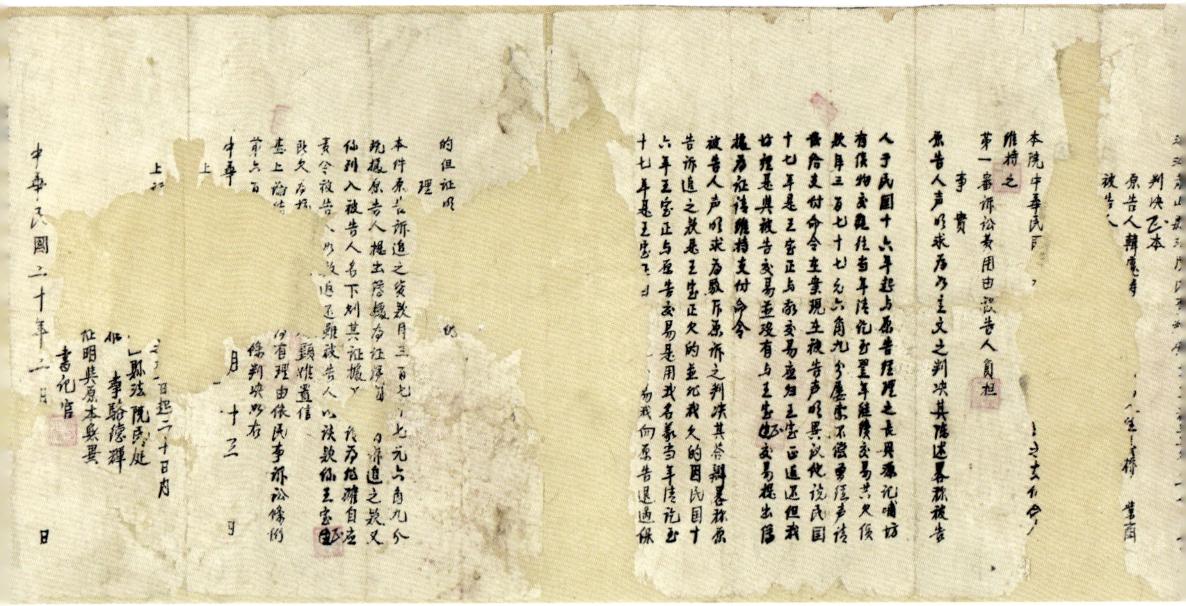

萧山县法院民事判决书
纵29.5厘米 横74.3厘米

22. 萧山县茅山乡曹生泉土地执照粘附丈正户地图

民国 23 年（1934）萧山县县长张宗海签发给曹生泉的 1 张土地执照，坐落茅山乡，土名后茅山横坂，丈编二都四图，第 0334 号，田 2.614 亩，业经测量公布确定，黏同实测地图，并贴印花税票 1 分。张宗海，河北保定人，民国 21 年 7 月至民国 25 年 8 月任萧山县长期间，做了两件大事值得一记。一是于民国 22 年 1 月始成立县清丈队，实地测量全县土地，换发土地执照。当时为筹集资金，于民国 23 年 9 月 1 日始发售萧山县清丈短期公债 12 万元，票面有百元、十元两种，按面额九八发行，年息 1 分，半年一付息，自民国 25 年 3 月 1 日起抽签还本，分 4 年 8 次至民国 28 年 9 月 1 日全部偿清，亦是一大创举。二是在民国 24 年 3 月组织人员将搁置了 20 余年的《萧山县志稿》整理付印，为保存萧山文献，居功至伟。

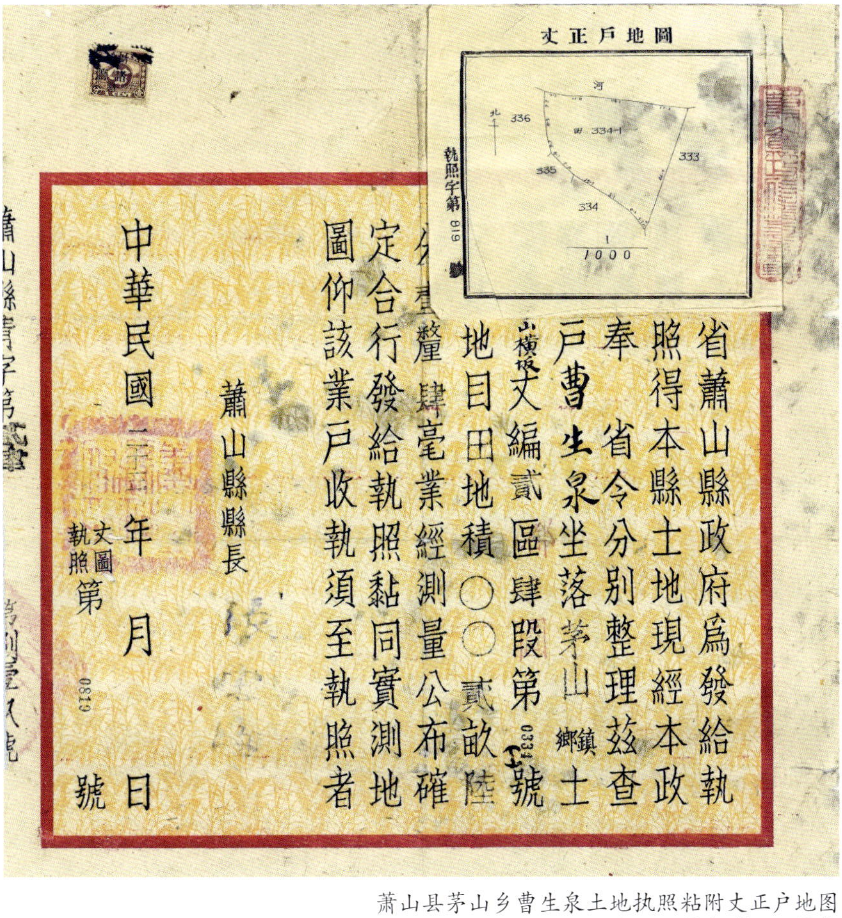

省蕭山縣政府爲發給執
照得本縣土地現經本政
奉 省令分别整理茲查
戶曹生泉坐落茅山鄉鎮土
橫坂丈編貳區肆段第 0334 號
地目田地積〇〇貳畝陸
分壹釐肆毫業經測量公布確
定合行發給執照黏同實測地
圖仰該業戶收執須至執照者
蕭山縣縣長
中華民國二十三年 月 日
丈圖執照第 0819 號

萧山县茅山乡曹生泉土地执照粘附丈正户地图
纵35.3厘米 横32.8厘米

23. 湘湖陈家松上期田赋执照

萧山二十都十一图闵（家）庄陈家松缴纳民国 23 年（1934）上期正附税及征费亩捐共计银元 7.9 分和 3.5 角，萧山县政府所发收据凭证。

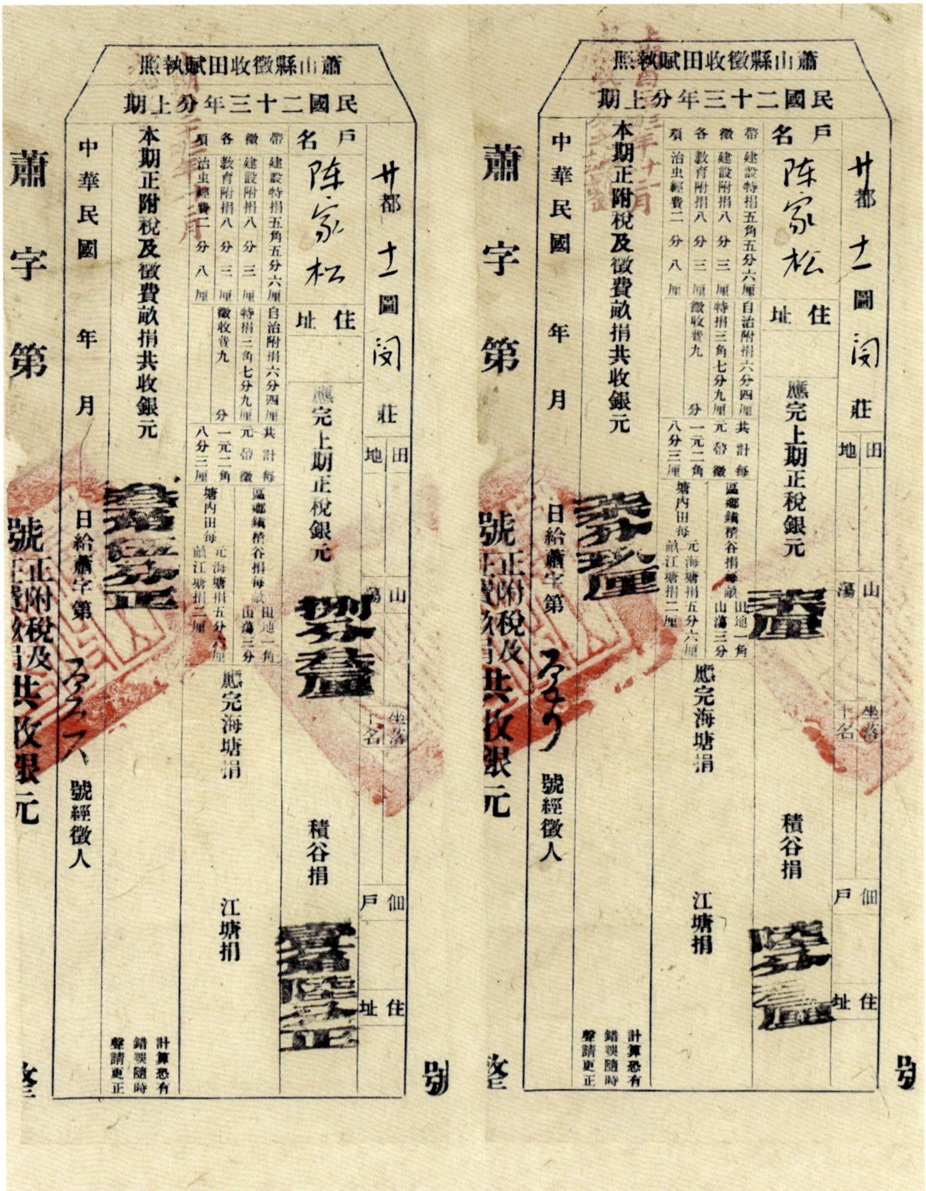
蕭山縣徵收田賦執照
民國二十三年分上期
戶名 陈家松
住址
廿都 十一圖 闵 莊
帶徵各類 建設特捐五角五分六厘 建設附捐八分三厘 教育附捐八分三厘 治虫經費二分八厘
自治附捐六分四厘 特捐二角七分九厘 徵收費九分
共計每元帶徵一元二角八分三厘
區鄉鎮積谷捐每畝田地一角山蕩三分
塘內田每畝元海塘捐五分六厘江塘捐二厘
應完上期正稅銀元
應完海塘捐
積谷捐
江塘捐
本期正附稅及徵費畝捐共收銀元
田地 山蕩 坐落 字名 佃戶 住址
中華民國 年 月 日給蕭字第 號經徵人
計算恐有錯誤隨時聲請更正
蕭字第 號正附稅及徵費畝捐共收銀元

湘湖陈家松上期田赋执照
纵29.1厘米 横10.4厘米

24. 湘湖陈水林立转让管山契

民国 33 年（1944）陈水林管山转让陈妙金看管三年而立的一张契约。文字既差，错字又多，不过也正反映了原始文献的真实性。

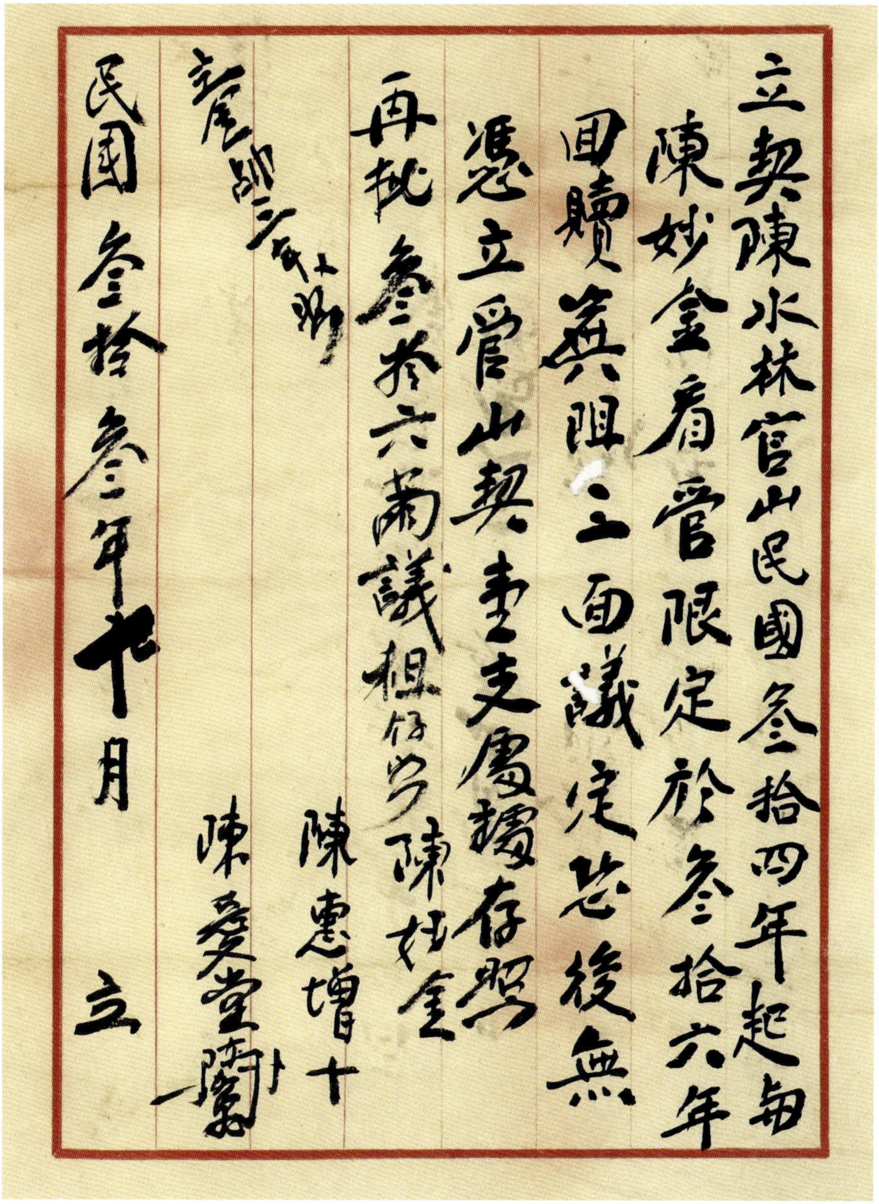
立契陳水林官山民國叁拾四年起每
陳妙金看管限定於叁拾六年
回贖無阻二面議定此後無
憑立管山契壹支爲據存照
再批叁拾六滿議租作歸陳妙金
陳惠增十
陳奕堂
主筆陳三孫十
民國叁拾叁年十月 立

湘湖陈水林立转让管山契
纵28.7厘米 横18.7厘米

25. 湘湖陈水林阅图摘记单

陈水林坐落湘东乡跨湖桥地号 4823 杂山 1 块，注明呈缴管业证件时必须随带，盖有“萧山县崇化乡公所发给土地图照处”红戳。这可能是抗战胜利之后、解放以前萧山最后一次的土地丈量和登记发证相关小票。

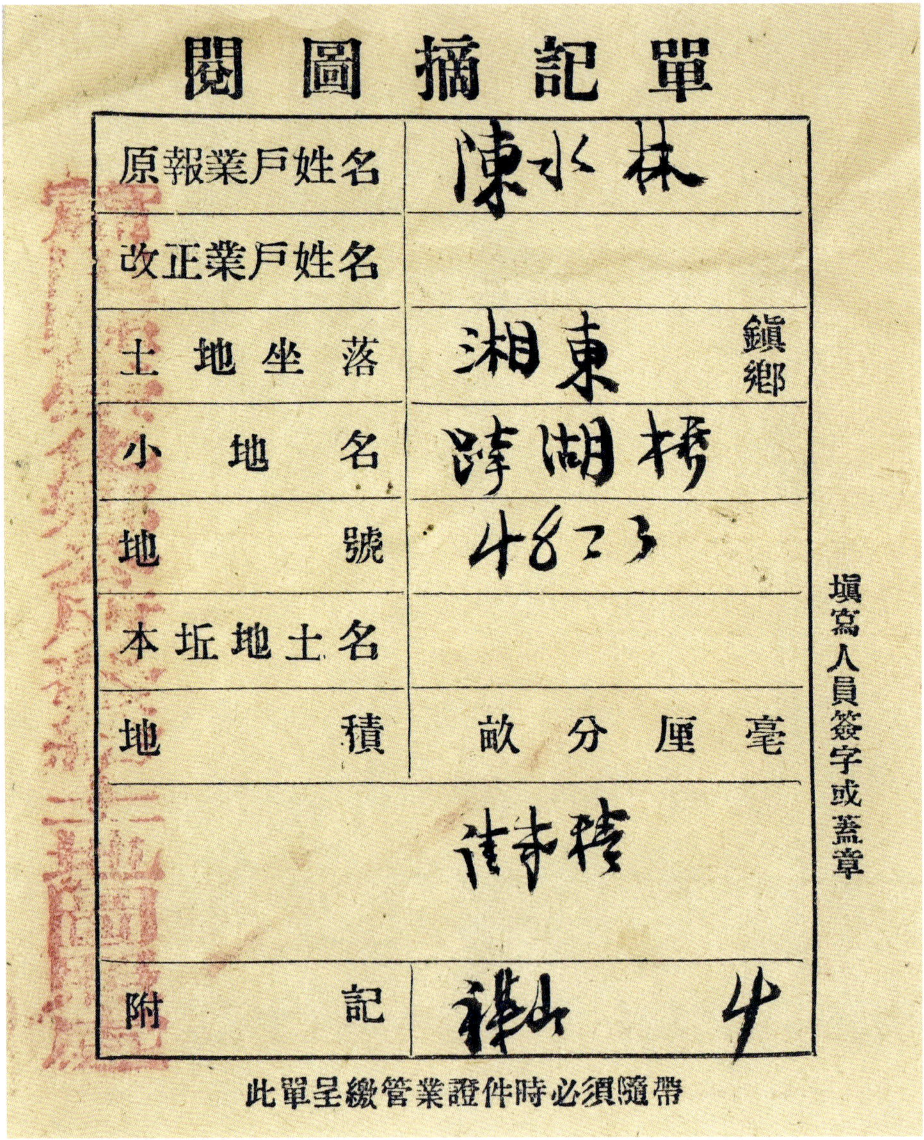

閱圖摘記單

原報業戶姓名	陳水林
改正業戶姓名	
土地坐落	湘東 鎮/鄉
小地名	跨湖橋
地號	4823
本坵地土名	
地積	畝 分 厘 毫
	[illegible]
附記	雜山 [illegible]

此單呈繳管業證件時必須隨帶

湘湖陈水林阅图摘记单
纵13.2厘米 横10.4厘米

26. 湘湖陈水林共有人图状保持证

民国 37 年（1948）浙江省地政局发给陈水林的 1 份共有人图状保持证，另发给共有人陈缪金、陈长兴各 1 份。该地坐落萧山县一都四图旧市西镇单家坞，地号 2439，面积 37.575 亩，注明东至 2440 号，南至乡界，西至 2438 号，北至 2323 号。所有权比率陈水林四分之二，陈缪金和陈长兴各四分之一。陈妙林时年 39 岁，陈水林时年 36 岁，是亲兄弟，陈缪金则肯定也是亲族。

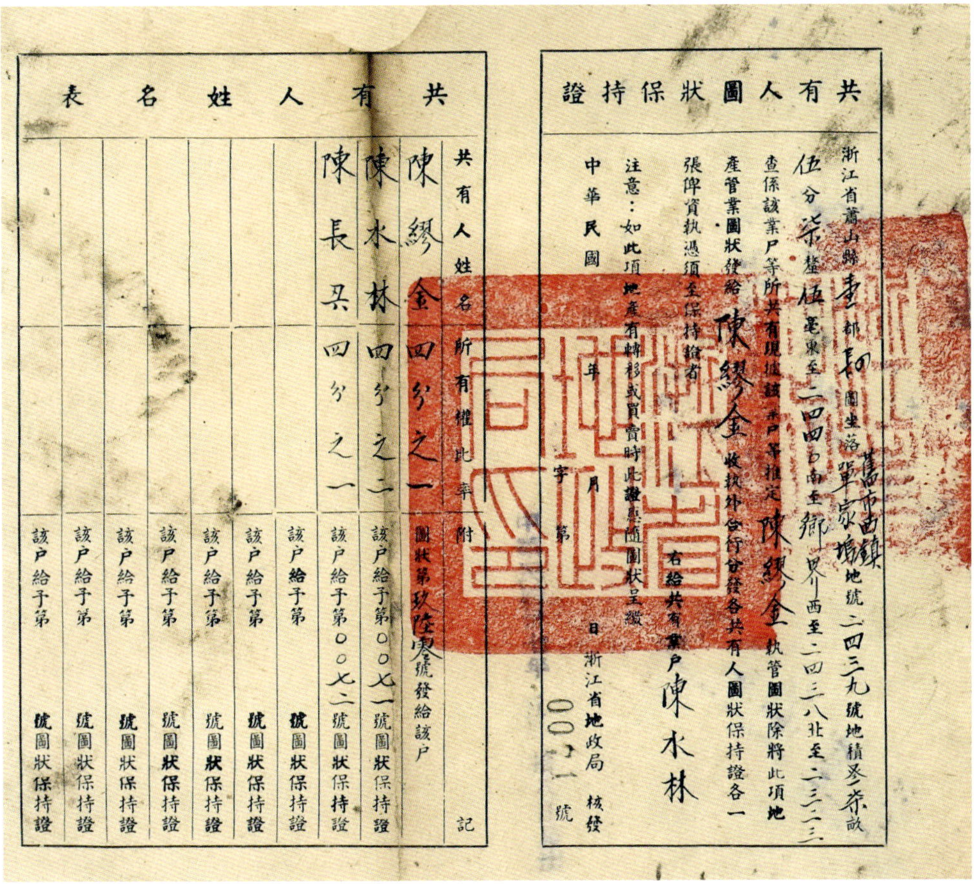
共有人圖狀保持證

浙江省蕭山縣壹都肆圖坐落舊市西鎮單家塢地號二四三九號地積叁柒畝伍分柒釐伍毫東至二四四〇南至鄉界西至二四三八北至二三二三

查係該業戶等所共有現經該業戶等推定陳繆金執管圖狀除將此項地產管業圖狀發給陳繆金收執外合行發給各共有人圖狀保持證各一張俾資執憑須至保持證者

右給共有業戶陳水林

注意：如此項地產有轉移或買賣時此證應隨圖狀呈繳

中華民國 年 月 日 浙江省地政局核發

字第〇〇一一號

共有人姓名表

共有人姓名	所有權比率	附記
陳繆金	四分之一	圖狀第玖陸叁號發給該戶
陳水林	四分之二	該戶給予第〇〇七一號圖狀保持證
陳長興	四分之一	該戶給予第〇〇七二號圖狀保持證
		該戶給予第 號圖狀保持證
		該戶給予第 號圖狀保持證
		該戶給予第 號圖狀保持證
		該戶給予第 號圖狀保持證
		該戶給予第 號圖狀保持證
		該戶給予第 號圖狀保持證
		該戶給予第 號圖狀保持證

湘湖陈水林共有人图状保持证
纵18.4厘米 横20.9厘米

27. 萧山县长河乡来裕生农会会员证

民国 35 年（1946）1 月，萧山县农会第 666 号会员证，会员来裕生，时年 60，由长河乡农会常务理事汤耀葵填发，钤盖“萧山县长河乡农会图记”朱红大印。萧山解放以前之农民协会资料留存极少，现存这小小一纸会员证就是最好的实物见证。

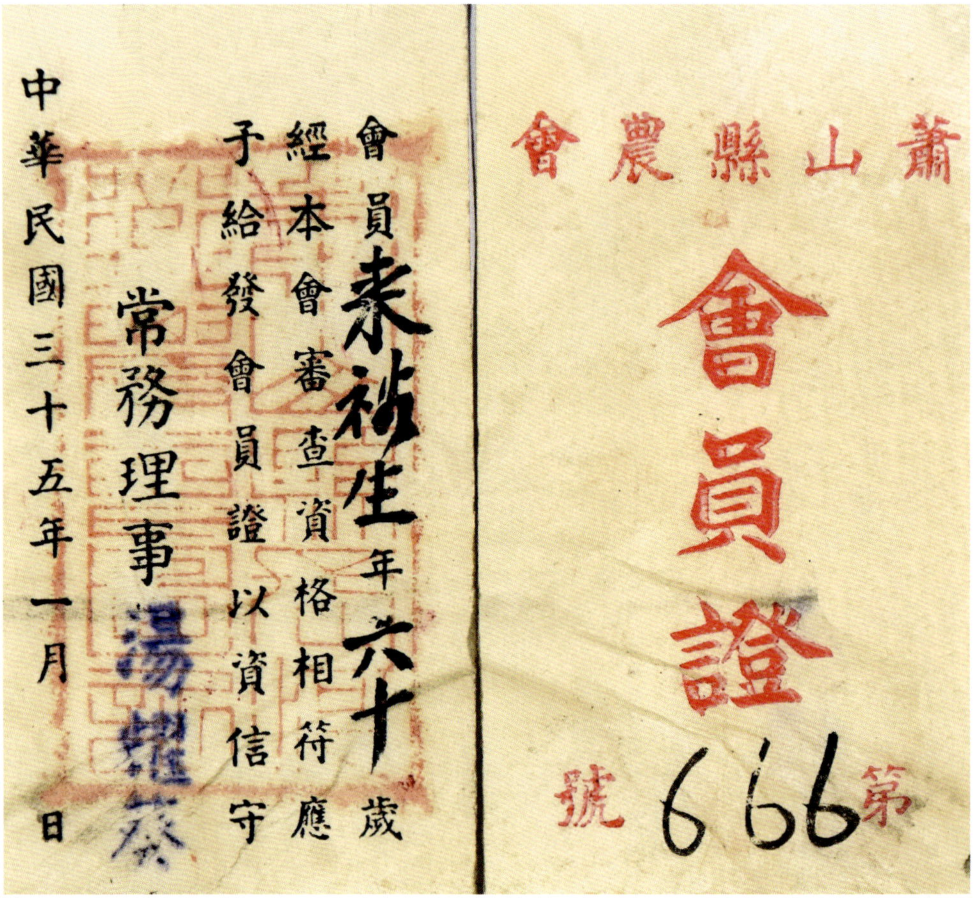

萧山县长河乡来裕生农会会员证
纵8.8厘米 横5.1厘米

28. 萧山汤荃宰土地所有权状附实测户地图

民国 36 年（1947）12 月 11 日，浙江省地政局发给萧山汤荃宰的 1 份土地所有权状，编号为市西字第 0357 号，收件日期为是年的 3 月 22 日，该地位于一都四图，坐落陆家潭，面积 1.395 亩，登记类目是田，登记地号 442 号，缴纳地价每亩 20 万元，总额为 27.9 万元。并钤盖“浙江省地政局印”朱红官印及局长洪季川、副局长徐振亚和萧山土地登记处主任项桂荪的蓝印名戳。左上角原贴有印花税票，已脱落。附有 1 张实测户地图，在本号地块处有“本坵”小印。

汤荃宰（1891 ~ ?），名秉铨，一名荃，又名乙，字遴才，号涤程，世居萧山城中陈家弄。清学部奏奖附生，浙江宗文中学、上海法政学校、会稽道地方自治模范讲习分所、浙江实业厅附设检定权度讲习所先后毕业。历充本县自治办公处文牍、自治讲演员、敬业完全小学校校长、江苏江阴兵站司令部兼江阴税务总公所文案、浙江省长公署政务厅科员、浙江省长公署第一科科员、浙江第八区卷烟统税局第一科科长。民国 15 年 4 月 25 日，汤荃宰与汤在浩、蔡应祥、蔡受璜、陈濬、张远等联名呈请卢永祥总司令、夏超省长、郭之江实业厅长，湘湖蓄水以备荒旱，希望当局重申禁令，严禁垦殖，并最终获得批复，一律禁止放垦标卖湘湖荒地。民国 23 年 12 月到 26 年 10 月，汤荃宰任萧山县城厢镇镇长，著有《烟霞杂志》。

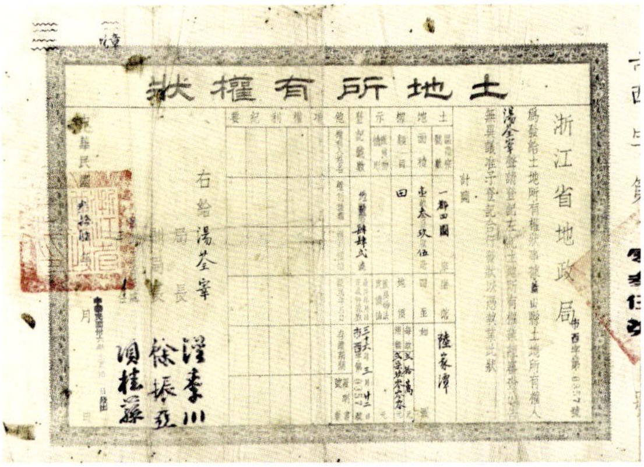
土地所有權狀
浙江省地政局
右給湯荃宰
局長 洪季川
副局長 徐振亞
項桂蓀

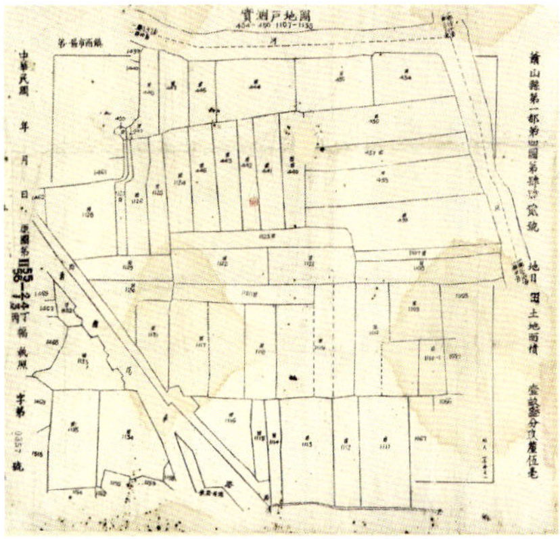

萧山汤荃宰土地所有权状附实测户地图
纵26.3厘米 横37.3厘米
纵36.3厘米 横38.8厘米

29. 湘湖孙校彬立笔据

民国 38 年（1949）3 月，孙校彬已故伯父福生公在民国 8 年典到孙金生楼屋 1 间 1 弄，典价国币 80 元（内 20 元另立借票）。后又转戤与何钱氏。现在屋主持价回赎，何钱氏因抗战时将原契遗失，故特立笔据，如原契发现作为废纸论。

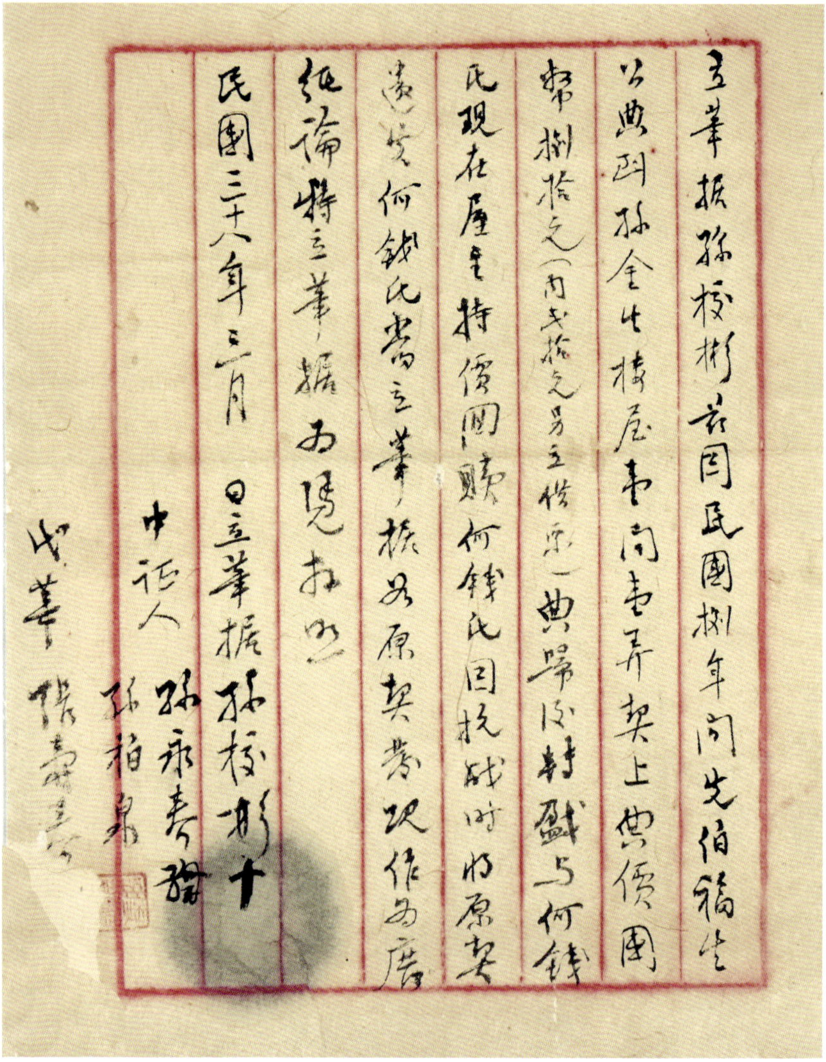
立筆據孫校彬今因民國捌年向先伯福生
公典到孫金生樓屋壹間壹弄契上典價國
幣捌拾元（內弍拾元另立借票）典歸後轉戤与何錢
氏現在屋主持價回贖何錢氏因抗戰時將原契
遺失何錢氏當立筆據如原契發現作為廢
紙論特立筆據爲憑此照
民國三十八年三月 日立筆據孫校彬 十
中证人 孫永泰 押
孫柏泉
代筆 張壽春

湘湖孙校彬立笔据
纵26.8厘米 横18.4厘米

婚寿文书

婚寿文书

1. 湘湖陈瞿氏改嫁合同公允议据

民国5年（1916）6月，陈裕仓、裕仁等因侄厚生物故，侄媳瞿氏率两子妙林、水林改嫁宗侄嘉贤，言明妙林养到16岁，瞿氏身价洋20元作安葬之费，并有亲族嘉松、长生、嘉泉、嘉宝、嘉祥见证允议，吴子仁代笔书写的一式2份合同公允议据。

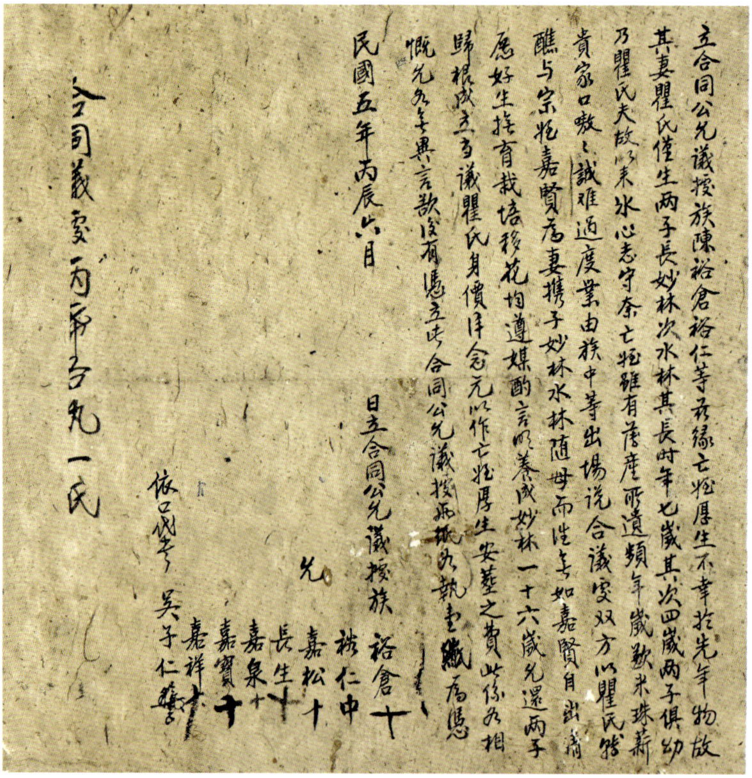

立合同公允議據族陳裕倉裕仁等爲緣亡姪厚生不幸於先年物故
其妻瞿氏僅生兩子長妙林次水林其長时年七歲其次四歲兩子俱幼
乃瞿氏夫故以來冰心志守奈亡姪雖有房產所遺頻年歲歉米珠薪
貴家口嗷嗷誠难過度業由族中等出場说合議定双方以瞿氏能
醮与宗姪嘉賢爲妻攜子妙林水林隨母而往与如嘉賢自当
愿好生撫育栽培移花均遵媒酌言明養成妙林一十六歲允還兩子
歸根成立当議瞿氏身價洋念元以作亡姪厚生安葬之費此係兩相
慨允各無異言欲後有憑立此合同公允議據兩紙各執壹紙爲憑

民國五年丙辰六月　日立合同公允議據族　裕倉十　裕仁中
允　嘉松十　長生十　嘉泉十　嘉寶十　嘉祥十
依口代筆　吳子仁

合同義定兩家各允一氏

湘湖陈瞿氏改嫁合同公允议据
纵37.5厘米 横36.2厘米

2. 长河来母章太夫人七秩大庆征诗文启

民国 12 年（1923），来午生将为母章太夫人七秩祝寿，亲友周德垣、王燮阳、林国桢、傅旭、何凤翔、韩绍湘、郁受龄、汤在容、周易藻、盛邦彦、汤聘之、蔡应祥、黄恩翰、孙祖贤、来杰、来裕惇、来壮涛、来长泰、来福诒、来瀞、来伟良等 21 人联名布叙章母壶范懿行，条其生平行谊，征集善颂善祷或流连歌咏、导扬休美之诗、文启。来午生（1872 ～？），谱名济时，原名耀功，字乂昌，长河来氏大房廿六世，翰林院待诏衔，候选训导，庠贡生，民国 4 年大总统奖给银质蓝绶褒章、“好义急功”匾额。历任萧山公产公款清查委员、长河乡自治委员、西区保卫团团总兼学务委员。参与创办长河乡私立第一崇实初等、高等小学校，民国 4 年 12 月 12 日与傅赉予等 38 人具呈分节陈述湘湖不可任由湘利垦牧公司开垦之三大缘由。列名之周德垣（1877 ～ 1948），名铭慎，萧山长河人。优廪生，宣统元年（1909）考取巡检，浙江官立法政学堂第三班别科毕业。民国后考充黄岩、绍兴及仪征承审员。民国 10 年被选为本县农会正会长，尤为关注农田水利，热心公益，促修江塘、添造盘头、放大涵洞、合谋公所、争回原地、修税牧塘、设改良场、集恤孤会、保全渔利、助成施棺、创设洞闸、惜字小集、排难解纷等等，在任萧山农会会长期间，撰有《周德垣开垦湘湖意见书》，因时代局限，惜未施行。还有一位列名之来福诒，萧山西兴襄七房人，光绪壬寅科举人，撰有《来福诒处分湘湖商榷书》一文，明确提出湘湖非九乡私有，当为全体萧山人共有。

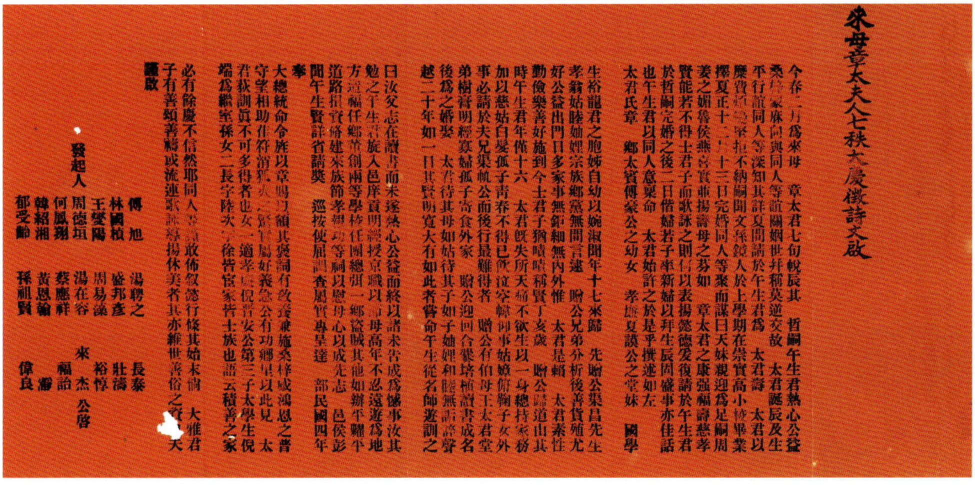
來母章太夫人七秩大慶徵詩文啟

今春二月為來母　章太君七旬帨辰其　哲嗣午生君熱心公益
桑梓[illegible]向與同人等誼關姻世幷稱莫逆交故　太君誕辰及生
平行誼同人等深知其詳夏間請於午生君為　太君壽　太君以
糜費[illegible]拒不納嗣聞文孫鎰人於上學期在崇實高小校畢業
擇夏正十二月十三日完婚同人等聚而謀曰天妹親迎為足嗣周
姜之媚[illegible]侯燕喜實並揚壽母之芬如　章太君之康強福壽慈孝
賢能若不得士君子而歌詠之則何以表揚懿德爰復請於午生君
於哲嗣完婚之後二日偕婦若子率新婦以拜生辰闔盛事亦佳話
也午生君以同人意稟命　太君始許之於是乎撰述如左
太君氏章　鄉太賓傳豪公之幼女　孝廉夏讀公之堂妹　國學
生裕龍君之胞姊自幼以婉淑聞年十七來歸　先贈公渠昌先生
孝翁姑睦妯娌宗族鄉黨無間言逮　贈公兄弟分析後善貨殖尤
好公益出門日多家事無鉅細無內外惟　太君是賴　太君素性
勤儉樂善好施到今士君子猶嘖嘖稱賢丁亥歲　贈公歸道山其
時午生君年僅十六　太君既失所天痛不欲生以一身總持家務
加以慈姑白髮孤子青春不得已飲泣含[illegible]侍事姑[illegible]撫子女外
事必請於夫兄渠帆公而後行最難得者　贈公有伯母王太君堂
弟樹齋明經寡婦孤子寄食外家　贈公迎回合爨培植讀書成名
後為之婚娶　太君待其母如姑待其子如子妯娌和睦無詬誶聲
越二十年如一日其賢明寬大有如此者嘗命午生從名師遊訓之
曰汝父志在讀書而未遂熱心公益而終以諸未告成為憾事汝其
勉之午生君旋入邑庠貢明經授京職以[illegible]母高年不忍遠遊為地
方造福任鄉董創兩等學校任團總弭一鄉盜賊其他如辦平糶平
道路捐資修建來族節孝祠等祠以慰母心以成先志　邑侯彭
聞午生賢詳省請獎　巡按使屈[illegible]查屬實專呈達　部民國四年
奉
大總統命令旌以章賜以匾額其褒詞有敦義秉施桑梓咸鴻恩之普
守望相助作[illegible]屬好義急公有功鄉里以此見　太
君教訓貞不可多得者也女二適孝廉倪晉安公第三子太學生倪
端為繼室孫女二長字陸次字徐皆宦家皆士族也語云積善之家
必有餘慶不信然耶同人等敢佈敘懿行條其始末倘　大雅君
子有善頌善禱或流連歌詠導揚休美者其亦維世善俗之[illegible]天
鑒啟

發起人
傅　旭　湯聘之　長泰
林國楨　盛邦彥　壯濤
王燮陽　周易藻　裕惇
周德垣　湯在容　來　杰　公啟
何鳳翔　蔡應祥　福詒
韓紹湘　黃恩翰　瀞
郁受齡　孫祖賢　偉良

长河来母章太夫人七秩大庆征诗文启
纵24.6厘米 横54.1厘米

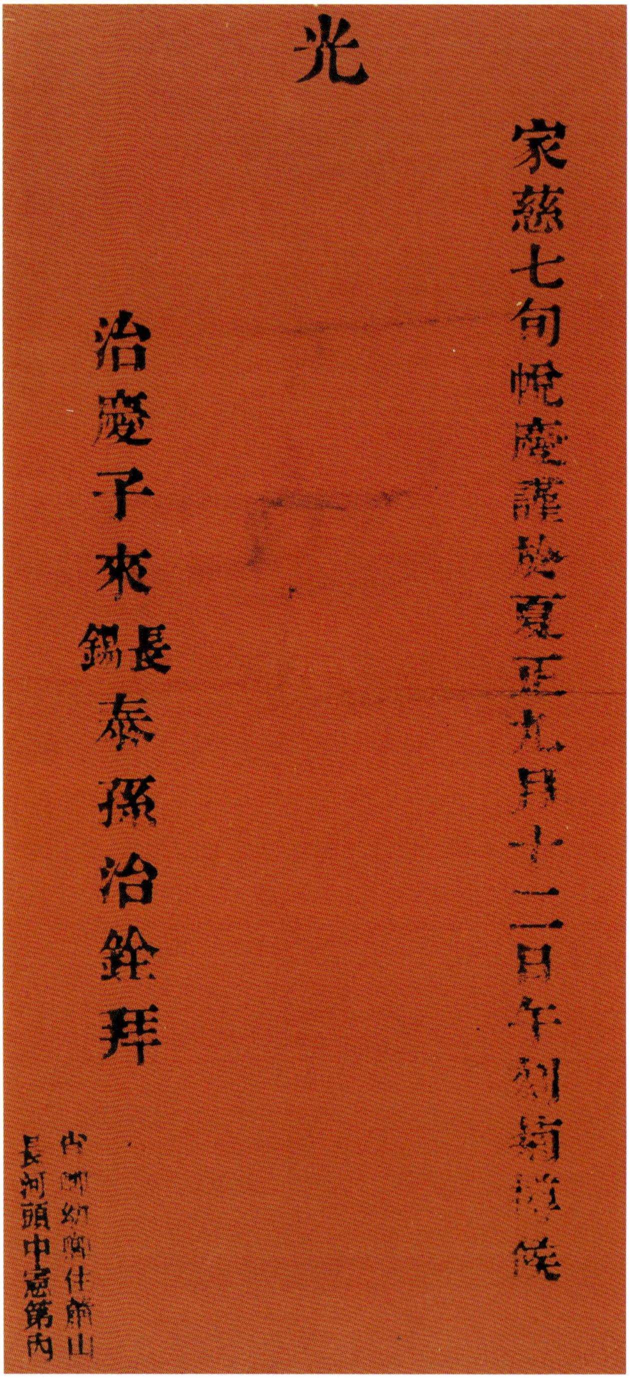

光

家慈七旬帨慶謹擇夏正九月十二日午刻肅[illegible]候

治慶子來長錫泰孫治銓拜

肖卿幼卿住蕭山

長河頭中宪第内

长河来长泰、锡泰为母七旬祝寿请帖
纵24.4厘米 横11.6厘米

3. 长河来长泰、锡泰为母七旬祝寿请帖

民国7年（1918）来长泰、锡泰择九月十二日午刻为母七十举办寿筵所发的1张请帖。左下角地址：肖卿幼卿住萧山长河头中宪第内。

来长泰（1881～？），字肖卿，庠贡生。五品衔候选巡政厅。民国后任临海县知事，调署黄岩县知事，改任浙江外海水警厅勤务督察长。民国15年与李稷等11人联名呈请撤销湘湖事务所，禁垦湘湖。

来锡泰（1898～？），字幼卿，国学生。六品军功，民国时充鄞县烟酒事务局及浙洋第五游巡队职员。

4. 义桥韩绍鳌请帖

韩绍鳌请亲友来喝茶，郑重其事，用大红请帖书写“正月之十四日辰刻，洁治杯茗，恭迎台驾，恕庄”。韩绍鳌（1859 ~ 1924），字沼信，萧山义桥后坛人，湘南韩氏中宅宝六房象字门派廿三世，世袭云骑尉。

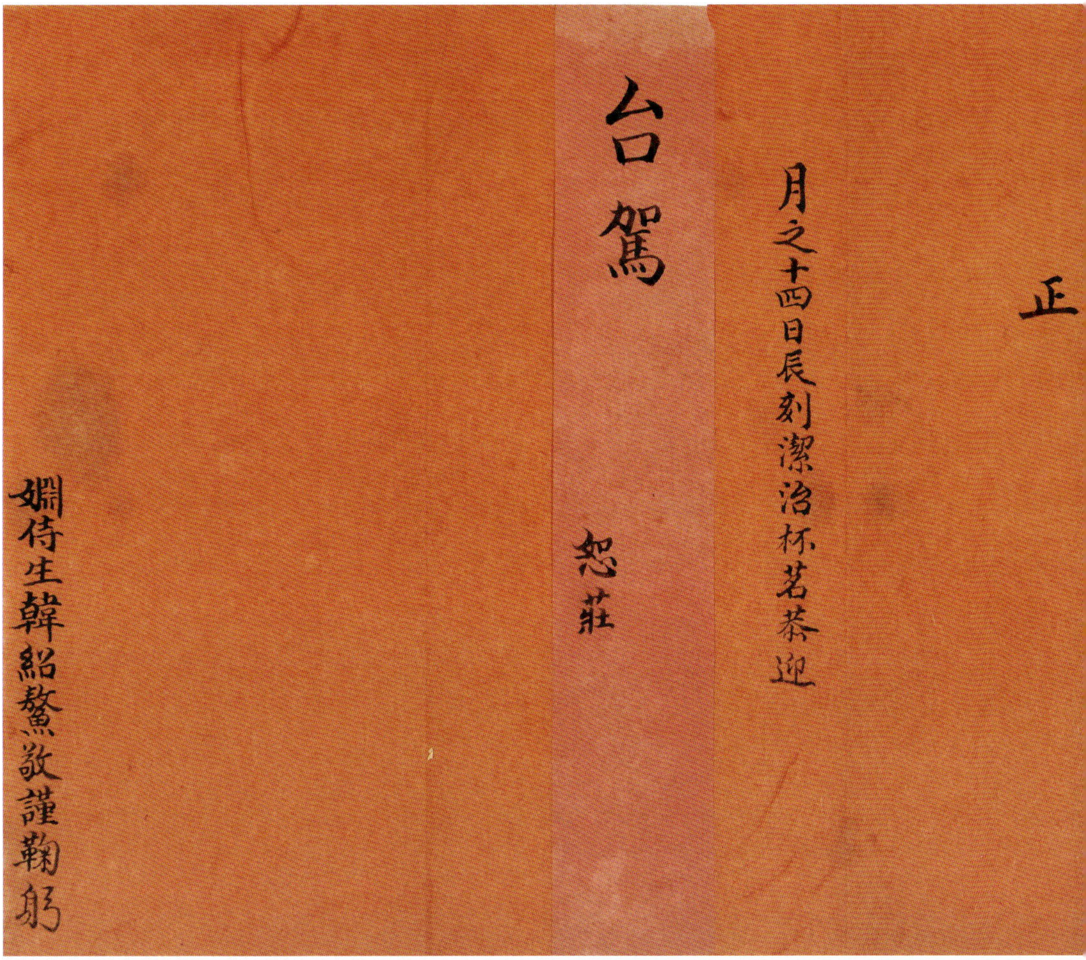

义桥韩绍鳌请帖
纵22.5厘米 横32.3厘米

5. 义桥韩菊生为长孙完姻请帖

韩菊生为长孙灿福完姻（娶媳），择农历十二月初三日设筵敬请亲友光临的 1 张请帖。韩菊生（1879 ~ ？），字曾贻，绍鳌长子，萧山义桥后坛人，湘南韩氏中宅宝六房象字门派廿四世。

6. 义桥韩菊生为长孙女于归请帖

韩菊生为长孙女于归（出嫁），择十月十六日设筵敬请亲友光临的 1 张请帖。

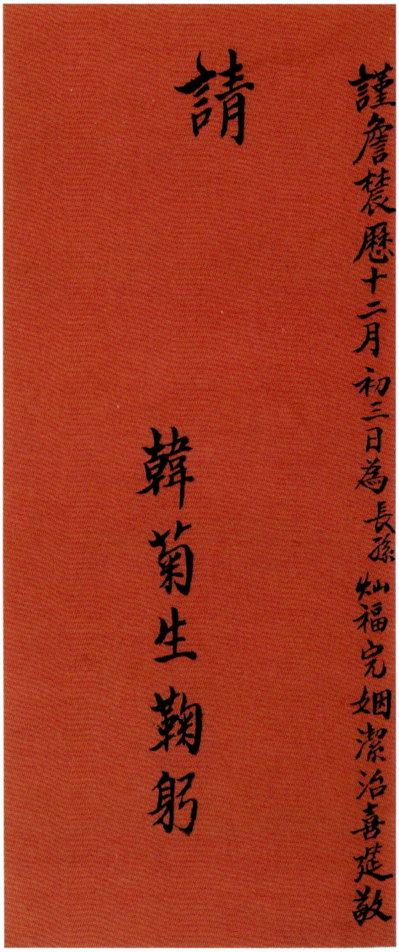

义桥韩菊生为长孙完姻请帖
纵22.1厘米 横9.6厘米

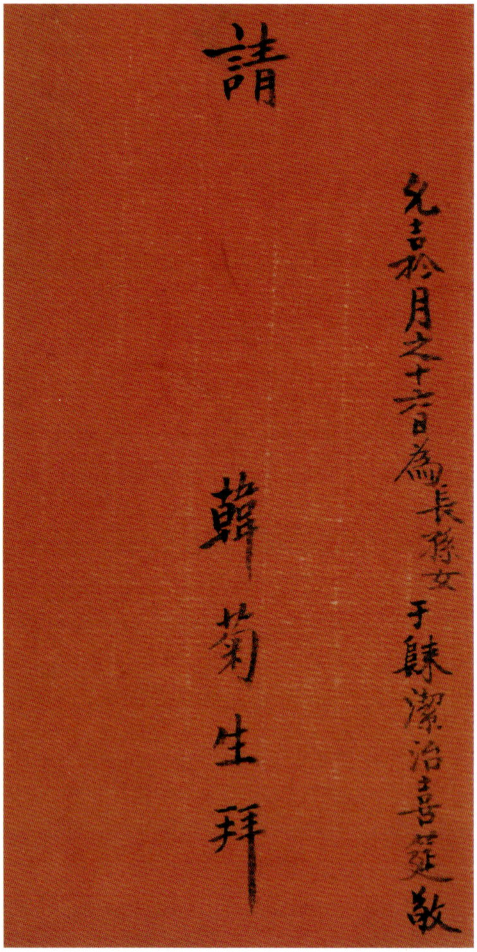

义桥韩菊生为长孙女于归请帖
纵21.1厘米 横9.6厘米

7. 义桥韩培良为长女于归请帖

韩培良择十一月十三日为长女于归（出嫁）先一日设筵敬请亲友阃第光临的1张请帖。

8. 许贤金家寿为弟完姻请帖

金家寿于是月二十一日为弟完姻（娶亲）先一日敬请亲友光临的1张请帖。

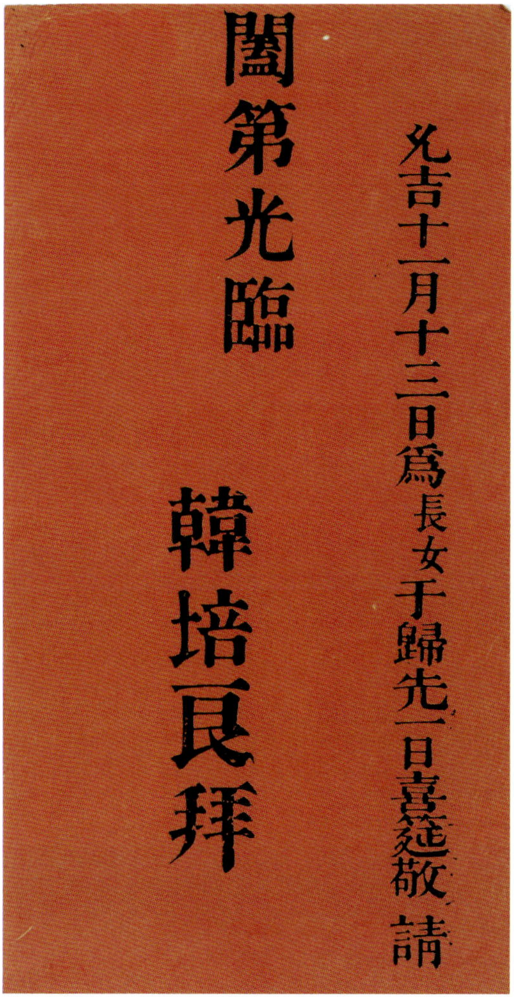

义桥韩培良为长女于归请帖
纵24.7厘米 横12.2厘米

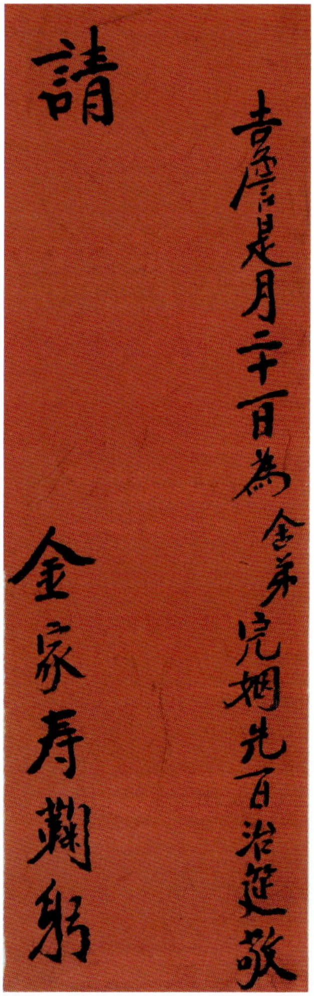

许贤金家寿为弟完姻请帖
纵21.9厘米 横6.8厘米

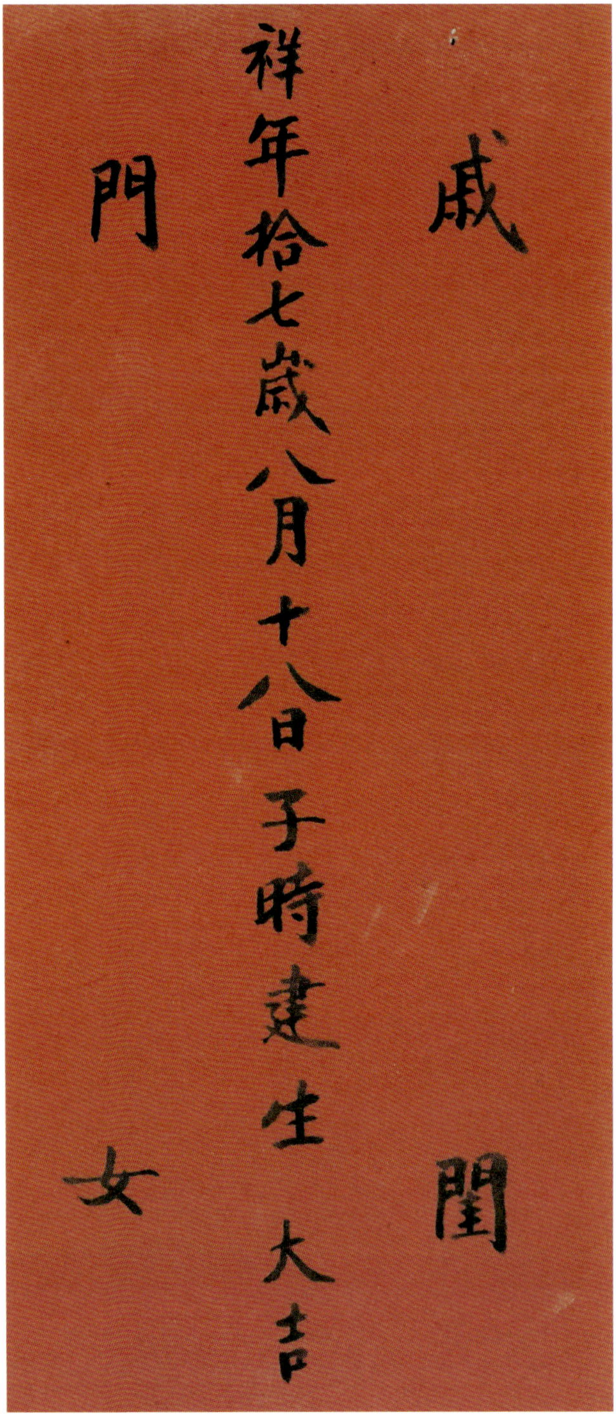

义桥戚门闺女时辰红帖
纵21.2厘米 横9.9厘米

9. 义桥戚门闺女时辰红帖

戚门闺女祥年十七岁，时辰八月十八日子时。

萧山湘湖周边九乡，凡婚嫁喜庆，按旧礼，都要经“纳彩”“请庚”“纳吉”“纳征”“请期”“亲迎”等六道程序，谓“六礼”。此帖写名年纪和生辰八字，刚刚进入“请庚”第二道程序，第一道“纳彩”，即男方已请媒人带着礼物来提亲过了，双方有意向的，现在是需要男女八字请算命先生合一合，如可以，再进行“纳吉”，即男方请求女方允诺，俗称“定亲”，再“纳征”，男方向女方送聘礼，又称“大定”，往往需要办酒席，称“定亲酒”或“订婚酒”，宴请至亲及媒人等，长辈还需要发见面红包，至此，婚事基本就算是定了，而后就是拣个黄道吉日，叫“请期”，最后迎亲完婚。

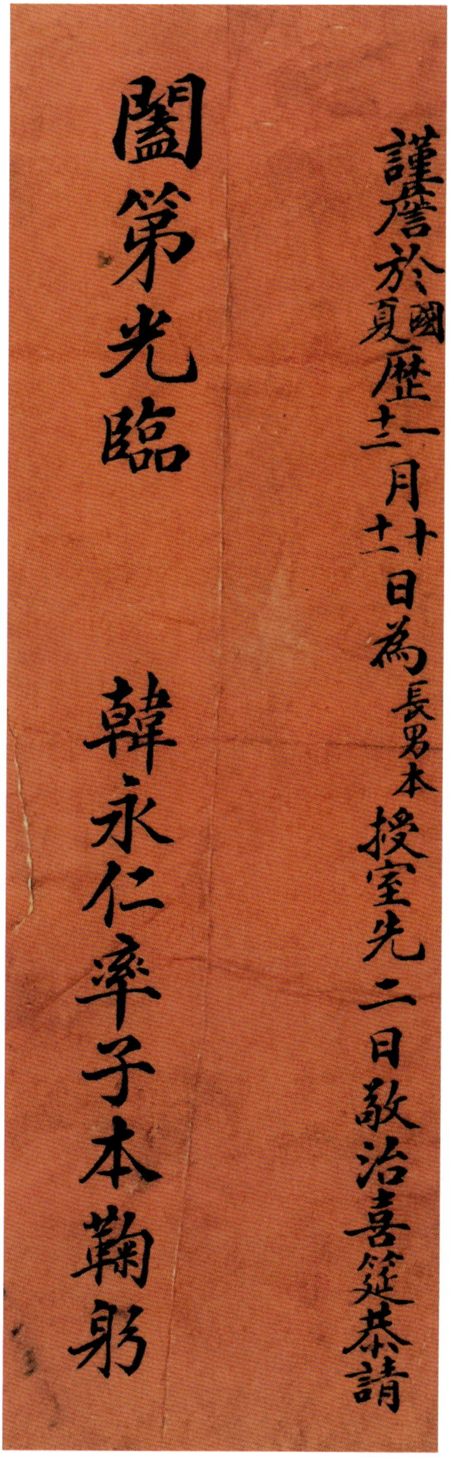

謹詹於國曆一月十日夏曆十二月十一日為長男本授室先二日敬治喜筵恭請
闔第光臨
韓永仁率子本鞠躬

义桥韩永仁为长男授室请帖
纵24.3厘米 横8.7厘米

10. 义桥韩永仁为长子娶妻请帖

韩永仁率子本谨择国历一月十日，夏历十二月十一日为长男授室（娶亲）先二日设筵恭请亲友阖第光临的1张请帖。

11. 萧山王惟承、汤竞华订婚宴请名单

萧山城中大族以王、单、汤、丁、何、蔡、陆七大姓为盛，旧时讲究门当户对，各姓之间，往往互为联姻。抗战胜利之后，王惟承与汤竞华于国历十月十八日订婚，在本城东桥上街一号设筵宴请亲友 39 人，凡名下签“到”者，表示一定赴宴；签“谢、敬谢”，则不来；签“知、敬知”，表示不一定来赴宴；签“代知”，则未当面碰到，不确定。

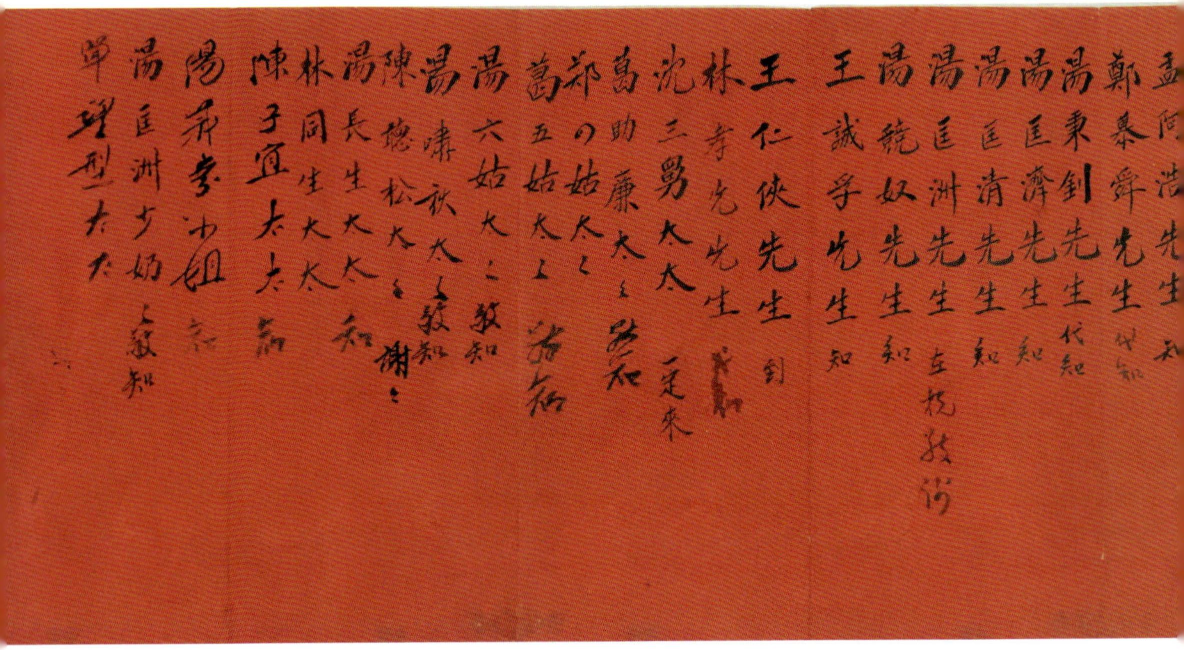
鄭纂舜先生 代知
湯秉釗先生 代知
湯匡濟先生 知
湯匡清先生 知
湯匡洲先生 在杭敬謝
湯競奴先生 知
王誠孚先生 知
王仁俠先生 到
林壽光先生
沈三舅太太 一定來
烏助廉太太 敬知
鄒四姑太太
葛五姑太太 敬知
湯六姑太太 敬知
湯嘯秋太太 敬知
陳德松太太 謝謝
湯長生太太 知
林同生太太 知
陳子宜太太 知
湯弗蒙小姐 知
湯匡洲少奶奶 敬知
單理型太太

名单首位之林同生，民国36年(1947)2月至38年4月萧山城厢镇镇长；汤绥身，萧山城区区立第二国民学校、县立第二初级小学校校长，浙江省长公署教育厅谘议，瑞安县卷烟查验所主任；陈听松，萧山县公署科员，绍萧塘闸工程局委员、谘议；汤秉钊，财政部谘议，与汤绥身是堂兄弟。汤匡济与汤匡清是堂兄弟，是汤秉钊侄，汤匡洲则是汤绥身之子，汤姓诸人当与汤競华是一家。王惟承是西河下世进士第十万卷藏书楼主人王宗炎裔孙。

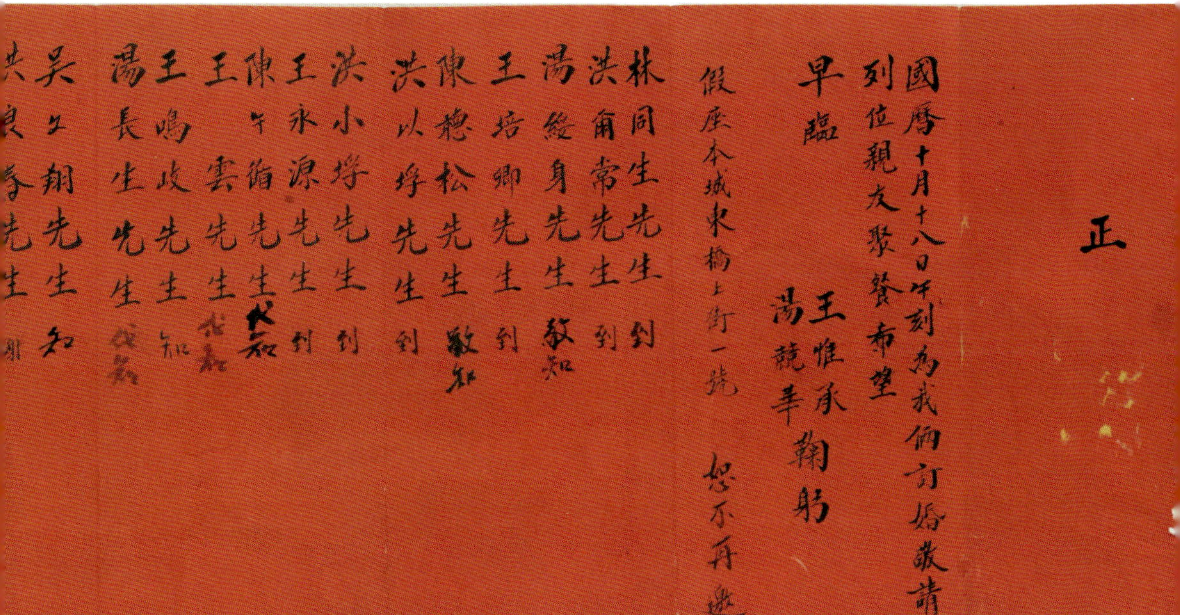
正

國曆十月十八日午刻為我倆訂婚敬請
列位親友聚餐希望
早臨
王惟承
湯競華 鞠躬
假座本城東橋上街一號 恕不再邀

林同生先生 到
洪甫常先生 到
湯綏身先生 敬知
王培卿先生 到
陳聽松先生 敬知
洪以埒先生 到
洪小埒先生 到
王永源先生 到
陳午循先生 敬知
王雲先生 敬知
王鳴岐先生 知
湯長生先生 敬知
吳子翔先生 知
洪良壽先生

萧山王惟承、汤競华订婚宴请名单
纵26厘米 横105.8厘米

信札邮片

1. 萧山义桥吴绥身致韩镇炜信件并实寄封
2. 萧山义桥谭智民致韩镇炜明信片
3. 萧山义桥韩茂林致钧丰号明信片
4. 萧山义桥韩镇镛致兄镇炜信件并实寄封
5. 萧山义桥吴王学和致韩立钧信件并实寄封

信札邮片

1. 萧山义桥吴绥身致韩镇炜信件并实寄封

民国 21 年（1932）1 月 28 日第一次淞沪抗战之际，在萧山义桥开设信恒钱庄的吴绥身由杭州城站乘车往上海办事，全车仅有 5 位乘客，且车抵上海龙华闻炮声即停止，搭军需车返杭后，知悉上海中日战事正烈，隆隆的炮声是日本兵报复昨日败退之仇，日本飞机 50 架在沪上掷硫磺弹，居民遭殃，生活不堪设想。此信写于是年 2 月 2 日，当是亲身经历，一封普通的生意往来信件，烽火连天的艰难岁月，跃然纸上。

信中上款之镇炜，即韩镇炜（1889 ~ 1944），字晋煌，萧山义桥人。时在浙江兰溪开设赓和镇靛油公司，义桥下埠大街上的源春南货栈是其祖遗产业，精制源春香糕，最为有名。

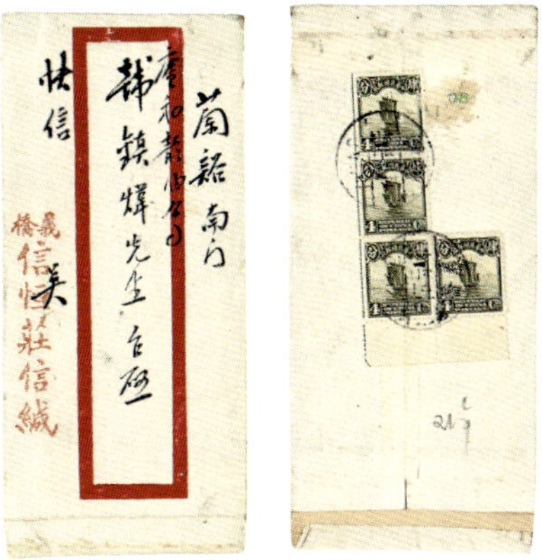

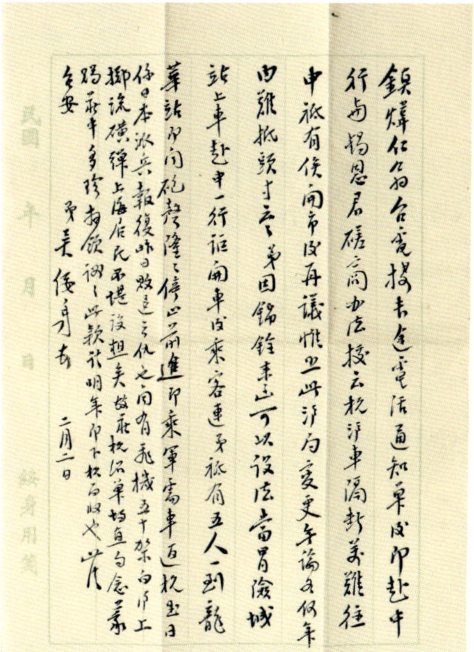

萧山义桥吴绥身致韩镇炜信件并实寄封
信 纵27厘米 横17.4厘米
封 纵16.3厘米 横7.5厘米

2. 萧山义桥谭智民致韩镇炜明信片

萧山义桥谭智民于民国23年（1934）1月21日，写给兰溪韩镇炜的一件普通的商业明信片。在背后写明退鞋数量尺码并告知转交钱物及相关事宜均已办妥。

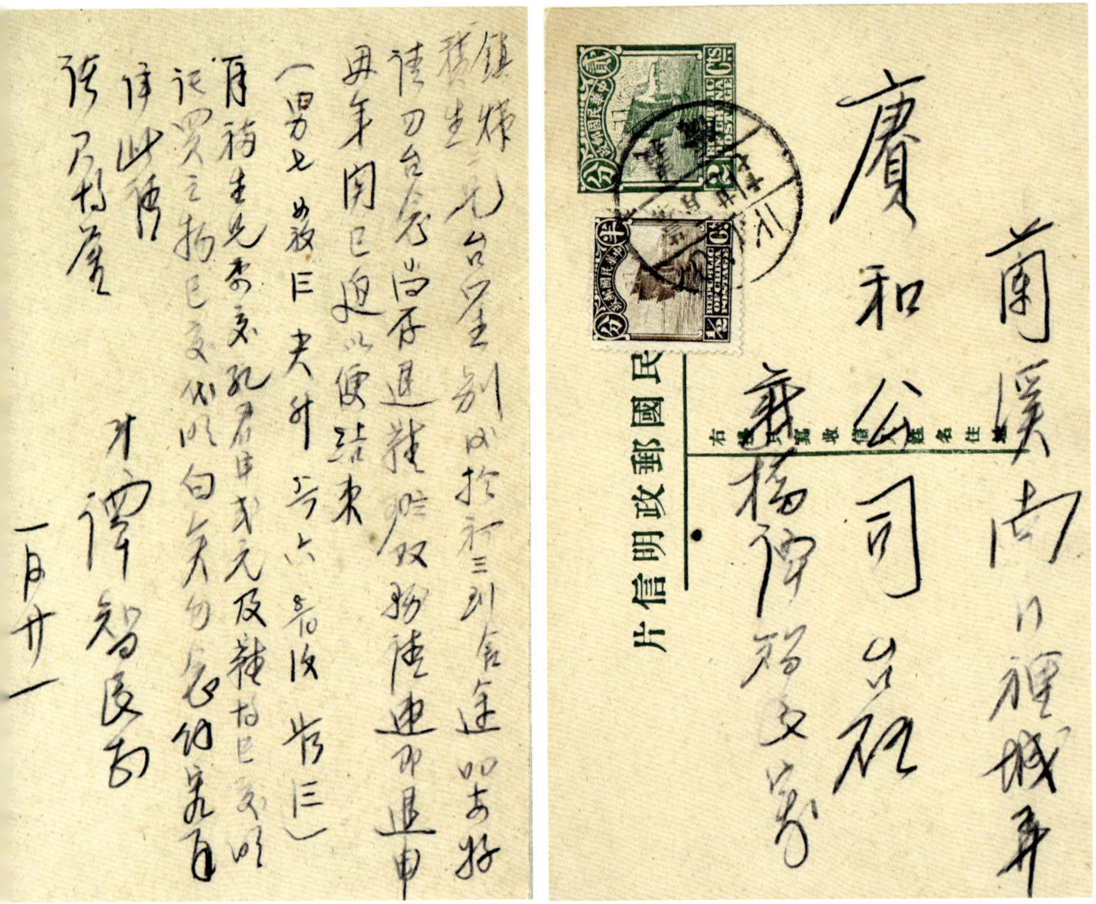

萧山义桥谭智民致韩镇炜明信片
纵14厘米 横8.9厘米

3. 萧山义桥韩茂林致钧丰号明信片

抗战之前，萧山义桥有专办水路运输的过塘行 10 余家，其中以韩茂林、韩大来过塘行最大，韩茂林另在杭州、临浦等沿江均设有站点，此片即其在临浦站于民国 24 年（1935）4 月 6 日所寄发。告知钧丰颜料公司，有奶生厂寄到雪菜 22 箱，当配丁新福小船运到兰溪装卸。

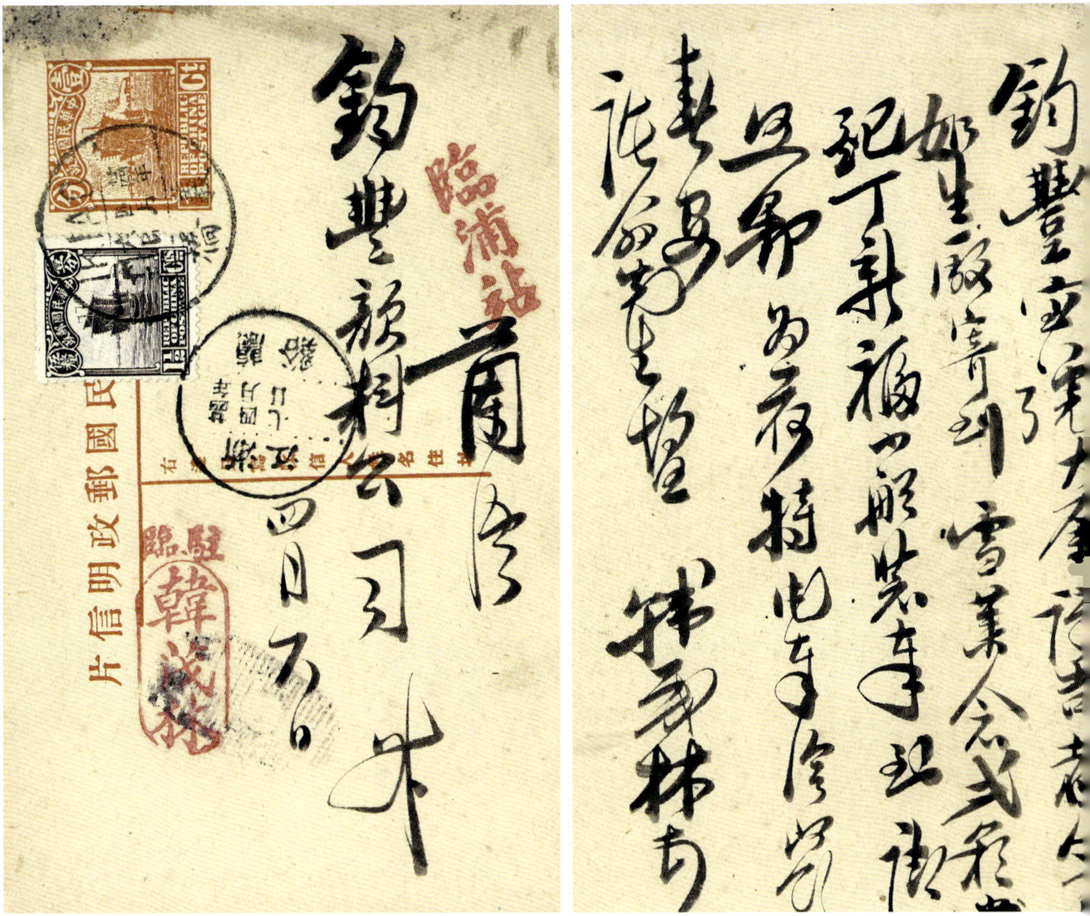

萧山义桥韩茂林致钧丰号明信片
纵14厘米 横8.9厘米

4. 萧山义桥韩镇镛致兄镇炜信件并实寄封

民国 26 年（1937）7 月 7 日，卢沟桥事变爆发，全面抗战开始。全国各地的备战工作，也进行得如火如荼。是年 10 月 9 日，萧山义桥韩镇镛写给其三哥的一封家信，提到了义桥要做汽车路，祖父的坟要迁移。看似一桩普通的事情，其实是当局因战略需要而修筑公路。信中涉及人物，三哥即镇炜，镇镛共有四兄弟，其最小，大哥镇清，二哥镇鋘。祖父韩建章（1816 ~ 1878），生传松、传魁、传鹤、传纶四子。镇镛四兄弟为传鹤子，葬在义桥纱帽池边田内。卓人即萧山湘湖人孙杰（1895 ~ 1968）的字，民国时有名大律师。

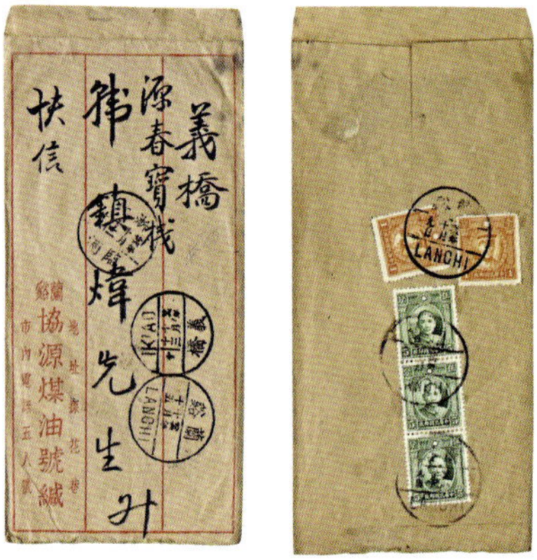

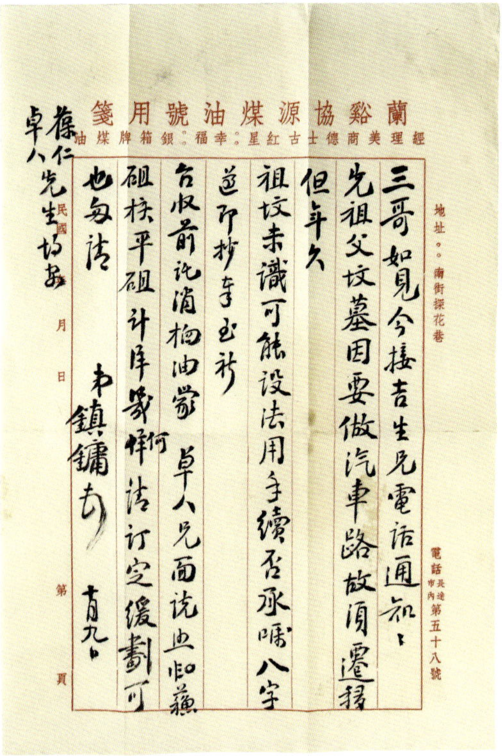
蘭谿協源煤油號用箋
經理美商德士古紅星幸福銀箱牌煤油
地址：南街探花巷
電話：第五十八號

三哥如見：今接吉生兄電話通知，先祖父坟墓因要做汽車路，故須遷移。但年久祖坟未識可能設法用手續否？承囑八字並即抄奉，[illegible]
卓人兄面說[illegible]
也勿[illegible]
弟 鎮鏞 書
十月九日

萧山义桥韩镇镛致兄镇炜信件并实寄封
信 纵28.4厘米 横19.4厘米
封 纵18.3厘米 横8.6厘米

5. 萧山义桥吴王学和致韩立钧信件并实寄封

吴王学和在上饶于民国 36 年（1947）9 月写给立钧的一封信，关于租屋到期而房东不许，其丈夫（信中称外子）外出未返，请立钧转告其丈夫马上回来处理。信中之立钧（1918 ~ 2004），为韩镇炜子，继承父业在兰溪县经营赓和靛油公司，解放后任兰溪县油厂副厂长，兰溪县人大代表、政协委员。谢先生即谢尧润，在义桥上埠大街桃花弄口开设天丰绸布百货号。民国 37 年 5 月 28 日，义桥镇烟纸杂货商业同业公会召开会员大会，选举谢尧润为第三届常务理事。民国 38 年 3 月 15 日晚，其店被劫去货款 300 余万元（金圆券），4 月 11 日案子告破，为省保安队驻临浦一个连长率士兵所为，亦轰动一时。

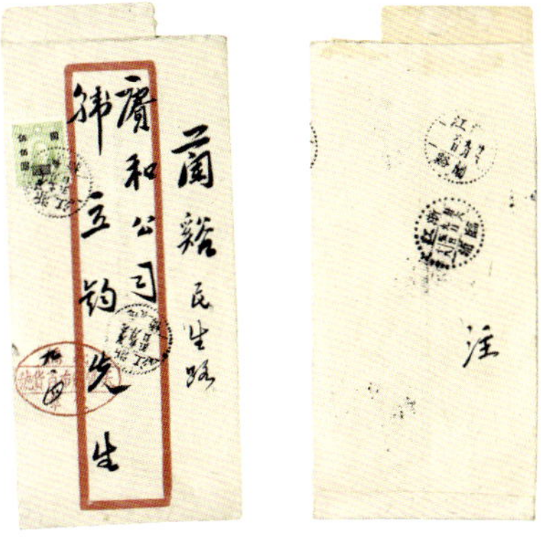

萧山义桥吴王学和致韩立钧信件并实寄封
信 纵27.5厘米 横28.2厘米
封 纵19.1厘米 横8.6厘米

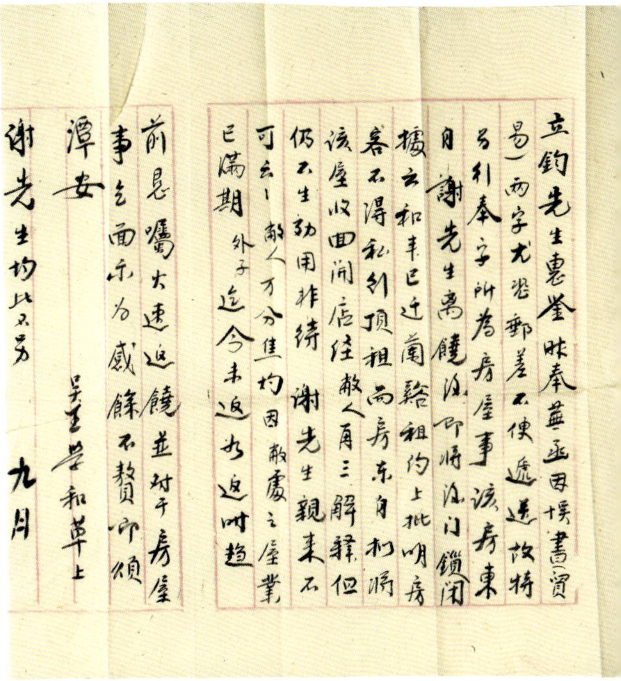

立鈞先生惠鑒 昨奉華函 因（撲書買
易）兩字尤恐郵差不便遞送 故特
另外奉字 所為房屋事 該房東
自謝先生离饒後 即將後門鎖閉
據云 和丰已近蘭谿 租約上批明房
客不得私自頂租 而房東自別將
該屋收回開店 經敝人再三解釋 但
仍不生効用 非待謝先生親來不
可云云 敝人十分焦灼 因敝處之屋業
已滿期 外子迄今未返 如返時趋
前 懇囑火速返饒 並對于房屋
事乞面示為感 餘不贅 即頌
淳安
吳王學和草上
九月
謝先生均此不另

图类

萧山县各区物产分布图

1949年5月，萧山解放，全县设城区、河上、戴村、临浦、长河、坎山、瓜沥、义蓬8个区，城厢、河上、临浦、长河、坎山、瓜沥、义蓬、义桥、钱清、闻堰、西兴、靖江12个镇，7月，增设城北区。1950年2月，城区改为城厢区，7月，又改为西蜀区，10月，绍兴县进化区划归萧山，本县钱清镇划给绍兴。至此，萧山全县共划分10个区。1956年2月，又增加了1个安昌区。1958年9月，全县实行人民公社化，区撤销。1961年恢复区级建制，全县设为河上、临浦、长河、瓜沥、义蓬、蜀山等6个区，进化等5区均已撤销未恢复。本图即反映了1950年10月至1958年9月这一时期萧山各区的物产分布情况。湘湖周边之西蜀区、长河区、临浦区主要物产是牛、猪、羊、鸡、鸭、鹅、鱼、稻、麦、高粱、棉、菱、蚕豆、毛豆、烟叶、油菜、蚕丝、茶叶、大头菜、萝卜、杨梅、荸荠、瓜等20余类农副畜牧产品。

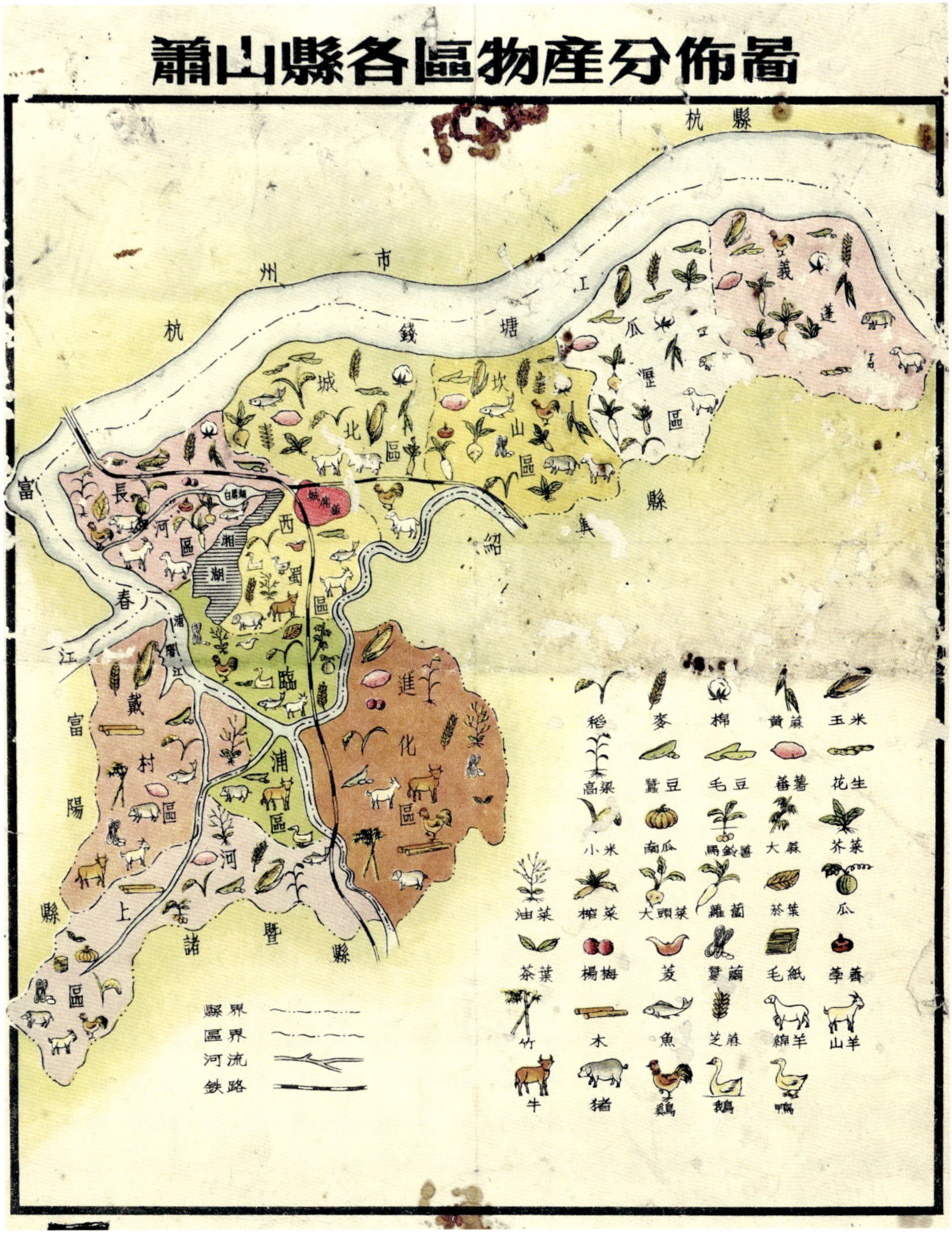

萧山县各区物产分布图
纵36厘米 横26.3厘米

乡贤书画

萧山明清时期仅为绍兴府下一个小县，然因地处浙东浙西之交界处，钱塘江、富春江、浦阳江交汇于闻堰义桥附近，四方辐辏，并至而会。湘湖九乡，土地肥沃，耕读传家或半商半农，书香之家或农商之家，医卜星相或文人雅士，于书画艺术，多有喜爱。书则真草隶篆无不俱备，画则山水、人物、花鸟、走兽，各臻其妙，张挂壁间有中堂、屏条、横幅、对联，雅玩真赏则有手卷、册页、扇面，成扇夏天手执一柄，既为拂暑，又可欣赏，足称风雅。然因年久月远，且书画多为纸绢，遇水火虫蛀鼠咬，最难保存，又有战乱及历代文化浩劫，存者大多归入国有馆藏，散存民间者，往往年代较近，且以本地书画家为主，如任淇、韩钦、汤在容、周易藻、陆钟渭等书画墨迹。若以地方文献视之，则自有其研究价值。

人海裏知音難得中郎訂素心雅愛

入室漸看桃李種成林護庭摩蔭希分

市幽棲約共尋何日元真巢笠戴澗風溪月

吟周水張南記不記了無累約屢經過君

論憮譜半移觀新詩溫韜多懶笑白雲

岫歎看綠水易生波霞城風景今搞昔

致清游奈老何

季琯仁兄大人將之台灣掌教小詞贈行即求

夜正

蝶山弟頤拜稿

书法

1. 王瀚篆书七言联
2. 陆成栋行书七言联
3. 盛唐楷书七言联
4. 成毓璜行书七言联
5. 韩钦诗札
6. 汪渔垞楷书八言联
7. 黄中理行书七言联
8. 黄之霖楷书八言单联
9. 盛韶行书四条屏
10. 傅留行书八言联
11. 韩澄行书轴
12. 韩绶隶书轴
13. 周易藻行书四条屏
14. 柳际春行书七言单联
15. 何镜蓉行书八言联
16. 韩第昌行书七言联
17. 韩锡林行书七言联
18. 来裕昌行书八言联
19. 陆钟渭行书四条屏
20. 来福诒行书轴
21. 韩登安隶书扇面

书法

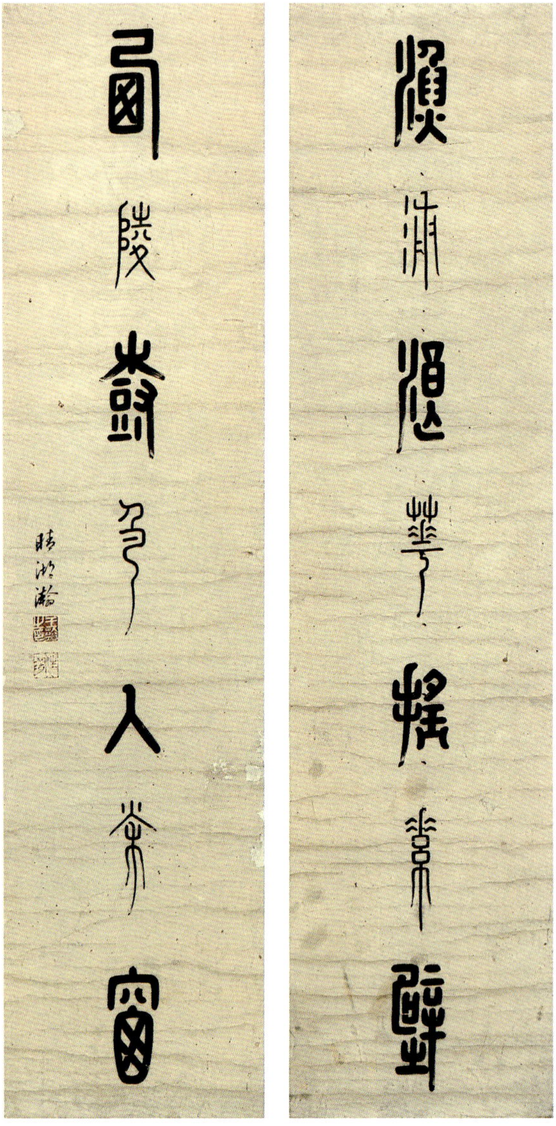

王瀚篆书七言联
纵128厘米 横31厘米

1. 王瀚篆书七言联

王瀚（1743 ~ 1804），字沛国，号晴湖，萧山衙前新发王人，太学生。道光十六年（1836）同邑汤金钊撰《太学生晴湖王君传》称其“幼而颖异，好读书，颇事根柢，旁涉书画家数，隶篆神秀而古，写花卉，饶有天趣，尤长于诗”。联语“渔浦浪花摇素壁，西陵树色入秋窗”，出自唐代诗人钱起《九日宴浙江西亭》诗：“诗人九日怜芳菊，筵客高斋宴浙江。渔浦浪花摇素壁，西陵树色入秋窗。木奴向熟悬金实，桑落新开泻玉缸。四子醉时争讲习，笑论黄霸旧为邦。”渔浦位于湘湖西侧，西陵（即西兴）在湘湖西北，渔浦、西陵作为浙东唐诗之路的两个重要源头，途经此地的诗人墨客，创作了许多吟咏当地风物之诗词，为湘湖增添了很多文化内涵。

2. 陆成栋行书七言联

陆成栋（1756 ~ 1837），字迈伦，号芝云，世居萧山县城，俗称旱桥头陆家，乾隆丙申（1776）王宗师科试入学。喜画丛兰，绝无俗韵。山水亦俊逸。工书，纵横变化，不拘一格。凡擘窠大字、蝇头小楷，皆三指撮管，悬腕书之，莫不精妙。位于县城何家弄之陆氏宗祠照壁原有“世代忠良”四个大字，即其亲笔,今俱不存。著有《玉照楼诗钞》，其中《湘湖泛棹》四章，分春泛、夏泛、秋泛、冬泛，以湘湖四时风景入诗，别有新意，诸籍未载，照录全诗，以备文征。“春泛”诗：放棹潇湘曲，春光三月天。烟波晴日里，渔唱晚风前。花坞村篱隔，城山石寺连。踏青人得得，归路兴陶然。“夏泛”诗：放棹潇湘曲，临流载酒过。凉风逗深柳，香气逐新荷。游鲤争吞钓，鸣莺竞织梭。更饶明月夜，处处听渔歌。“秋泛”诗：放棹潇湘曲，秋来兴未赊。鸣蝉咽朝露，飞鹭逐汀沙。柳断千条缕，枫明二月花。莫嫌归去晚，诗思正无涯。“冬泛”诗：放棹潇湘曲，思莼返故乡。四山围绿野，一鉴绕方塘。冒雪推篷冷，吟梅琢句香。最宜晴望后，小坐引杯长。

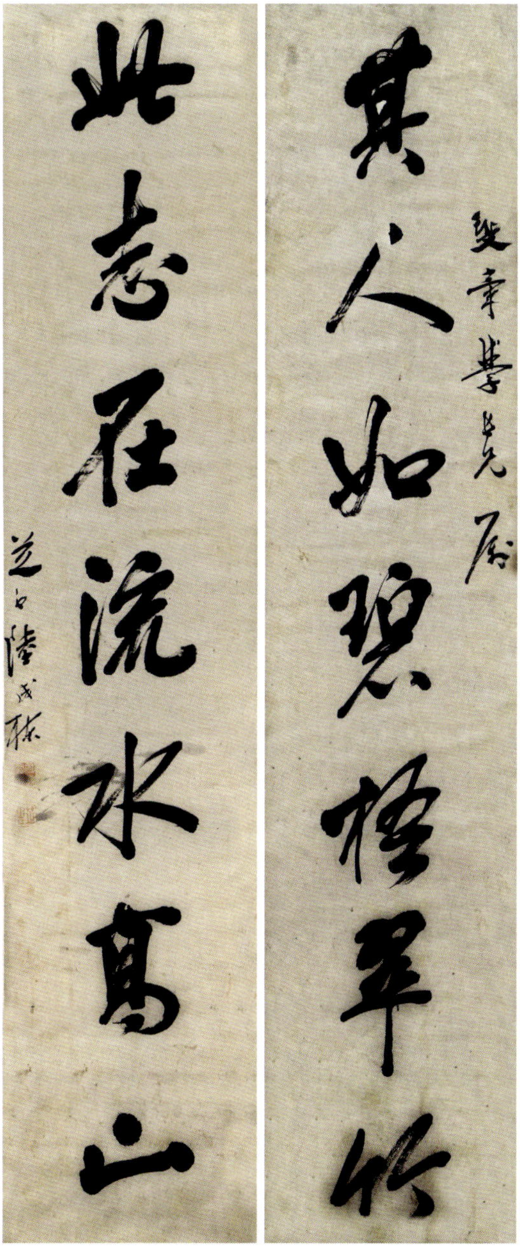

陆成栋行书七言联
纵133厘米 横28.8厘米

盛唐楷书七言联
纵122厘米 横29厘米

3. 盛唐楷书七言联

盛唐（1767 ~ 1825），字鸣和，号芦汀，又号陶庄，萧山城北龙王塘人。嘉庆庚申恩科（1800）举于乡，乙丑成进士，钦点翰林院庶吉士，散馆授编修，京察一等，补山西道监察御史，累官礼、兵、刑等科掌印给事中。上款瑞高，为盛唐族叔，有三兄弟，其行二，故称其二叔。

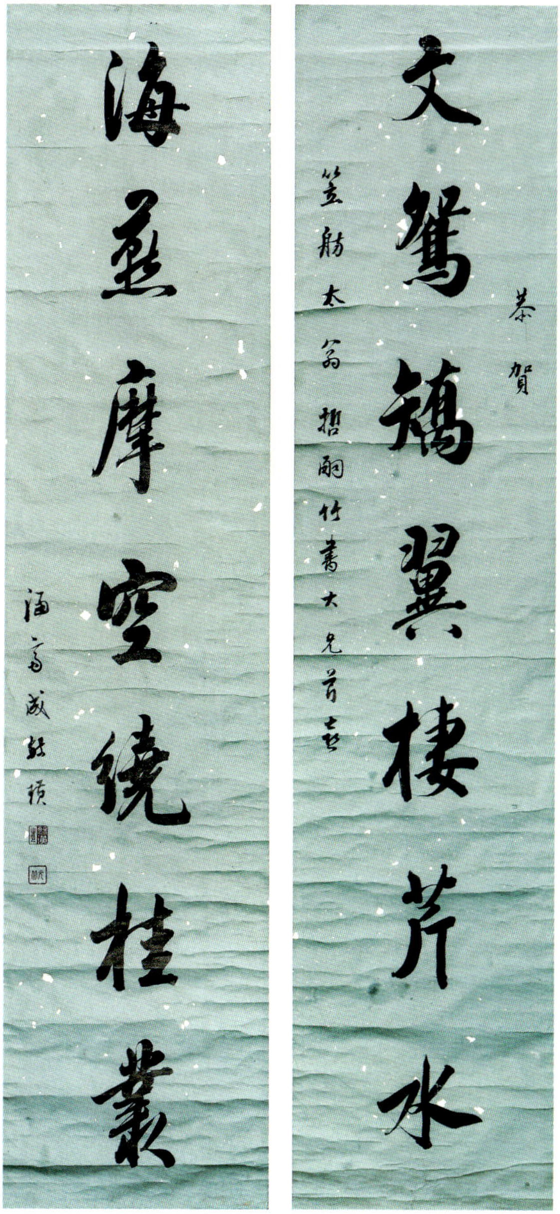

4. 成毓璜行书七言联

成毓璜，字元北，号涵斋。成姓萧山非大族，仅湘湖闵家坞一带略有分布，存世有湘湖成氏家族买卖山场、园地契约可证。此联为成毓璜祝贺笠舫之子竹书考取秀才所作。笠舫为萧山城北井亭徐人徐国模（1777 ~ 1834），庠贡生。其子徐光简，字竹书，号畏斋，道光甲申年（1824）杜宗师科试入学，即中秀才，次年徐光简参加浙江乡试，考取第一名解元，截取特用知县，借补福建浔美场盐大使，钦加同知升衔，调补莲河场盐大使，咸丰戊午科（1858）、己未恩科福建乡试受卷官，报效军需奖叙，以同知升用加一级，诰授朝议大夫。

成毓璜行书七言联
纵125厘米 横29.3厘米

5. 韩钦诗札

韩钦（1817 ~ 1898），字孟仙，号春城，一号螺山，晚号萧闲，萧山临浦蒲山韩人。由优廪生中式咸丰乙卯科（1855）亚魁，丙辰科进士，授知县，以母老世乱、艰于迎养，改内阁中书。辟二如草堂，莳花木娱亲，喜诗古文辞，仰慕厉樊榭，尝以景樊颜其室。咸丰辛酉太平军占萧山，奉母挈眷航海避居广州。同治甲子（1864）母卒，次年还里。临浦故居尽毁，迁寓城中何家弄。年八十，重游泮水，特赏五品衔，诰授奉政大夫，贻 封通议大夫，著有《闲味轩诗抄》8 卷、《闲味轩词抄》2 卷行世。同治甲戌三月韩钦有《上巳日泛舟湘湖》七律，载在《萧山湘湖志》。上款季珪即蔡以瑺（1832 ~ 1876），号瑶圃，世居萧山县城城隍庙西。咸丰辛酉科拔贡，同治乙丑补行辛酉正科、壬戌恩科举人，戊辰科会试第一，殿试二甲第六十名进士，钦点翰林院庶吉士，散馆授刑部奉天司主事，员外郎衔。未几告归。同治九年主纂《嵊县志》26 卷成。是年镇海知县、蔡以瑺进士同年于万川延请主讲镇海鲲池书院，六年后蔡以瑺病卒书院，于万川一为纪念好友，一为提高镇海士子课艺水平，特印行《鲲池书院课艺》。韩钦赠行诗中言及“季珪仁兄大人将之台州掌教”云云，可知蔡以瑺亦曾往台州教学，诸籍未载，对于研究乡贤蔡以瑺生平史实，增添了一段新史料。

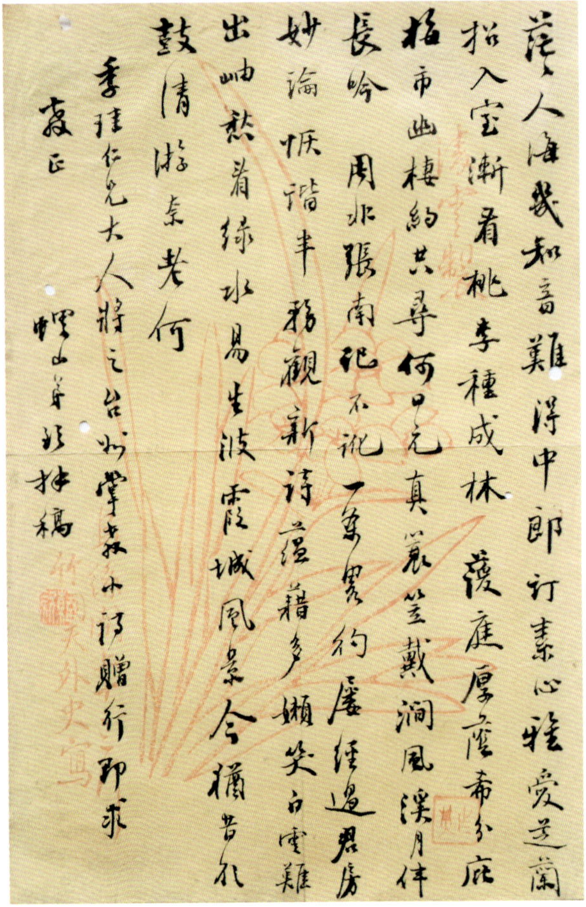

韩钦诗札
纵23厘米 横15.2厘米

6. 汪渔垞楷书八言联

汪渔垞（1819 ~ 1899），谱名式容，一名坤厚，晚号华潭，萧山闻堰东汪人。附贡生，候选县丞，军功历保不论繁简尽先补用知县，钦加同知衔，赏戴蓝翎，赏换花翎，特授江苏松江府娄县知县，历署常熟、江阴、丹徒县知县，兼摄娄县教谕，诰授奉政大夫，晋封通奉大夫。上款景凤，为其族兄汪伟贤之子。汪渔垞书此联时年八十一，即其卒年，或为绝笔。查阅宗谱，景凤是年亦已六十。周易藻之《萧山湘湖志》卷六《湖贤事迹》记载：清乡贤司马汪公坤厚，公字渔垞，光绪十三年（1887），宋令修治堤闸，公董其事。

汪渔垞楷书八言联
纵171厘米 横35.5厘米

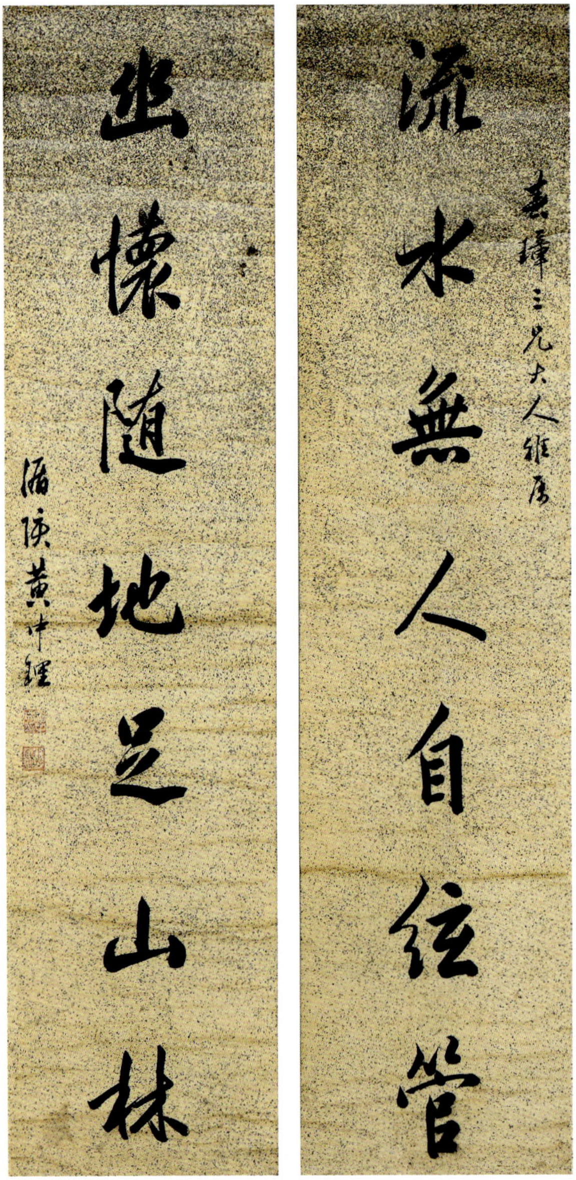

黄中理行书七言联
纵126.7厘米 横30.3厘米

7. 黄中理行书七言联

黄中理（1834 ~ 1881），字子通，号循陔，萧山人，世居南门外埭上新庄（今蜀山街道黄家章村）。附生，军功保举训导，同治乙丑（1865）补行辛酉并壬戌恩科举人，戊辰考取国史馆誊录，光绪丁丑科（1877）进士，钦点翰林院庶吉士，国史馆协修，庚辰散馆选授云南澂江府河阳县知县。其子黄麐寿，光绪己丑恩科举人。其侄黄元寿、同寿兄弟，先后于光绪乙酉科、戊子科中举。黄元寿有《湘湖古今水利沿革表》和《开垦湘湖荒土研究利害问答》两文，论述浚垦湖荒有利无弊，欲开垦湘湖，然因附近居民习于故，事终未成。

8. 黄之霖楷书八言单联

黄之霖（1848 ~ 1916），谱名淦，字硁牧，号沣荪，世居萧山南门外埭上德星庄（今蜀山街道黄家章村）。由廪贡生中光绪戊子科（1888）举人，拣选知县。光绪二十七年（1901）与黄元寿、韩第昌、王马宝等联名呈请毁黄筑塘，造桥闸，以通舟楫，遭附近乡绅韩锡霖、韩履祥、韩光治等驳诉而止，特别诉称黄之霖数年前往保定为幕友，今尚未归，何以列名，明显造假，不足为证。

黄之霖楷书八言单联
纵155厘米 横34厘米

9. 盛韶行书四条屏

盛韶（1853 ~ 1914 后），谱名晋垣，字春塘，号偁唐，萧山西兴人。廪贡，海盐县儒学训导。宣统二年（1910）石岩埭上黄元寿集资成立湘湖厚正垦务公司，盛韶作为长兴乡代表亦联名具呈，因遭湘湖多数绅民反对而作罢。民国 3 年（1914）湘湖垦、禁之争时，盛韶为九乡主禁公民代表之一，最终主禁派胜利。

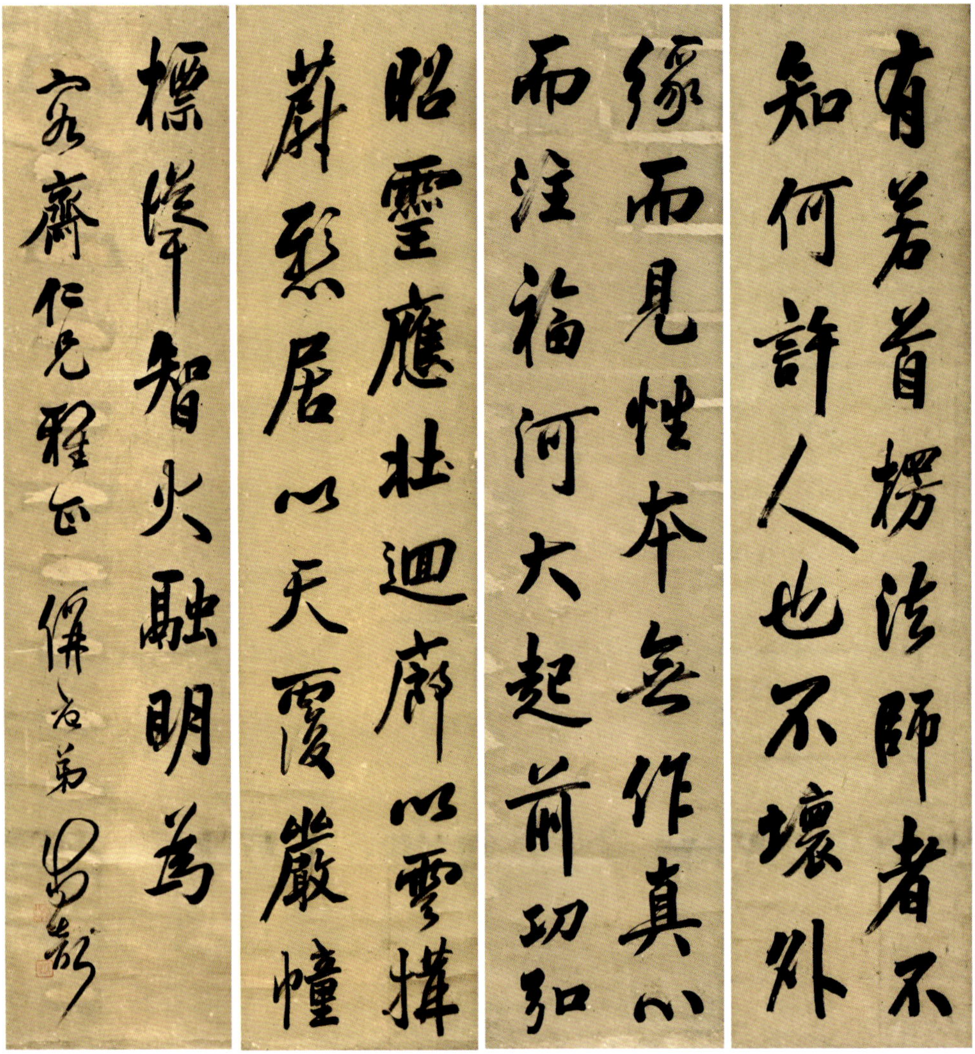

盛韶行书四条屏
纵132厘米 横32厘米

10. 傅留行书八言联

傅留（1854 ~？），谱名定邦，庠名光燮，字又琛，号静侯，萧山人，世居马湖北甸画桥头（今滨江区西兴街道马湖村）。光绪丁酉科（1897）举人。傅留作为世居湘湖、白马湖附近之有名乡绅，宣统二年（1910）黄元寿等呈请浚垦湘湖，傅留与来福诒、孙思鼐均列名夏孝乡代表。

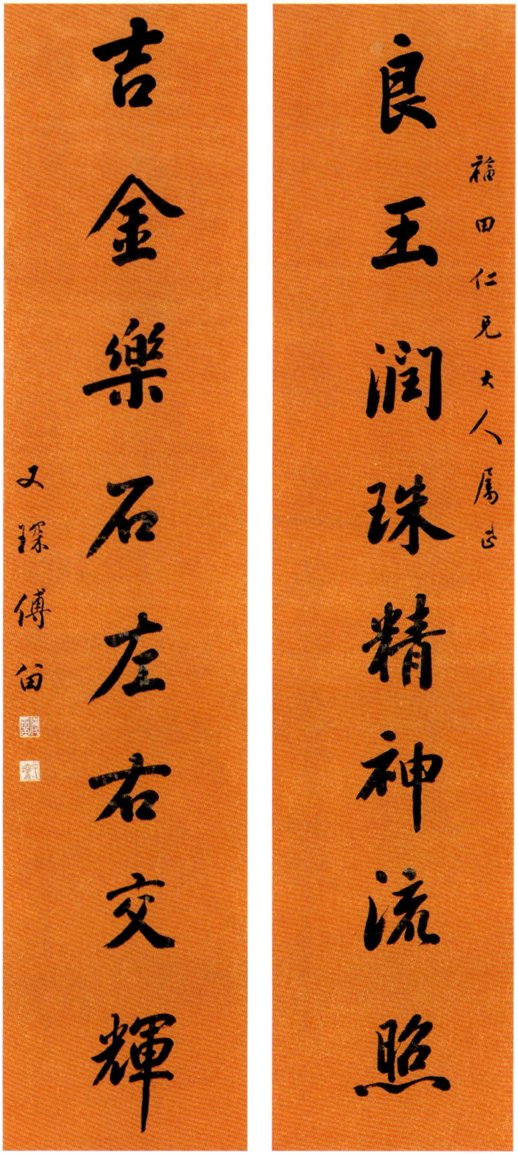

傅留行书八言联
纵171.5厘米 横37.5厘米

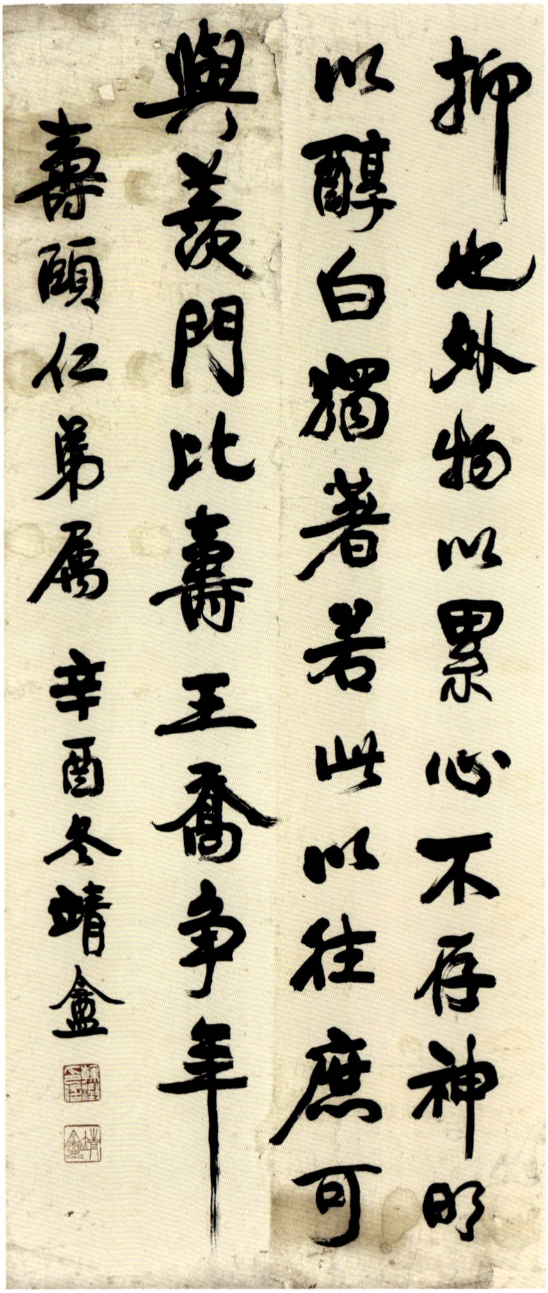

韩澄行书轴
纵131厘米 横57.5厘米

11. 韩澄行书轴

韩澄（1860 ~ 1928后），字静涵，号靖庵，晚号悦圃老人，萧山义桥人，由湘湖南之打油陈迁居杭城东园。仁和籍廪贡，候选儒学训导。历充杭州求是书院、安定学堂、上海南洋公学、浙江陆军小学堂教员，嘉兴石门县学堂堂长，嘉兴府中学堂监督。善书法，学颜而能脱化，巨细皆能，醇为通逸。韩澄生有三子，次子韩强士（1885 ~？），名永康，字保之，由浙省官派留学日本，回国历充高等学堂教务长兼中学堂、铁路学堂教习。宣统元年（1909）三月浙抚奏保以县丞归部选用，二年五月改充奉天省清理财政局课长兼交涉司署东文译官。三年四月蒙交涉使奏保补缺后以知县用。民国初年韩强士有一个《韩强士经营湘湖计划书》提交政府，根据湘湖当时实际情况，计划把湘湖建设成全国模范之新农村。计划在湘湖垦荒、掘井、开河、铺道，在湘湖定山设立管理各村之自治机构，下设教育、风教、宗教、卫生、娱乐、金融、社团、副业等各项机构，俨然一个乌托邦式的湘湖独立王国。按当时北洋政府时期，行不通也是必然的。

12. 韩绶隶书轴

韩绶，字绾青，萧山义桥人。光绪壬辰（1892）岁贡，候选儒学训导。工书法，精于篆隶。光绪甲申年为义桥韩氏怀德堂翻刻韩羹卿《文起堂诗初集》篆书题端。为义桥泗水庵题“威日同瞻”“行云少息”匾额，笔法深沉，非时辈可及，惜毁于“文化大革命”。

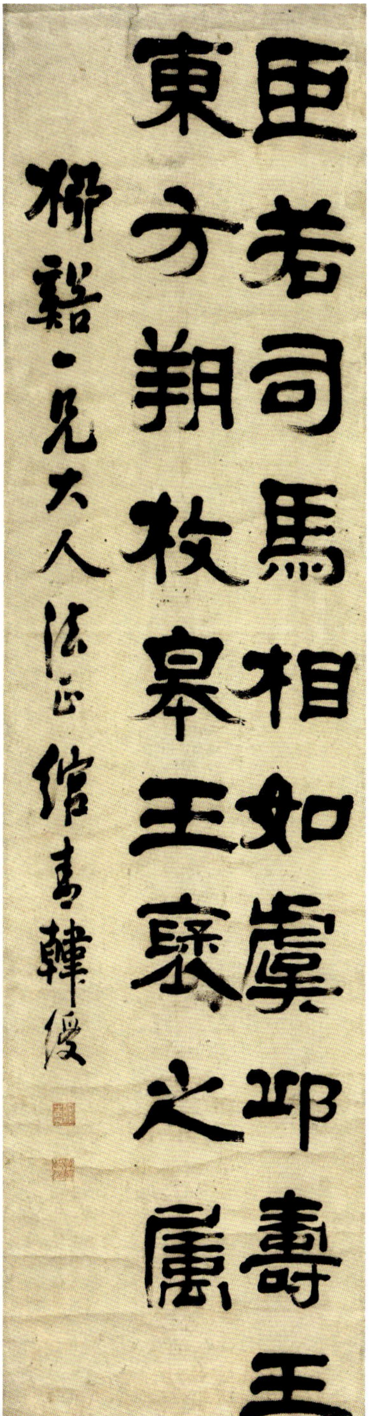

韩绶隶书轴
纵145厘米 横38厘米

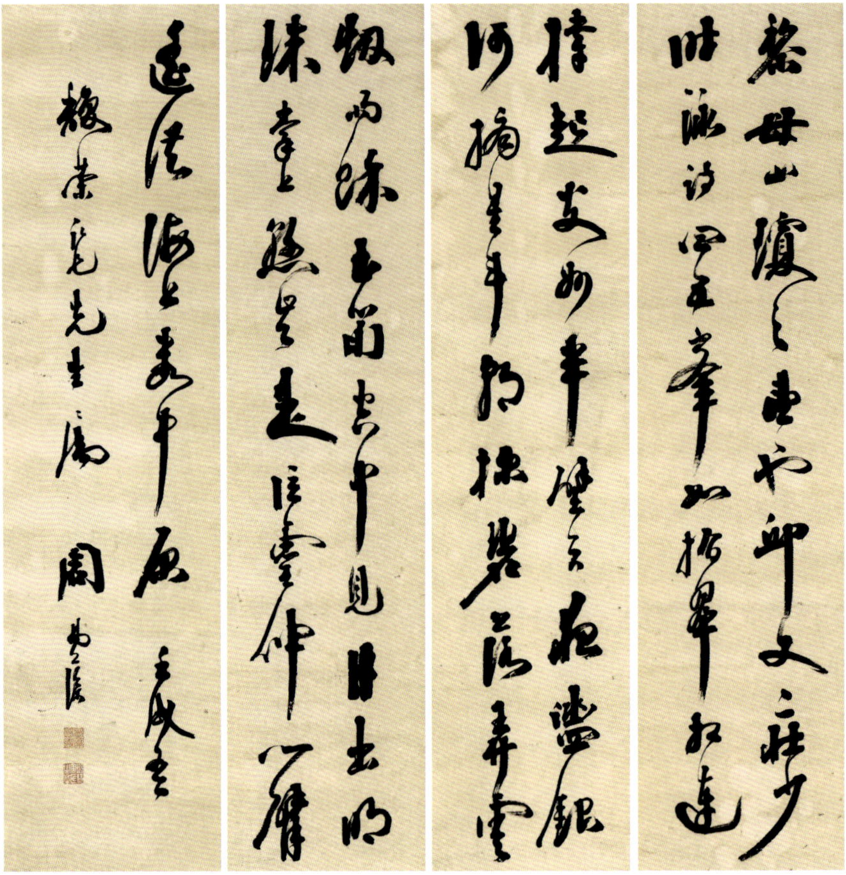

周易藻行书四条屏
纵140厘米 横40厘米

13. 周易藻行书四条屏

周易藻（1864 ~ 1934），字芹生，号璐琴，晚号遁叟，萧山丁村人。光绪己丑恩科（1889）第三十一名举人，江苏候补知县。书擅魏碑。著有《萧山湘湖志》正续 9 卷，刊印于民国 16 年（1927）。是书集历代湘湖文献之大成，影响最广，与当今开发湘湖也极具参考价值。周易藻于民国 22 年纂修《萧山马谷周氏宗谱》，谱中收录其自订之《遁叟自述年谱》，是研究周易藻生平事迹的第一手资料，真实可靠，其中周易藻于民国 10 年辛酉，在湘湖缸窑湾自建生圹，旁又建小屋三间取名辛庐，《萧山湘湖志》就是在这里编纂完成，并根据周边湘湖景观，分别命名为“跨湖桥泛棹、寨岭庵闻钟、越王城玩月、缸窑湾听涛、至湖岭踏雪、水洋湖采莼、九里墩戏鹭、三善桥观鱼”，是谓“辛庐八景”。

14. 柳际春行书七言单联

柳际春，字葆如，号韬盦居士，萧山义桥街下埠人。光绪癸巳恩科（1893）举人，福建候补盐场大使，奖给六品顶戴。光绪三十三年（1907）正月与韩绥、韩世昌等发起创办义桥乡公立时敏初等高等小学校，任临浦初等高等小学校校长。民国10年（1921）三月与韩文潮、孙诒、韩树桐等列名九乡公民代表具呈公请饬查示禁私垦湘湖。其兄弟柳葆训，在义桥开设通惠钱庄，民国15年与韩越山、李剑平、韩瑞林等鸣锣召集乡民，赴省吁请收回垦浚湘湖成命而遭拘传质训，钱庄勒令停业，后照预戒条例处理，预戒不得再有违犯行为，饬令地方警察严加管束。

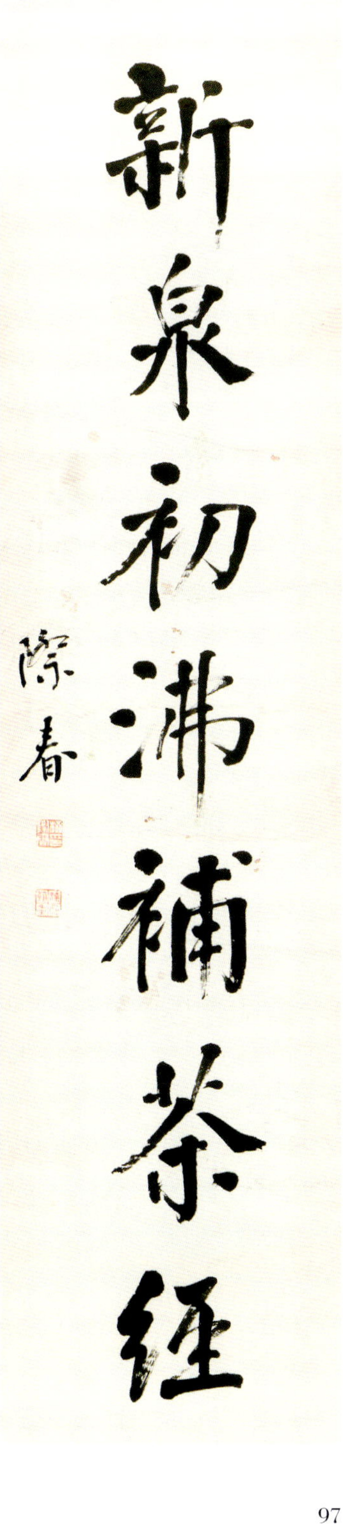

柳际春行书七言单联
纵132厘米 横33.5厘米

15. 何镜蓉行书八言联

何镜蓉（1866 ~？），谱名朴，庠名璨，字紫荃，号瘦梅，萧山西兴人（今属滨江区）。邑庠生。光绪三十三年（1907）发起创办西兴乡公立新民初等小学校，任校长。上款泽山即临浦王履咸（1855 ~ 1936），光绪庚寅科（1890）进士，官外务部榷算司员外郎。此联为其民国 8 年（1919）续弦童氏时何镜蓉书贺。民国 3 年 8 月 23 日，浙江巡按使屈映光饬县知事彭延庆召集九乡代表开会，决议湘湖或禁或垦，何镜蓉、陈翼亮、姚莹俊、汤在容、韩树桐、盛韶等 26 位代表主禁，占多数，民国 3 年开垦湘湖之议遂止。

何镜蓉行书八言联
纵162.8厘米 横35.3厘米

16. 韩第昌行书七言联

韩第昌，字葆荪，号少峰，萧山义桥人。光绪丙午科（1906）优贡，江苏候补知县。义桥苔芩小学校长。其家开有过塘行。民国8年（1919）首任义桥商会会长。宣统二年（1910）石岩埭上黄元寿集资成立湘湖厚正垦务公司，韩第昌作为新义乡代表亦联名具呈，因遭湘湖多数绅民反对而作罢。民国15年湘湖垦、禁之争又起，此次韩第昌是作为主禁派的领袖人物，强烈反对湘湖荒地标卖放垦，甚至欲到省城请愿而遭当局拘传申斥，后因群情反对实在过烈，省府最终还是议决禁垦湘湖。

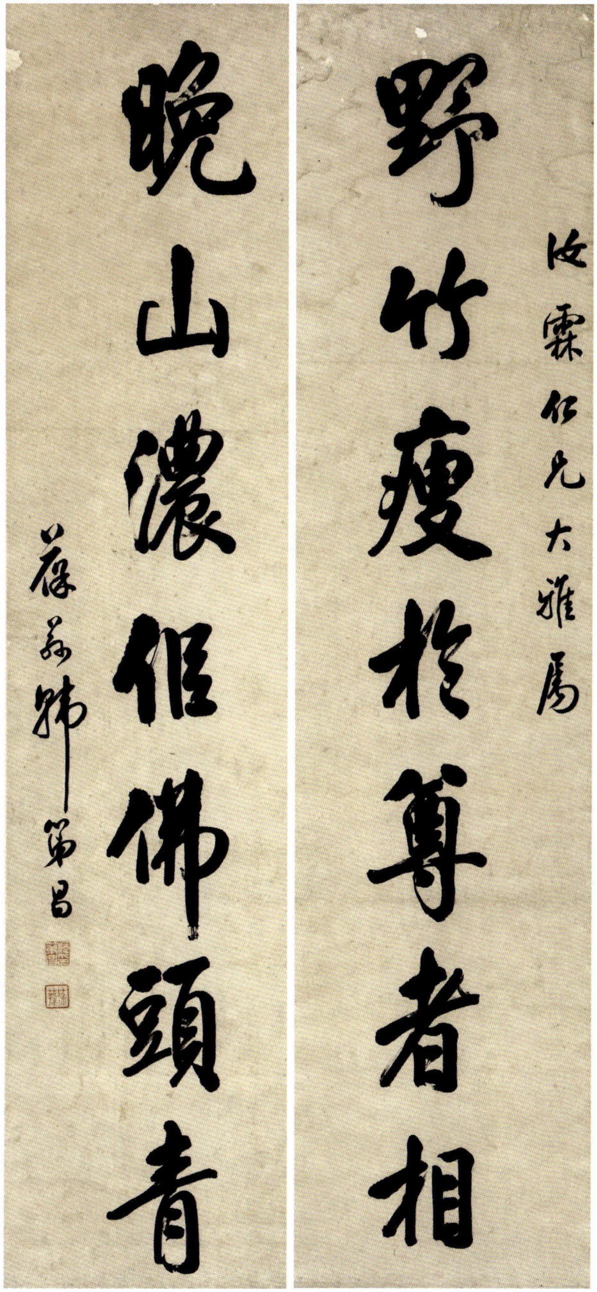

韩第昌行书七言联
纵144.5厘米 横39.5厘米

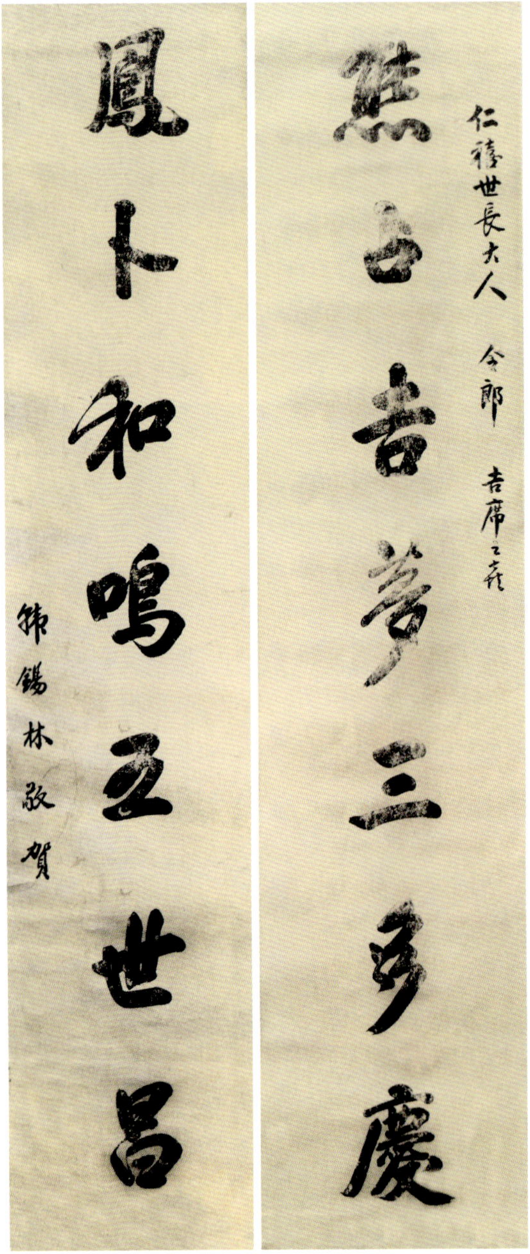

韩锡林行书七言联
纵156.8厘米 横34.4厘米

17. 韩锡林行书七言联

韩锡林（1869～?），萧山义桥湘南韩氏东宅宝一房韩家汇派，职员。光绪二十七年（1901）黄元寿、韩第昌、王马宝等联名呈请欲毁黄筑塘造桥闸通舟楫，韩锡林（同霖）为首与韩履祥、韩凤松、韩光治等据理驳斥强烈反对而罢。

18. 来裕昌行书八言联

来裕昌（1872 ~ 1933 后），字铭篚，萧山长河人（今属滨江区）。萧山县学优廪生，日本警务专科毕业，兼习商业银行学，山会萧警务科长，宣统己酉科（1909）拔贡，庚戌朝考一等，签分学部总务司行走，诰授奉直大夫。长河来氏族大人多，出仕为官者湘湖附近九乡名列第一，湘湖之建设、清占、修建塘闸和堤坝、垦禁等相关事宜，无不留下来氏族人的身影。宣统二年（1910）黄元寿等呈请浚垦湘湖，来裕昌作为长兴乡唯一代表，列名具呈。

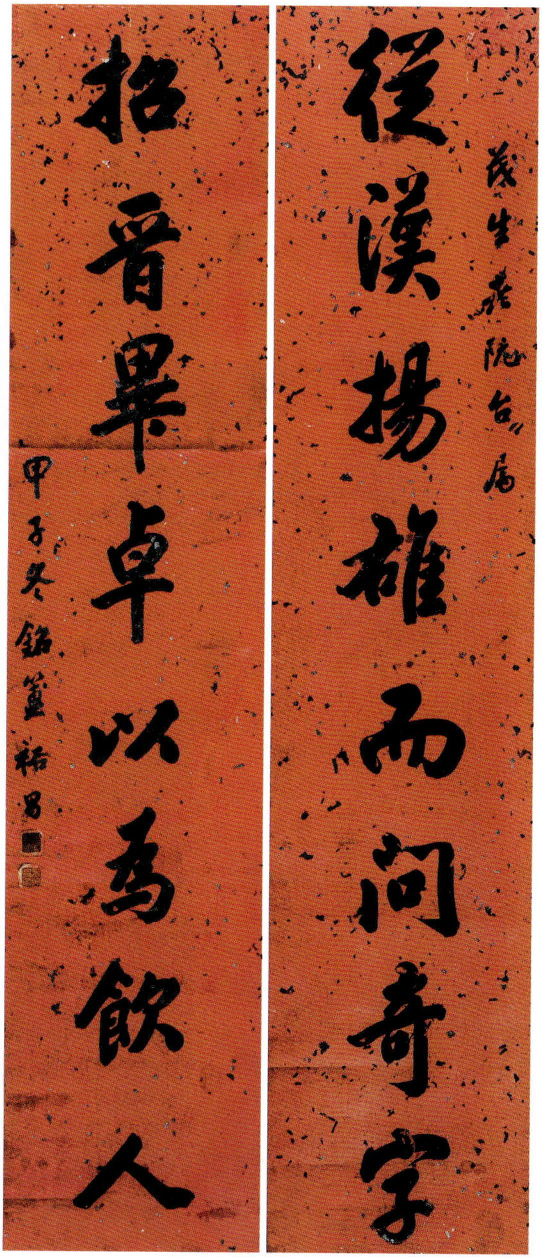

来裕昌行书八言联
纵164.6厘米 横36.2厘米

19. 陆钟渭行书四条屏

陆钟渭（1873 ~ 1930 后）字师尚，号珊绶，世居萧山城中旱桥头。光绪壬寅科（1902）举人，宣统庚戌科（1910）举贡会考中式，授邮传部主事。民国后任浙江都督署文案，警备队司令部秘书。民国壬戌（1922）萧绍水灾，与旅杭诸乡先生组成萧山旅杭同乡筹赈会，集得万余金施赈。陆钟渭鬻书得千金助赈，竟因过劳而得咯血之症。编著《存我轩偶录》《宠儿篇》刊行于世。民国 4 年、15 年湘湖垦、禁之争，陆钟渭都是作为坚定的主禁派绅士代表之一，联名呈请当局，严禁放垦湘湖。

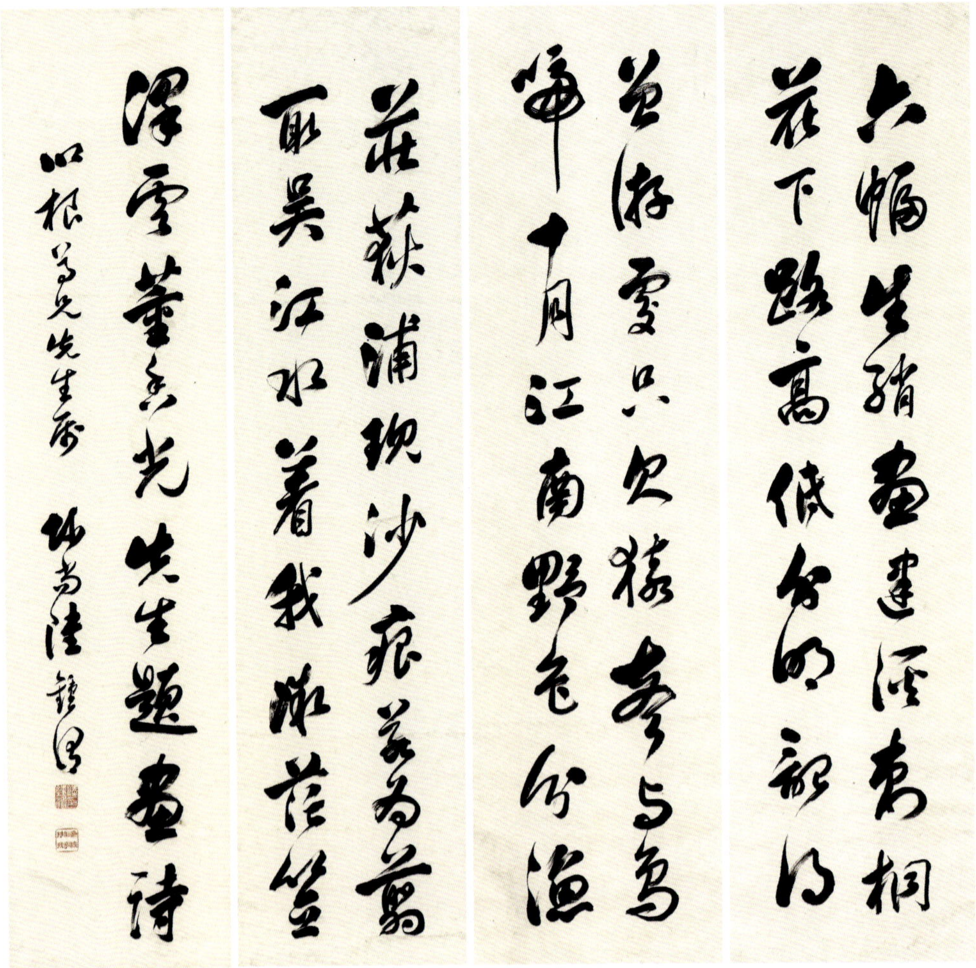

陆钟渭行书四条屏
纵140厘米 横40厘米

20. 来福诒行书轴

来福诒（1876 ~？），谱名枚吉，字禹臣，一字简斋，号縠生，萧山西兴襄七房人（今属滨江区）。光绪壬寅（1902）补行庚子辛丑恩正并科举人。宣统二年（1910）黄元寿等呈请浚垦湘湖，来福诒与傅留、孙思鼐均列名夏孝乡代表。所撰《来福诒处分湘湖商榷书》明确指出，湘湖非九乡之私产，当为萧山人共有之湘湖，斥全县公款为垦浚湘湖之需，即以湖田之赢利为全县公益之举，如此，主垦派者无权利之可竞，主禁派者无权利之可藏，而官荒标卖之谬说亦无由插入其间，一举而三善，备计无逾于此矣。言简意赅，切中要害。

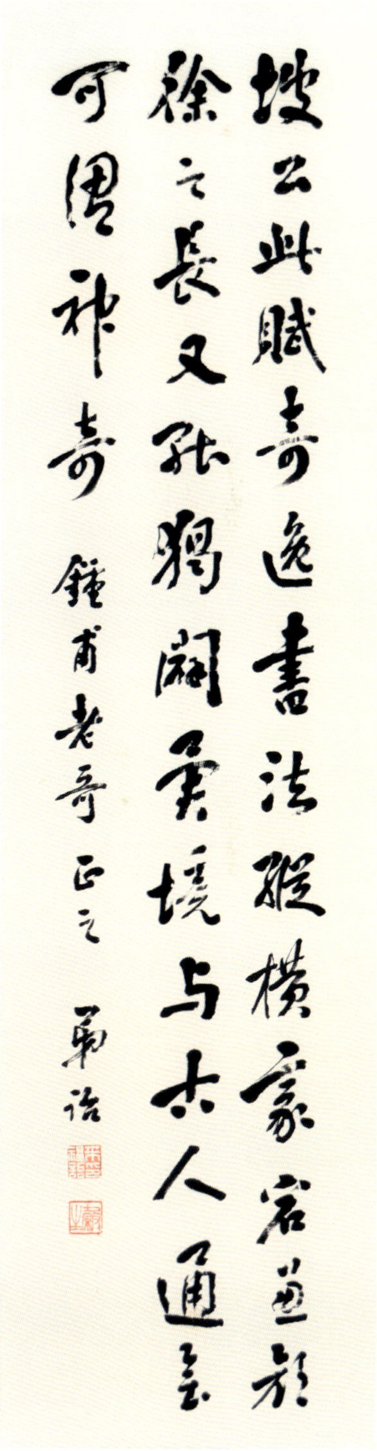

来福诒行书轴
纵171厘米 横48厘米

韩登安隶书扇面
纵18.8厘米 横50.8厘米

21. 韩登安隶书扇面

韩登安（1905 ~ 1976），原名競，字仲铮，号富家山民，萧山义桥人。先后师承书法篆刻家海宁周承德、杭州王福庵和龙游书画家余绍宋。以篆隶书法和刻印著名。民国 21 年（1932）加入西泠印社，曾任印社总干事。解放后为浙江文史研究馆馆员。著有《登安印存》《岁华集》《西泠胜迹留痕》《毛主席诗词刻石》等印谱，辑有《明清印篆选录》，增补王福庵《作篆通假》。一生刻印约 4 万方。

绘画

1. 任淇墨梅图横幅
2. 孙诒设色三羊图中堂
3. 孔乐沂设色紫微星君图中堂
4. 陈同寿设色花鸟图对屏
5. 庞岩设色松鹤图轴
6. 王安朱砂钟馗图轴
7. 汤在容墨梅图中堂
8. 蔡逸仙设色杨柳图轴
9. 孙璐设色花卉图轴
10. 徐蘅墨兰四条屏
11. 汪伟贤夫妇像

绘画

1. 任淇墨梅图横幅

任淇（1819 ~ 1863），字竹君，号建斋，因得徐文长所书太白诗中“栖碧”两字，颜其居曰“碧山草堂”，萧山城中堰下任氏奇大房二十一世。候选巡检。工书画篆刻，双钩花卉，不让宋人。精选名人墨迹摹勒上石，名《碧山草堂帖》，后石归同邑王龄，改名《小竹里馆集帖》，流传于世 。

任淇墨梅图横幅
纵63.2厘米 横94厘米

2. 孙诒设色三羊图中堂

孙诒（1847 ~ 1935），谱名树荣，字芑轩，号三多，萧山湘湖孙氏三房子良公派宗鉴公支二十一世。宗谱记载，“公丹青绝妙，人物、花卉、山水，靡不精进，人争求之”。民国10年（1921）湘湖九乡代表公民孙诒、王夔阳、柳际春、韩文潮、韩树桐等联名呈请当局严禁私垦湘湖荒地。

孙诒设色三羊图中堂
纵149.5厘米 横79.5厘米

3. 孔乐沂设色紫微星君图中堂

孔乐沂（1856 ~ 1938），谱名继运，字云舫，萧山义桥孔家埠头人（今义桥山后村）。孔子六十九世孙。民间画师，擅画道释人物，画上常题写于湘湖之西，盖实指其家所在。

孔乐沂设色紫微星君图中堂
纵132厘米 横80.5厘米

4. 陈同寿设色花鸟图对屏

陈同寿（1853 ~ 1916），谱名树三，字如山，世居萧山县城绣衣坊。精翎毛花卉，偶作人物，似改、费一派。鬻画为业，足迹遍苏杭宁绍。能鼓琴，其家曾遗有咸丰三年（1853）永兴王万珍造古琴一张，后流失于外。陈同寿之画常见有题款“写于古香留月山房”者。据考，古香留月山房为沪上著名画家胡铁梅所设的一家笺扇庄，又名古香斋，为当时海派书画界雅集聚会之处。萧山籍大画家任伯年初到上海即寄居于此，也留下很多落款写于古香留月山房之画作。两家其中或有渊源，值得玩味。

陈同寿设色花鸟图对屏
纵147.7厘米 横40厘米

5. 庞岩设色松鹤图轴

庞岩，字石仙，号西江渔父、半舫斋主人，萧山义桥人。道士世家，擅翎毛花卉。

庞岩设色松鹤图轴
纵146.5厘米 横40厘米

6. 王安朱砂钟馗图轴

王安，字幼梅，号萧然山民、螺山樵，世居萧山城中北街弄。光绪九年癸未（1883）浙江学政祁世长科试入学。清末宦蜀为别驾司马。入民国，隐于沪渎，以画娱老。精六法，尚宋元。画人物，学陈老莲、任渭长，其书绝似金冬心漆书。民国壬戌（1922）鬻画润格为人物每尺4元，花卉六折。傲岸绝俗，乞画者户限为穿，然非其人，虽挟势以来，辄弗与。

王安朱砂钟馗图轴
纵71.5厘米 横37.5厘米

汤在容墨梅图中堂
纵146厘米 横81.3厘米

7. 汤在容墨梅图中堂

汤在容（1874 ~ 1928后），字叔雍，一字缩勇，号旭蓉，世居萧山城中陈家弄。光绪癸卯科（1903）第二名举人。官法部主事，升用郎中，花翎三品衔随带加四级。工书兼擅画梅。著有《汉晋三十二砖室文集》《隘园诗稿》待梓。宣统二年（1910）汤在容作为昭明乡代表与石岩埭上黄元寿等合资成立湘湖厚正垦务公司，意欲浚垦湘湖淤涨荒地，遭九乡绅民反对而作罢。民国3、4年间湘湖垦、禁之争又起，汤在容则与九乡主禁代表联名呈请当局，谓湘湖攸关水利，严禁开垦。汤在容卒后葬湘湖青山。

8. 蔡逸仙设色杨柳图轴

蔡逸仙（1876 ~ 1937 后），名耀梅，号息庐居士，萧山人，居南城。专画杨柳山水，得同邑任百衍真传。宣统二年（1910），作《儿家巷陌》《杨柳河桥》直幅参展南洋劝业会，得卯等金牌。蔡逸仙所画杨柳，别具风貌，据云湘湖原湫口坝一带多有种植，以固湘湖堤塘。民国 21 年（1932），萧山县城划为市东、市西、河南、河北、西河五镇，蔡逸仙任河南镇镇长。

蔡逸仙设色杨柳图轴
纵96.8厘米 横41.5厘米

9. 孙璐设色花卉图轴

孙璐（1898 ~ 1967），号琼瑶女史，萧山湘湖画家孙诒女。克承家学，擅花卉、人物，偶作山水。

孙璐设色花卉图轴
纵143.3厘米 横40.5厘米

10. 徐蘅墨兰四条屏

徐蘅（1916 ~ 1984），字务平，晚号谙风斋丁，萧山县城人。抗战时从事抗日救亡运动，追随救国七君子之王造时佐理《前方日报》，历任《大同报》《新闻日报》《益世报》总编、主笔等职。后转教育界。工于诗词。偶写兰花，学绍兴徐烈哉，不多作。

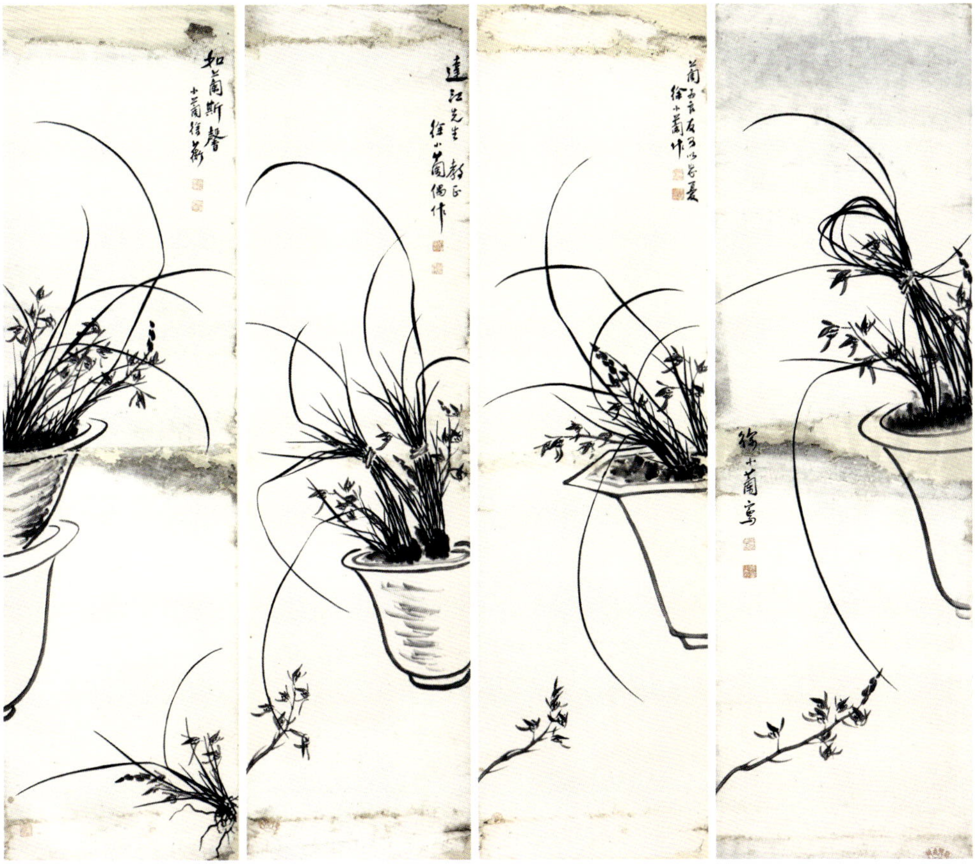

徐蘅墨兰四条屏
纵145.2厘米 横40.5厘米

11. 汪伟贤夫妇像

湘湖三期区块，原有一东汪古村落，汪氏聚族而居焉，始迁祖汪魁来自徽州古黟，奉其父汪煦为第一世（即古黟汪氏七十六世），传至十三世时，以汪渔埪最为出名，董理西江塘、北海塘塘务，修治湘湖堤闸，名列湘湖湖贤。汪渔埪为东汪章十七公二房南轩公支派，其同派族兄汪伟贤（1814 ~ 1848）与配王氏（1815 ~ 1865），生有二子，长子汪景凤（1840 ~ 1902），汪渔埪在八十一岁卒年时书有“和气致祥厚德载福，为善最乐读书便佳”一联，上款署“景凤大侄属”，可证两家极为亲近。汪伟贤夫妇卒后合葬湘湖青山张东首。汪伟贤虽名不见经传，因其一像遗存，使我们见到了嘉道时期湘湖边原住民真容，时事沧桑，能无慨然。

汪伟贤夫妇像
纵109.5厘米 横91厘米

缥缃古籍

古籍，作为文化的重要载体，古时有经、史、子、集之分，《永乐大典》《四库全书》，尤为后人所乐道。萧山毛奇龄著述《西河合集》493卷，《四库全书》收录竟达63种之多，可见其学识和影响。收录之古籍按诗文集、医书、方志、宗谱、画谱和杂著6大类，大多为邑人著述或刊刻，如王十朋《会稽三赋》即为萧山陈春湖海楼刻板，《杨龟山集》收录了宋萧山令杨时的所有文献，义桥韩虁卿《文起堂诗集》，虽是残本，却是仅见的道光初版初刻本。萧山明清时期虽则医家众多，然最著名者，无如竹林寺妇科，所传111症秘传医方，公开流传，是佛家慈悲为怀、普渡众生的最高境界。民国周易藻编《萧山湘湖志》，搜罗湘湖文献最为齐全和切要，于当今湘湖开发也最有裨益。湘湖九乡之大族，如孙、来、赵、魏、章等各姓，历朝续修宗谱，现也仍有存者。唯县城道源桥《萧山郎氏宗谱》，仅国外有藏，族人郎敬斋一篇《湘湖赋》，最具文献价值。至于晚清著名木刻画谱《列仙酒牌》，亦仅存下卷，卷末有刻者蔡照初跋语，道出与同邑任熊合作之缘起，任画之细、蔡刻之精，直可与陈老莲之《水浒叶子》相颉颃。

文起堂詩集總目

诗文集

1.《剑南诗稿》

2.《春秋毛氏传》

3.《易经大全会解》

4.《会稽三赋》

5.《文起堂诗集》

6.《汪龙庄先生遗书》

7.《杨龟山集》

8.《绳正堂墨绳新编》

诗文集

1.《剑南诗稿》

清顺治年间（1644 ～ 1661）汲古阁木刻本，共 85 卷，收录诗词 9344 首。存卷四十四至四十七，4 卷 1 册。汲古阁是常熟毛晋（1599 ～ 1659）藏书、刻书处，曾广收宋元等善本达 84000 余册之多，当时有“三百六十行生意，不如鬻书与毛氏”之誉。作者陆游（1125 ～ 1210），字务观，号放翁，山阴（今浙江绍兴）人。南宋著名爱国主义诗人。其中卷四十四《戏咏乡里食物示邻曲》诗有“湘湖莼长涎正滑”句，反映了南宋时期湘湖已盛产莼菜。

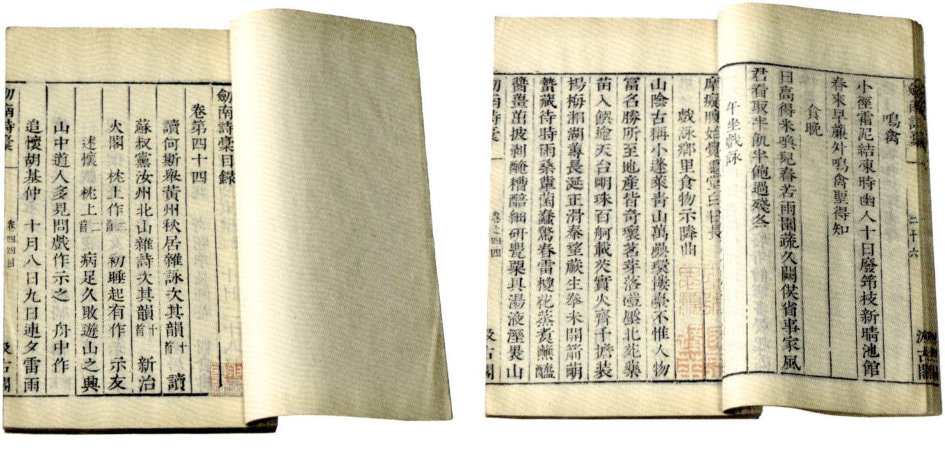

《剑南诗稿》

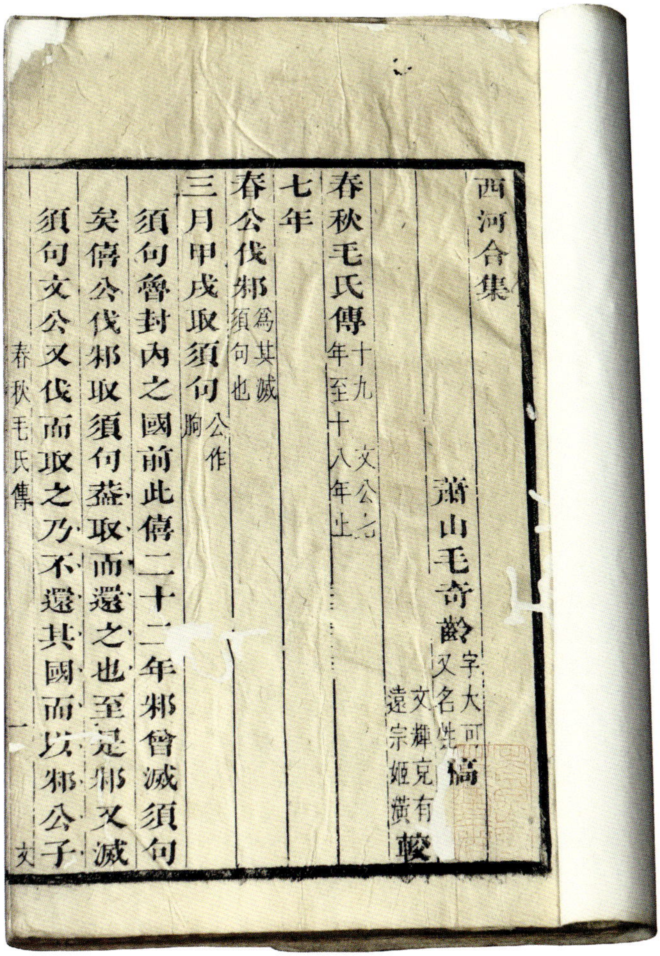
西河合集
蕭山毛奇齡 字大可 又名甡 稿
文輝克有 遠宗姬橫 較
春秋毛氏傳 十九 文公七年至十八年止
七年
春公伐邾 為其滅須句也
三月甲戌取須句 公作朐
須句魯封內之國前此僖二十二年邾曾滅須句
矣僖公伐邾取須句蓋取而還之也至是邾又滅
須句文公又伐而取之乃不還其國而以邾公子
春秋毛氏傳 一 文

《春秋毛氏传》

2.《春秋毛氏传》

《西河合集》之一种，36 卷 8 册，现存 5 卷 1 册，为卷十九至二十三。萧山城东书留草堂家刻本，毛奇龄原著。初版在康熙三十八年（1699），此再版是在毛西河身后，于康熙五十九年由其子侄门生等增补辑成 125 种（原缺 5 种）493 卷刊行于世，又名《毛西河先生全集》。毛奇龄（1623 ~ 1716），名甡，字大可，号西河，世居萧山城中。清初经学大儒。康熙二十八年（1689）湘湖孙凯臣等私自筑堤架桥，毛奇龄首先具揭并补议四害五不可，以力争之，卒如其议。毛奇龄还写了不少咏湘湖诗词，所著《湘湖水利志》3 卷，则是研究湘湖的重要文献。

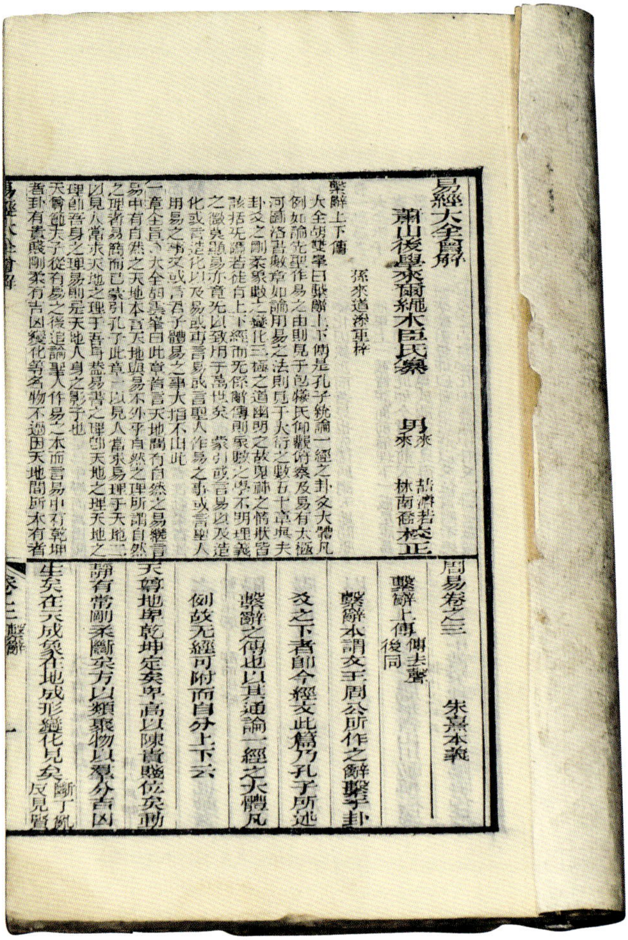

《易经大全会解》

3.《易经大全会解》

清康熙辛酉年（1681）来尔绳纂成，乾隆年间（1736 ~ 1795）其孙来道添重刻行世，存2卷1册。来尔绳（1640 ~ 1711），字木臣，萧山长河人。钱塘廪生，康熙丁亥科（1707）恩贡，考授儒学训导，博综经史，于《易经》《大学》《中庸》《论语》《孟子》俱有解。萧山县城西门外原有明时敕建之德惠寺，祀杨时、魏骥两公，后邑人欲祔入诸贤，争执不一，来尔绳则创议在湘湖边德惠祠西偏，另建八贤祠，于康熙四十九年（1710）建成，又名报功祠。来尔绳孙来道添（1736 ~ 1793），字占熊，太学生。

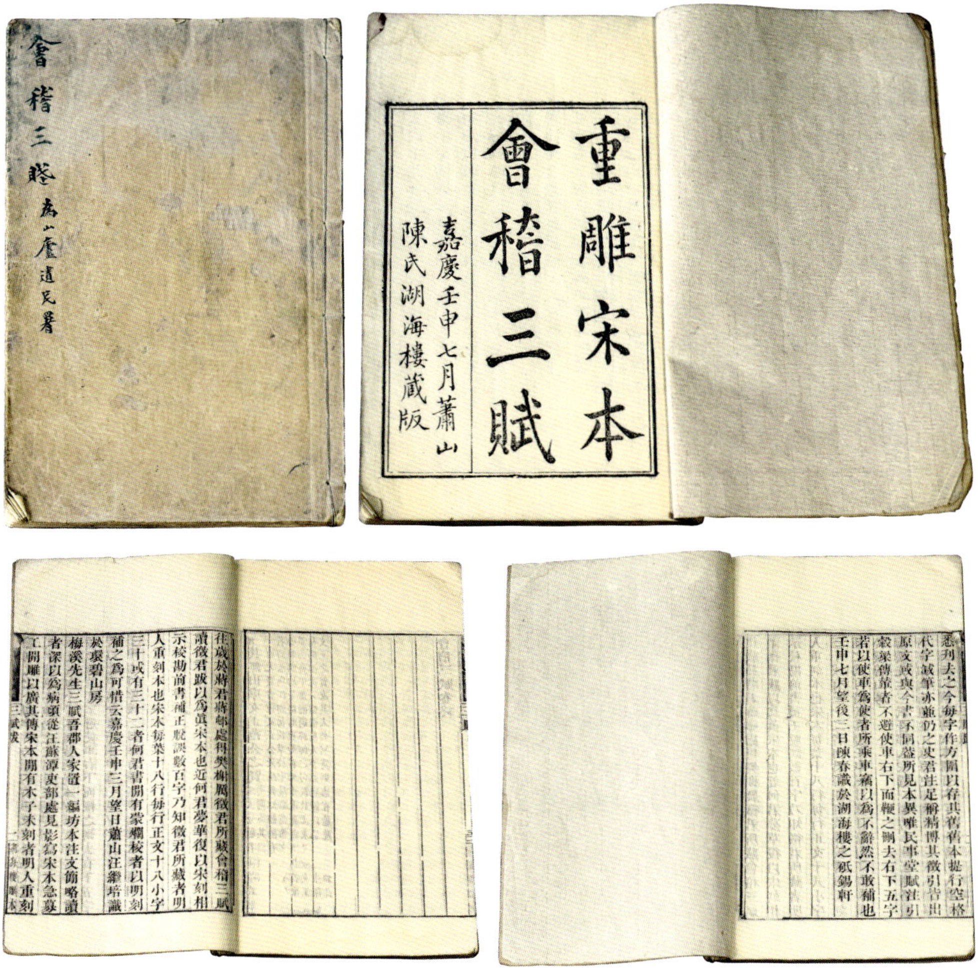

《会稽三赋》

4.《会稽三赋》

嘉庆十七年（1812），萧山陈氏湖海楼刻本，不分卷1册。永嘉王十朋著，分《会稽风俗赋》《民事堂赋》《蓬莱阁赋》三赋。《会稽风俗赋》有“压山如玦，亚父之所割兮”句，描绘压乌山倒映湖中之景，如玉玦之形。“湘湖之莼，箭里之笋”，则写湘湖特产莼菜，可见当时已享盛誉。刻书者陈春（1762 ~ 1820），字东为，萧山城东涝湖人，太常寺典簿。所建藏书楼“湖海楼”与王宗炎“十万卷楼”、陆芝荣“寓赏楼”，时称邑中三大藏书楼。辑刻《湖海楼丛书》12种32册，多为宋元本及稀见抄本、校本。编有《湖海楼鉴藏目》6册，著录3000余种古籍。

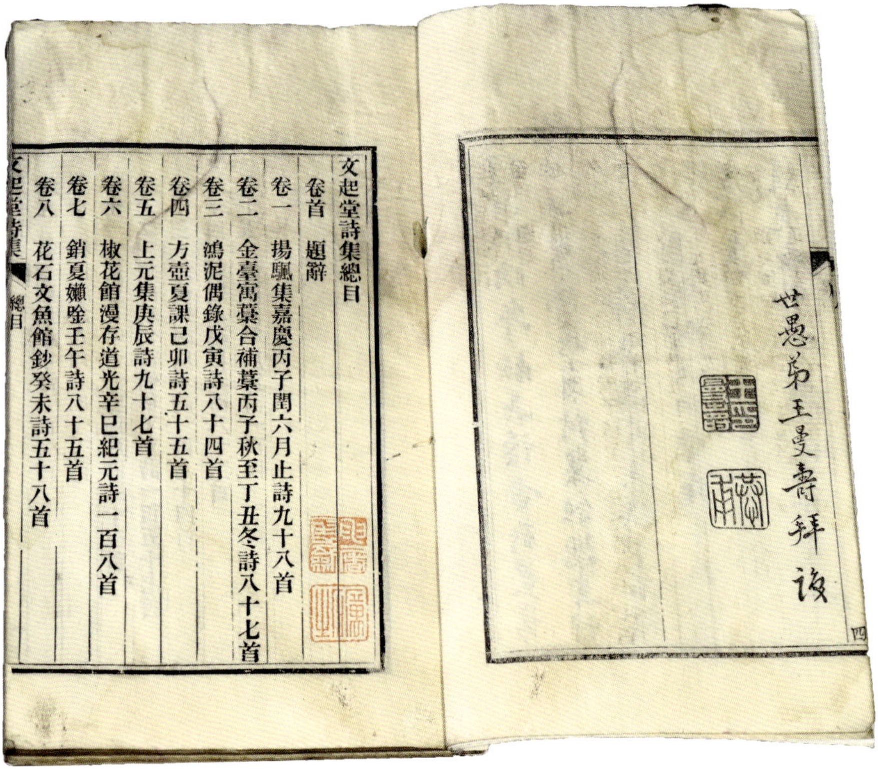

《文起堂诗集》

5.《文起堂诗集》

道光二十二年（1842）韩羹卿著，家刻本，共 15 卷 4 册。现存 4 卷首 1 卷 1 册，卷首题辞；卷一，扬帆集，嘉庆丙子（1816）三月至闰六月止，古今体诗 232 首选 98 首；卷二，金台寓藁合补藁，嘉庆丙子秋至丁丑冬，古今体诗 183 首选 87 首；卷三，鸿泥偶录，嘉庆戊寅古今体诗 169 首选 84 首；卷四，方壶夏课，嘉庆己卯古今体诗 99 首选 55 首。光绪十年（1884）韩羹卿侄克治、佩金、第梧纠资重刻十册巾箱本行于世。韩羹卿（1779 ~ 1849），谱名胜良，字心田，号二桥，别号优罗山人，萧山义桥人。寄籍顺天大兴，庠名之锦。嘉庆癸酉科（1813）顺天中式举人，甲戌考取教习，补右翼宗学教习，官太常博士。公负才淹博，文章词赋，靡不擅绝艺林，而尤耽于诗，一时王公巨卿投笺赠答无虚晷，名噪日下。工书，尤善汉唐隶。义桥镇上埠街鸡鹅市弄有太常第，即韩羹卿旧宅故址。

6.《汪龙庄先生遗书》

同治元年（1862）盱眙吴氏望三益斋刻本，16卷6册，现存15卷5册。汪辉祖著。绍兴师爷名闻天下，其集大成者，实乃萧山汪辉祖，萧山时属绍兴府。汪辉祖（1731～1807），字焕曾，号龙庄，晚号归庐。萧山昭东大义人，后迁居县城南，即今之汪家弄。乾隆乙未科（1775）进士，官湖南宁远知县，署道州知州。一生主要以就幕为主，根据自身就幕经历撰成《学治臆说》2卷、《学治续说》1卷、《学治说赘》1卷、《佐治药言》1卷、《续佐治药言》1卷，此5种著作，被当时州县官奉为圭臬，几至人手一套。所著《病榻梦痕录》2卷、《梦痕录余》2卷，则叙其一生经历，真实记录其所见所闻，对于揭示乾隆盛世掩盖下的败象，尤具警世意义。《双节堂庸训》6卷，为汪辉祖教其子孙所作，至今仍可作为经典捧读。

《汪龙庄先生遗书》

7.《杨龟山集》

同治五年(1866)夏月福州正谊书局重校开雕，侯官杨浚雪沧总校，闽县王沂肖曾覆校，闽清刘懿芝紫山分校，侯官郭钦铭诫人分校。6卷3册。卷一，宋史本传、奏状、表、经筵讲义；卷二，语录；卷三，书；卷四，启、记、序；卷五，题跋、杂著；卷六，哀辞、祭文、状述、志铭。杨时（1053 ~ 1135），字中立，号龟山，福建将乐人。宋熙宁丙辰科（1076）进士。师事程颢，及归，颢目送之，曰：吾道南矣。萧山旧有道南书院，其出典即在此。元祐八年（1093）与游酢同往拜程颐，见颐瞑坐，侍立不去，颐既觉，门外雪深一尺矣，此即程门立雪故事，堪称尊师重学的典范。与游酢、吕大临、谢良佐称程门四大弟子。历任浏阳、余杭、萧山知县、荆州教授、工部侍郎，以龙图阁直学士提举洞霄宫致仕，卒谥“文靖”。明弘治朝，从祀文庙。杨时政和二年任萧山县令，甫上任，即率民筑成湘湖，九乡农田获益，千余年来，最为萧山九乡乡民感德，湘湖旧有龙图庙，不知者以为祀包龙图，实祀杨龙图杨时也。

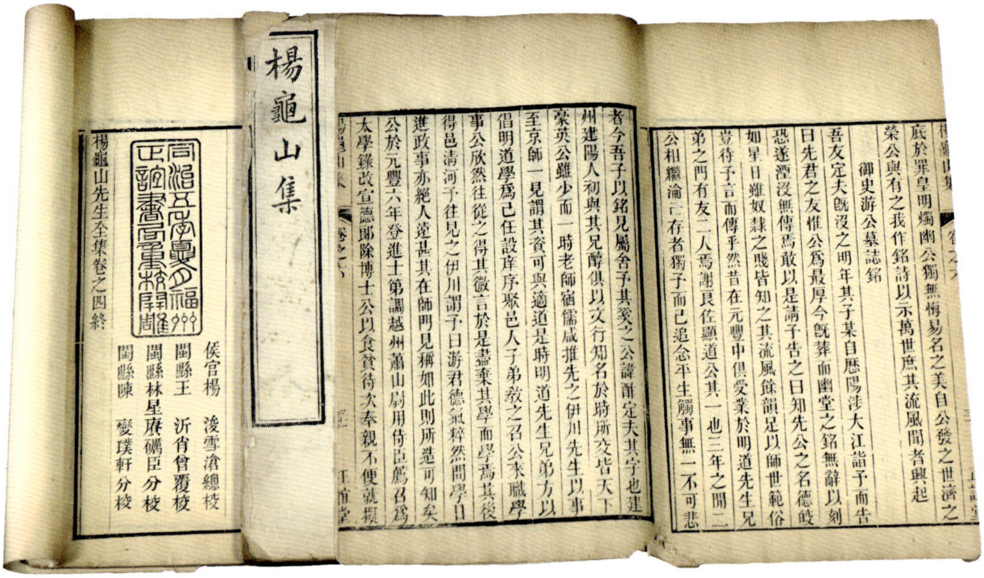

《杨龟山集》

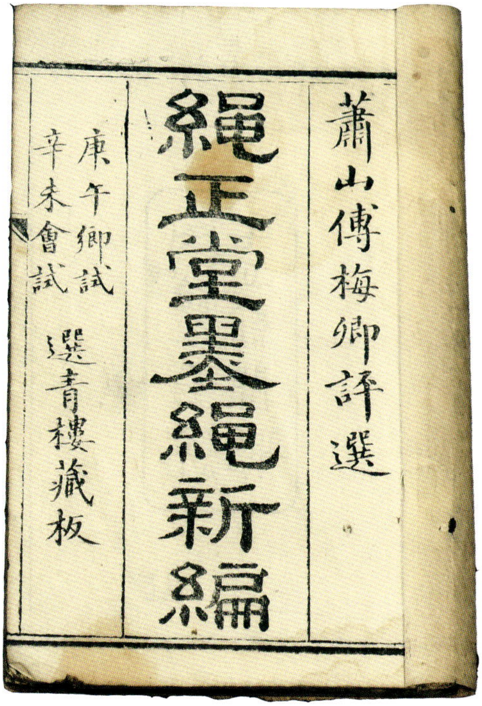

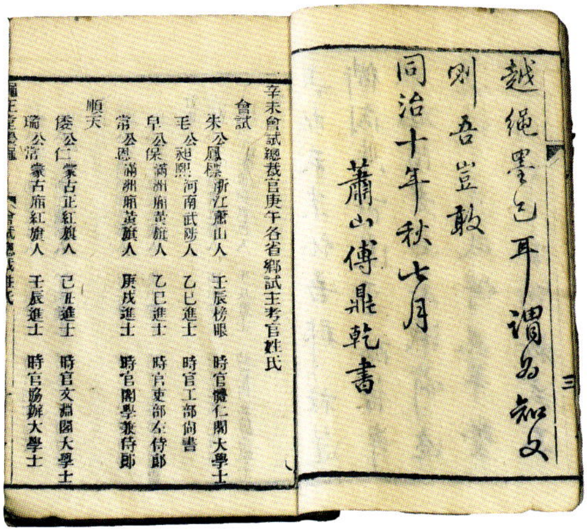

《绳正堂墨绳新编》

8.《绳正堂墨绳新编》

同治十年（1871）秋七月开雕，选青楼藏板，萧山傅梅卿根据同治庚午各省乡试闱墨暨辛未会试全墨，抉择文132篇，并试帖80章，一一评选，汇编成集。不分卷，存文20篇1册。同治十年辛未科会试主考官为萧山朱凤标（1800 ~ 1873），道光壬辰榜眼，时拜体仁阁大学士。是科探花郁崑（1840 ~ 1880），世居萧山城中西河下。傅梅卿（1824 ~ 1890），谱名大邦，庠名鼎乾，原名鼎勳，字枚钦。萧山西兴马湖人。廪膳生，咸丰庚申（1860）岁贡，候选训导。教读为业。其子傅赉予（1846 ~ 1917），邑庠生，同治丁卯并补行甲子科举人，历任嘉兴府海盐县教谕，山东高密知县。

医书

1.《小蓬莱山馆女科方抄全卷》

2.《笔花医镜》

3.《麻疹全书》

4.《温热论笺正》

5.《癫狗咬方刺疔捷法》

医书

1.《小蓬莱山馆女科方抄全卷》

光绪辛巳（1881）相月含经室重校刊，不分卷1册。书中载有萧山竹林寺僧传女科111症对症之秘授验方。竹林寺，在萧山城中惠济桥北堍，始建于南齐年间，原名古祟寺、惠通院、惠济寺。竹林寺妇科，则始于五代后晋，至北宋时已称越中妇科巨擘。南宋时寺僧静暹用秘方医好理宗谢皇后急病，被封为十世医王，名声大振。在1000多年的传承中，以秘方为基础，重问诊，测隐曲，按症索方。所传秘方，分调经、胎前、产后三门，用药有199种，内服有汤、丸、散、酒等剂，外用有洗、熏、搽等剂和药熨。秘制太和丸、生化汤、回生丹，炮制严谨，药效显著。在中国妇科医学流派中，竹林寺妇科独树一帜，享誉中外。

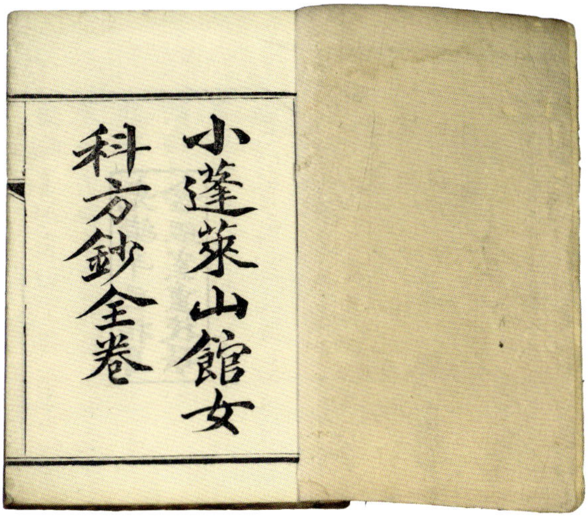

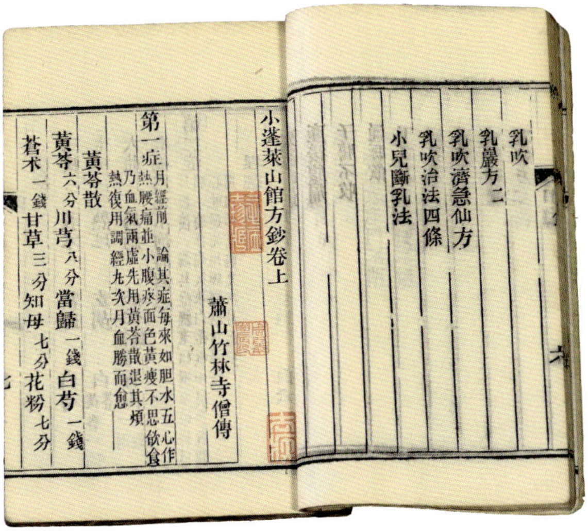

《小蓬莱山馆女科方抄全卷》

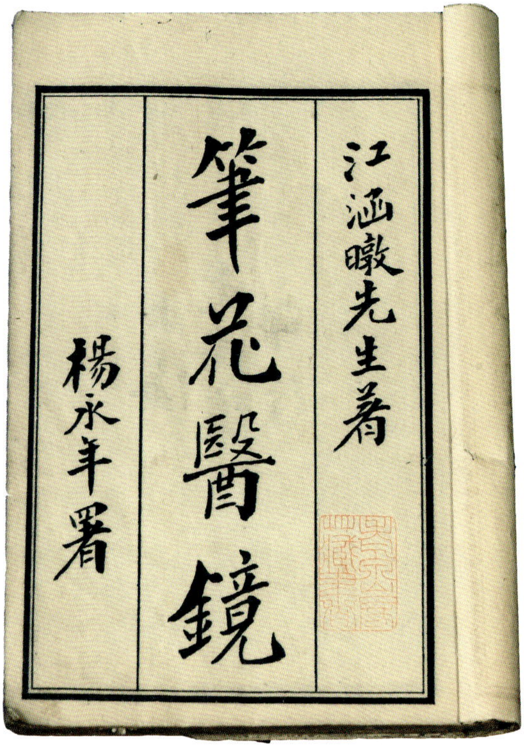

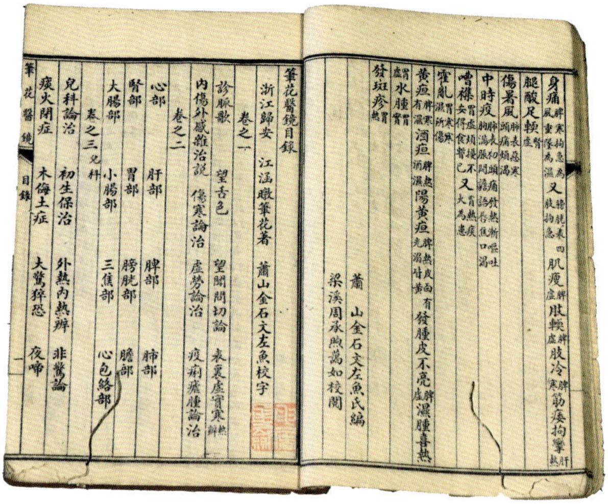

《笔花医镜》

2.《笔花医镜》

浙江归安江涵暾原著，萧山金石文左鱼校。咸丰五年（1855）仲秋，萧山金石文与向筠舫刺史、田寿荪司马捐资重刻，光绪十一年（1885）上海文瑞楼据此本石印，4卷1册。金石文（1795～1863），原名瓯，字鸿生，号左鱼，晚号又苏老人，萧山许贤北坞人。出仕甘肃西宁府巴颜戎格通判，调甘州府抚彝通判，署泾州直隶州知州，代理西宁府知府，升任兰州府河州知州，诰授奉直大夫。金石文五兄弟，其最幼。二兄金鼎（1777～1846），诰封奉政大夫。四兄金石声（1788～1846），嘉庆庚辰科翰林，官至襄阳知府，诰授朝议大夫。时称“一门三大夫，同胞两知府”。

3.《麻疹全书》

又名《麻证新书》，光绪乙巳（1905）开镌，板存萧济生堂。按元亨利贞编号分4册，已失利字号，存3册。萧山汤鼎烜根据元代滑伯仁原著与戚友莫善承、任伯衎、许德辉、何漳、蒋至仁等重加参互考订，总纂而成。全书计论108条、方360个，凉热虚实、表里气血，无不条分缕析，即保护调理，亦备极周详，施之患麻者，辄无不验。所以集资刊刻，公诸同好，以广流传。书末附赞助人名，萧城汤坎澄助洋50元，汤艮贞助洋100元，萧邑莫教诚助洋50元，萧邑蒋至仁助洋4元，萧城汤味琴助洋50元，萧邑莫善承助洋50元，萧邑卢楷助洋2元，萧邑长河来捐印10部。

汤鼎烜（1838～1918），字屏翰，号味斋，又号薇卿，晚号拙园，世居萧山城中陈家弄。同治甲戌科（1874）翰林，历任安徽建平、黟县知县，江西大庾、清江、丰城等县知县。《麻疹全书》原著即在光绪辛丑年（1901）十月发现于江西省城南昌百花洲之旧书肆，时在丰城任上，因病赴省城就医。著有《生生集》《兰桂集》《吉祥止止室草》《芝焚草》《饮香居诗草》《牛戒汇编》《广生录》，选有《吉原课艺》《庾清丰三邑课艺》俱行于世，尚有《拙园全集》。《麻疹全书》任会纂之任伯衎，于书末有《题汤太史校刊麻证全书卷后》一文，细述此书重印缘起。任伯衎（1844～1915后），谱名骏昂，庠名百衎，字伯珩，一字伯衡，号吟秋，萧山城中堰下任氏奇六房二十二世，与著名画家任熊、任薰兄弟为同族同派兄弟行。同治七年戊辰（1868）浙江学政徐树铭科试入学，廪膳生。善画花卉，独创杨柳画法，自初春以迄残冬，分十二月，菀枯浓瘁，各尽其态。

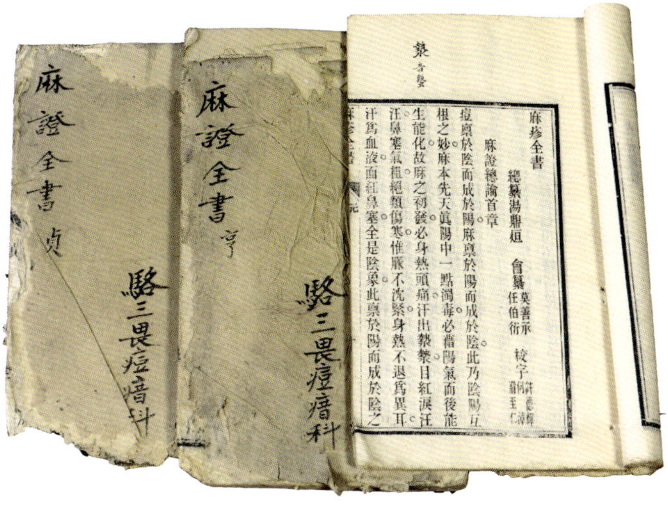

《麻疹全书》

4.《温热论笺正》

民国5年（1916）遗经楼石印本，萧山陈根儒笺正，不分卷1册。陈根儒（1871～1919），名光淞，号赘道人，萧山东门外涝湖人。同治戊辰科（1868）进士陈以咸子，清末外交家无锡薛福成婿。附贡生，纳粟为江苏补用道，赏戴花翎。宣统元年（1909）署苏松粮道。辛亥革命后寓沪。善医，效韩康卖药自给。有《湘湖晚归》诗云：“压乌山顶啼暮鸦，跨湖桥下散明霞。扁舟一櫂且归去，野风水面开蘋花。”此诗不见记载，仅见于陈诗的《尊瓠室诗话》。陈诗（1864～1943），字子言，号鹤柴，安徽庐江人，民国3年（1914）被聘重修萧山县志，分纂人物列传，二载撰成。因与萧山旧家子弟多往还，故所记颇多萧山掌故。

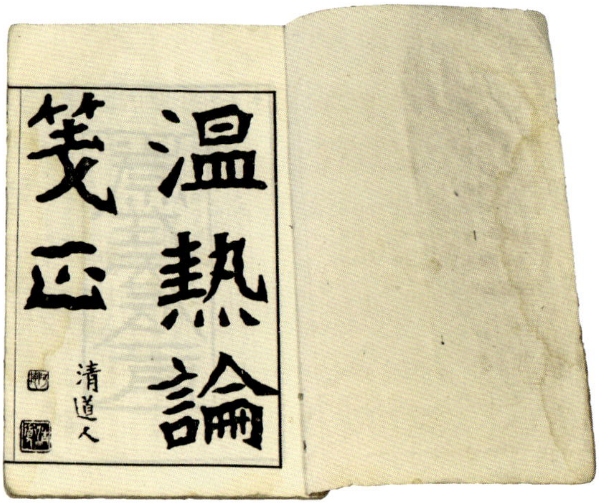

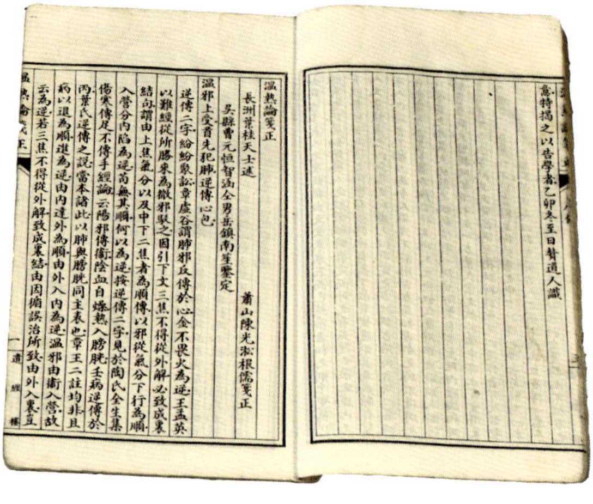

《温热论笺正》

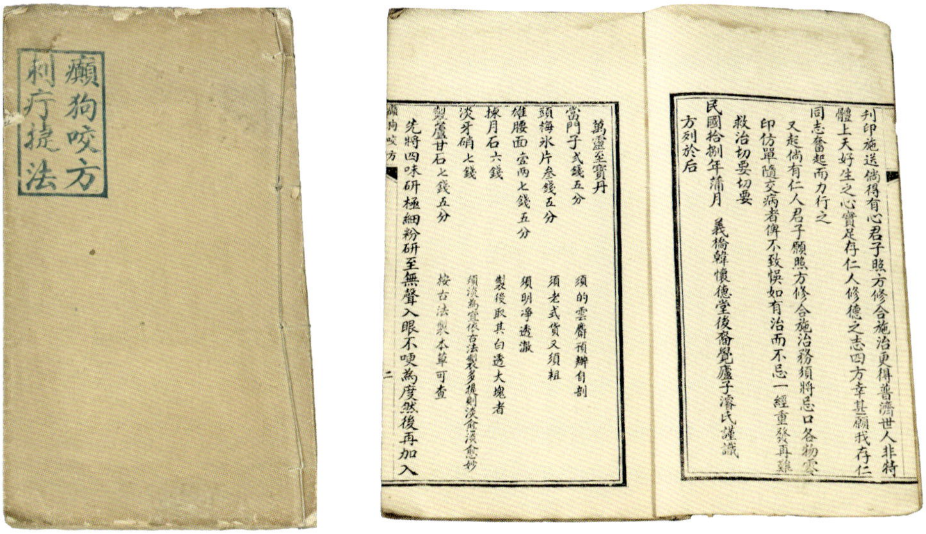

《癫狗咬方刺疔捷法》

5.《癫狗咬方刺疔捷法》

民国 18 年（1929）萧山义桥韩氏怀德堂刊，绍兴圣路桥弘文印刷局石印，不分卷 1 册。义桥韩氏怀德堂将祖传专治毒蛇癫狗咬伤及初起喉症中暑急痧等症秘方，和吴县张镜蓉亭甫著、长洲王鋆缄三校刊的《刺疔捷法》合集刊印免费施送，书末列乐送芳名。印送医书和修桥、铺路、造凉亭，造福桑梓，旧时被认为是仁人君子修德行善的最大功德。

方志

1.《萧山湘湖志》

2.《浙江新志》

方志

1.《萧山湘湖志》

周易藻编著，8卷，外编1卷，续志1卷，4册。周易藻（1864 ~ 1934），萧山丁村人，光绪己丑恩科（1889）举人。民国辛酉年（1921）在湘湖缸窑湾建生圹，旁建小屋三楹，号曰辛庐。收集湘湖历代文献史料，掇拾贯穿，加以诠次，历经6月而脱稿。本拟于民国乙丑冬印行，因事未果。后增续志一卷，于民国16年（1927）仲冬铅印出版。

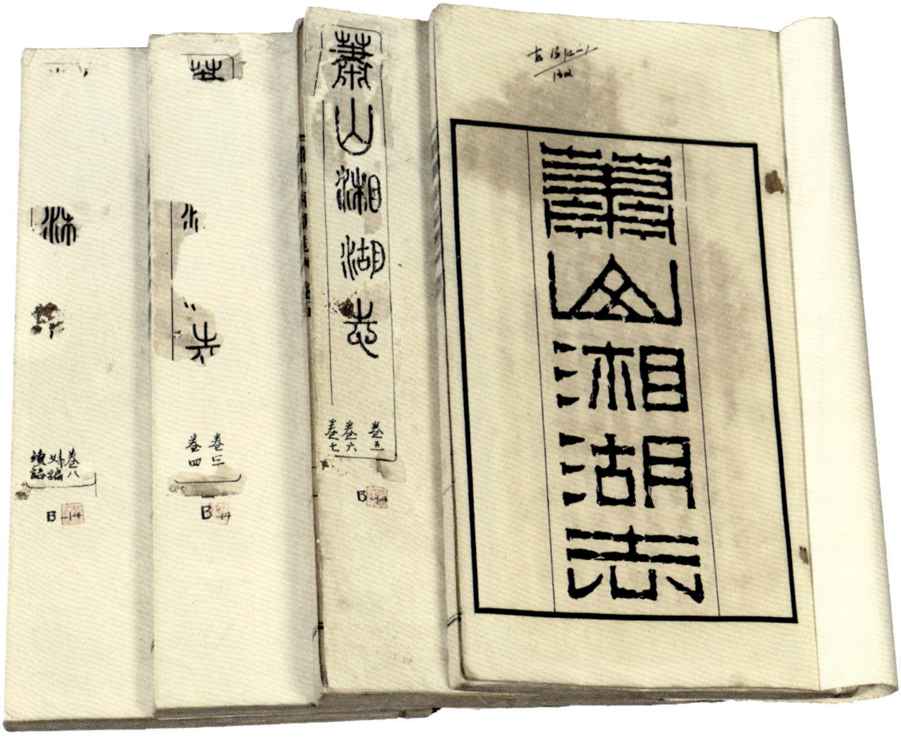

《萧山湘湖志》

2.《浙江新志》

兰溪姜卿云编，民国25年（1936）7月第一版，杭州正中书局铅印本，上下卷2册。上卷分史地编、人文编，介绍浙江省之沿革、位置、疆域、水路形势、地质气候、党政、社会、经济、建设、文化共10章；下卷地方志，则为当时浙江全省76个市县的情况介绍，其中萧山县有湘湖照片1张，在定山山顶拍摄的压乌山远景，是当时湘湖的真实影像，甚有价值。介绍萧山胜迹有湘湖，在县南，距火车站（此指老火车站）三里，宋杨龟山知萧山县时所筑，湖上峰峦嵯峨，风景佳胜，西为上湘湖，东为下湘湖，间跨湖桥，北毗越王城，宋代名士集吟于此，称盛一时。湖中特产莼菜、鲫鱼、杨梅，味甚鲜美。姜卿云（1904 ~ 1985），字心白，兰溪县水亭乡横塘村人。浙江医药专科学校、上海法政学院、中央政治学校毕业。曾任浙江省党部干事、秘书、委员，民国20年（1931）当选国民会议浙江省代表，民国32年11月15日至36年6月18日任浙江省第五区行政督察专员兼保安司令，民国37年当选“行宪”第一届立法院立法委员。民国38年去香港，1950年回大陆，任教上海法政学院，后任北京制药厂高级工程师，民革中央委员、北京市政协委员。

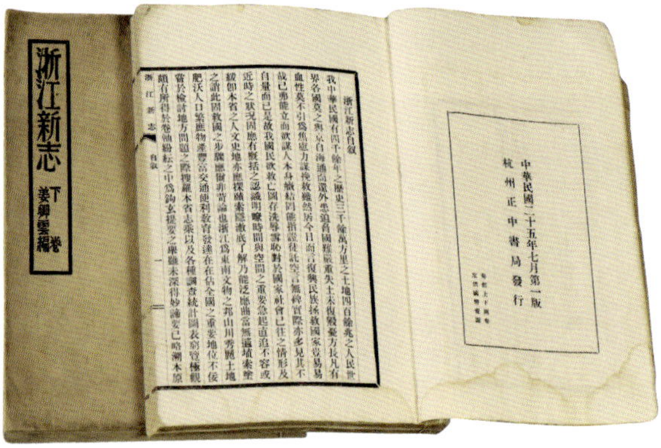

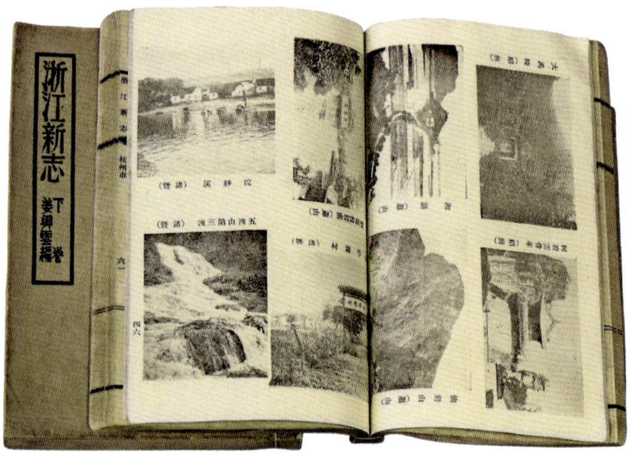

《浙江新志》

宗谱

1.《萧山石板弄李氏宗谱》

2.《萧山魏氏家谱》

3.《萧山汪氏东汪宗谱》

4.《萧山来氏家谱》

5.《萧山杜湖赵氏宗谱》

6.《萧山郎氏宗谱》

7.《百官俞氏宗谱》

8.《萧山南坞俞氏支谱》

9.《萧山梁坞何氏宗谱》

10.《萧山蓝田章氏宗谱》

11.《萧山刘氏宗谱》

宗谱

1.《萧山石板弄李氏宗谱》

嘉庆十八年（1813）致和堂木活字本，存 1 卷 1 册。始迁祖李凝，行新三，宋时自山阴天乐岱坞村（今萧山所前）迁萧山县城石板弄。存卷为东房、西房派行传，修至三十世止。西房派二十四世之李日耀、日焜兄弟同于康熙壬子科中举，日焜为萧山大儒毛奇龄弟子，后参与《西河合集》的编校，任海盐教谕，迁衢州教授。日焜孙开嵘，乾隆戊午科（1738）中举，祖孙兄弟一门三举人，亦是科举佳话。

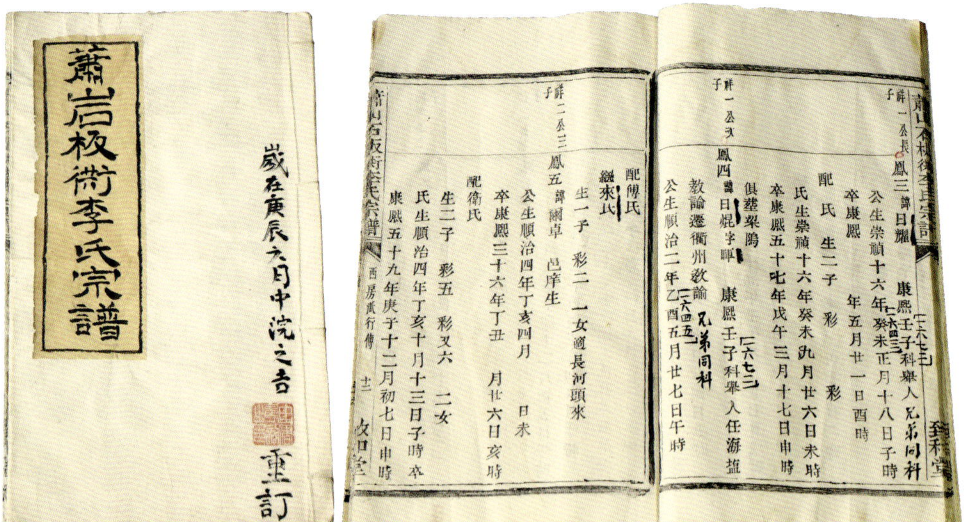

《萧山石板弄李氏家谱》

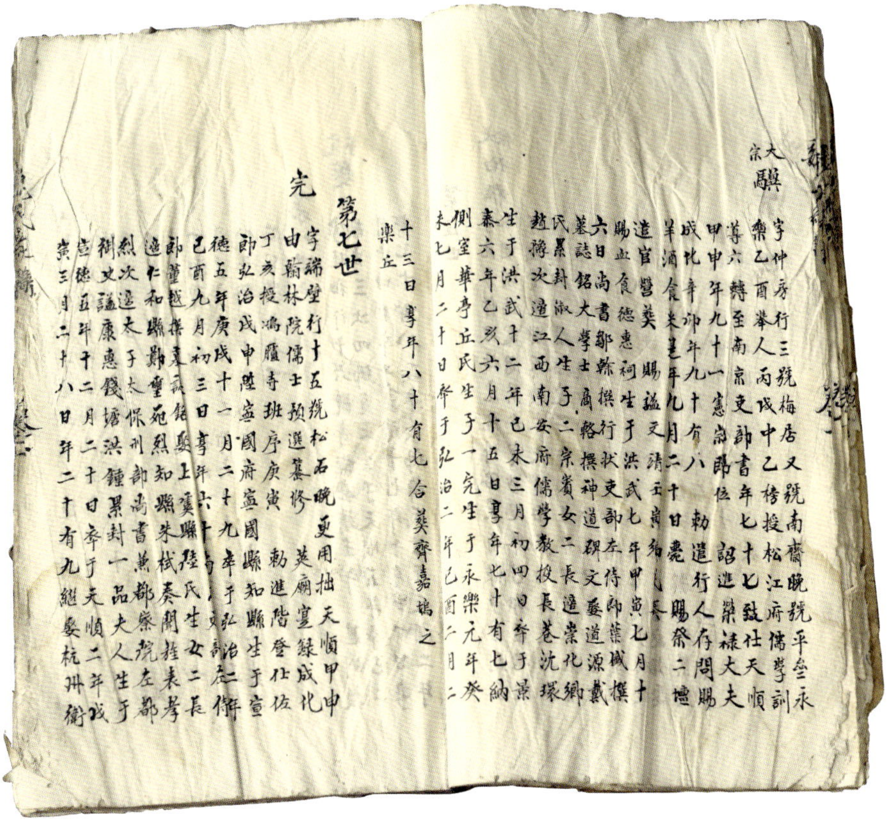

《萧山魏氏家谱》

2.《萧山魏氏家谱》

光绪十年（1884）存问堂抄本，不分卷1册。始祖魏文昌，原籍河南固始西关，仕宋为江淮制置司制幹，扈驾南渡，居杭州钱塘县东花园前，五世孙伯雅卒葬萧山圆通庵西山之原，伯雅无子，以三弟希哲次子骥为嗣，骥即萧山坊间盛传之魏老尚书。魏骥生三子宗、宾、完，长次房居西河旧址，小房子孙，半居西河，半居湘湖。希哲长子骐，官主事，五世孙南桥迁居桥亭。伯雅幼弟元德，世居张亮桥。此谱为魏骥幼子完支抄谱，至光绪十年（1884）二十世止。谱序为永乐三年（1405）萧山张经撰。张经为魏骥老师，洪武明经，博学多才，官国子监助教。魏骥晚年居家，于湘湖水利尤为关注，尝率乡民增高、加宽湖塘，塘内增筑卧羊坡，抵避湖中风浪，栽柳于塘，使塘坚久，乡老口碑作颂，有过于昔。与杨时、何舜宾父子同祀德惠祠。魏骥之墓在湘湖湖山，石人、石马、石虎、石羊各一对，今俱存。

3.《萧山汪氏东汪宗谱》

光绪十一年（1885）集庆堂木活字本，存卷四系图 1 卷 1 册。徽州古黟七十六世汪煦为萧山第一世，第二世汪魁，行资六，始居闻堰河墅，更名东汪。魁生三子，肃四、肃五，迁居山东，肃六为东汪不迁之祖，存卷为肃六房世系图。十三世汪式容（1819 ~ 1899），官名坤厚，字渔垞，晚号华潭。萧山党校为其旧居。附贡生，以军功保授江苏娄县知县。光绪十三年（1887），萧山修治湘湖堤闸，汪公董理其事，工坚费省，故其名列在湘湖湖贤。其子汪珪（1879 ~ 1913），小名六一，字尧生，又字璋甫，更名儋庵。辛亥革命时，运输浙军军火，练义勇军攻破金陵。民国 2 年（1913）年因为讨伐袁世凯，在上海试制炸药不幸牺牲。民国 5 年 8 月中旬，孙中山先生曾亲临其家祭拜，并慰问遗属。

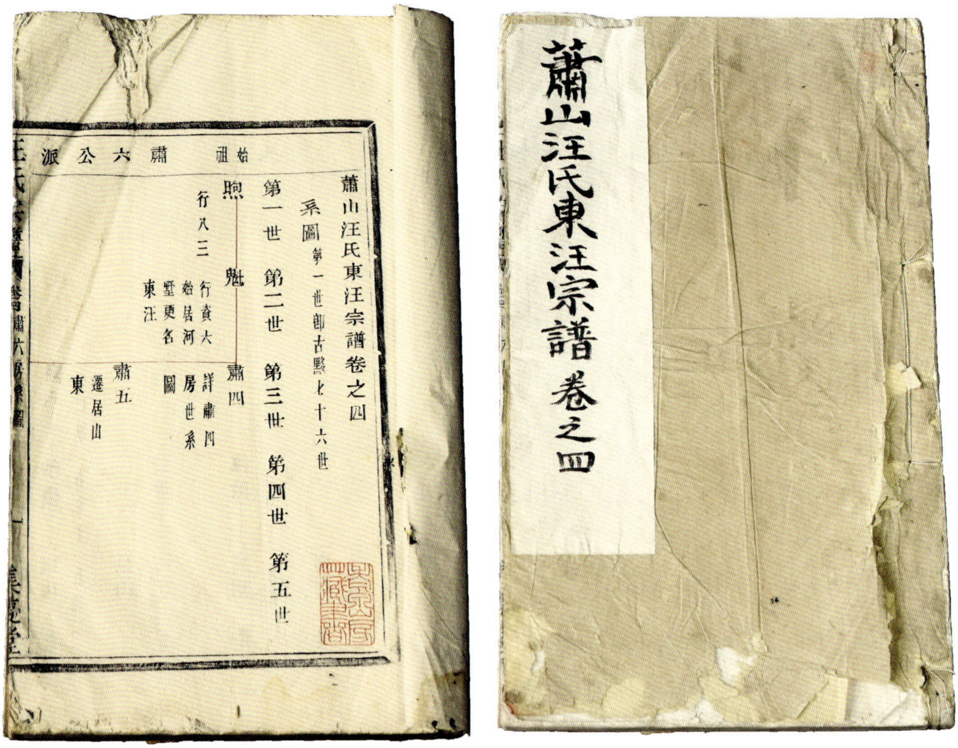

《萧山汪氏东汪宗谱》

4.《萧山来氏家谱》

光绪十六年（1890）会宗堂木活字本，存8卷8册。萧山长河来氏始祖大户，字仲实，宋开封府鄢陵县咸平乡淮安里人。五世孙廷绍，字继先，号平山，别号思洛子。南宋光宗绍熙癸丑科（1193）陈亮榜进士，历任朝散郎，直龙图阁学士，进阶宣奉大夫。宁宗嘉泰壬戌（1202）出知绍兴府事，道经萧山，患病寓祇园寺，卒葬湘湖方家坞。奉为萧山来氏始迁祖。廷绍子师安遂占籍萧山，赘居夏孝乡，即今长河。廷绍始至九世，共分六房，此为二房濬公支谱。萧山旧志选举表中之来珏（康熙丙戌进士）、来宗敏（嘉庆丙辰进士）、来学醇（嘉庆庚辰进士），均为来氏二房子孙。纂辑《易经大全会解》之来尔绳，也属二房。萧山长河来氏，明清两朝竟有近30位进士，来宗道官拜东阁大学士，为最高级别，中下级官员不计其数，号称有三斗六升芝麻官，科甲之盛，极为罕见。此二房谱今存卷首、卷一世系图，自第一世到二十一世止；卷首、卷一世系纪到卷八止，自第一世到二十六世止。其中佚卷二世系图1册，自二十二世到二十六世止；卷七二十三世世系纪1册。

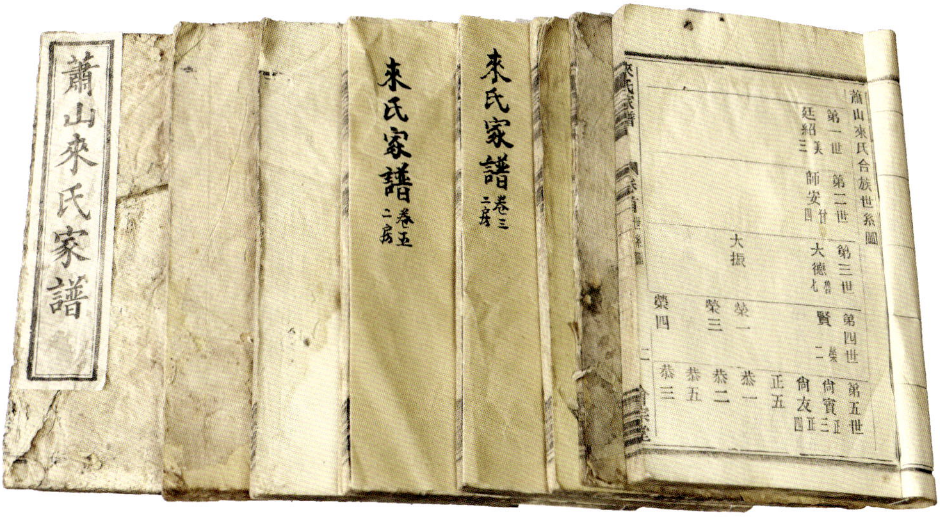

《萧山来氏二房家谱》

5.《萧山杜湖赵氏宗谱》

光绪二十三年（1897）会宗堂木活字本，6卷6册。杜湖始迁祖赵与涨，为宋太祖赵匡胤十一世孙。见萧山土地沃饶，遂自杭州吴山迁居萧山夏孝乡，卒葬湘湖之原。宋元鼎革，坟墓迷失。雍正五年（1727），族人以大方砖一块，上刻“萧山杜湖村浚仪赵氏始祖考宋任京西北路招抚使深渊千九府君始祖妣宋封夫人彭太君之灵位”，葬于祖山黄家坞之原，外立墓志，以传不朽。卷首为目录、序言、御容十九尊、深渊公像以下七尊、陵寝图、凡例、太祖遗嘱、始祖遗训、传流字号表、宋室帝位传授图系、立世字引、浚仪赵氏前十六图系、杜湖村始祖至十世图系、杭州仁和东赵始祖至十世图系、仁和南新桥始祖至十世图系、西河赵氏十八世图系、玉牒世系禅授实录、寿序、行述、传、赞、祠产总目、捐产助银钱目车沟弓口；卷一，庆源类谱（前十六世世系图纪，后附十七、十八两世）；卷二，杜湖村世系图纪（一世至十五世）；卷三，杜湖村世系图纪（十六世至十八世）；卷四，杜湖村世系图纪（十九世至廿一世）；卷五，杜湖村世系图纪（廿二至廿四世）；卷六，东赵世系图纪（一世至十八世），南新桥世系图纪（一世至十八世），社坛庙世系图纪（一世至廿一世），西河世系图纪（一世至廿一世）。萧山旧志选举表中之嘉庆戊寅科（1818）举人赵烇属此族。赵与涨六世孙仕申，赘居杭州南新桥陈氏，遂发族，此谱只记至十八世止，其后另立专谱，仕申五世孙赵应元，嘉靖壬戌科（1562）第六十九名进士，其子赵尔昌，万历丁酉科（1597）举人，萧山旧志选举表则俱失

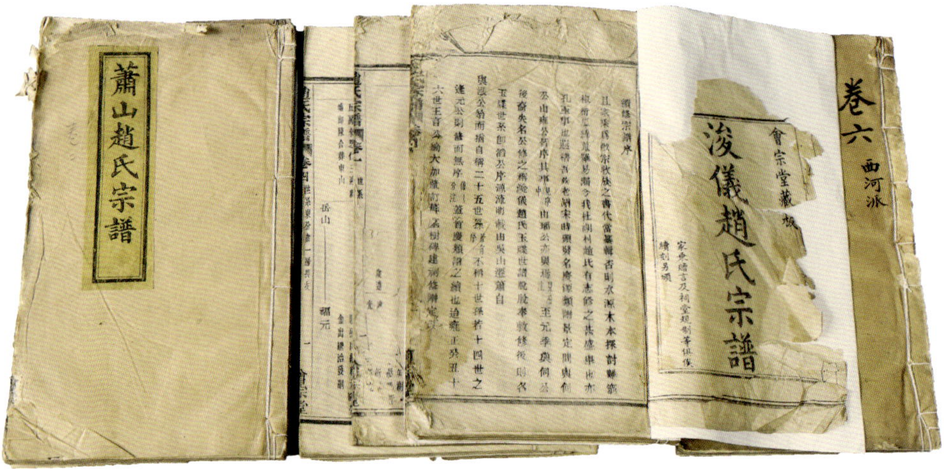

《萧山杜湖赵氏宗谱》

载。赵与涨七世孙清，迁居杭城东赵发族，也只记至十八世后，另立谱。又有太祖十一世孙赵与泙，其子孟□，自会稽广陵赘居萧山判院黄斗南家，居西河下，遂为西河派，而与杜湖联谱，修谱之年已传二十一世。萧山小南门外社坛庙前始迁祖，旧谱失载，仅知始迁祖与杜湖始迁祖赵与涨同辈，故亦联谱，时传二十一世。（此谱现为萧山莫氏敬思堂珍藏）

6.《萧山郎氏宗谱》

光绪二十八年（1902）诒谷堂木活字本，存7卷7册，失卷一1册。始迁祖郎永一，元至正末自严州府分水县迁居萧山道源村，明初授承事郎。其孙郎克贤，生六子，分为六房。大房郎直义，二房郎勤笃，三房郎富，四房郎旻，五房郎勤诚，其子孙迁居杭州观音堂和绍兴东关，谱不载，六房郎孝勤。是族三房十二世郎敬斋（1733 ~ 1782），谱名师夔，字颖若，邑庠生。教读为业。乾隆癸巳年（1773）纂修宗谱。萧邑名士，诗古文辞俱佳，宗谱收录诗作十八首，杂文《三江水利考》《湘湖赋》两篇，而《湘湖赋》尤具意义，其文共723字，未见文献记载。比之同邑黄九川、嘉兴朱彝尊之《湘湖赋》，黄之赋写湘湖水利为主，朱之赋仅367字，无如郎赋描述细腻传神和具体。郎赋是迄今为止发现的唯一一篇古代萧山人以吟咏湘湖风景为主题的赋。

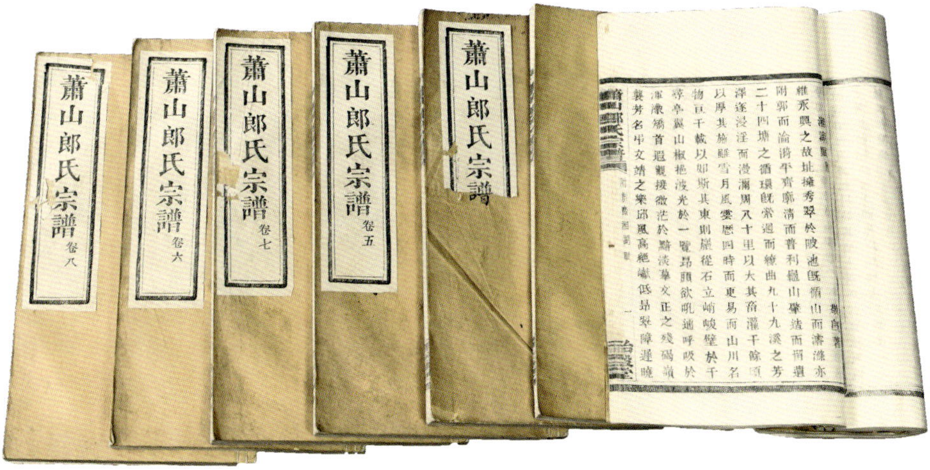

《萧山郎氏宗谱》

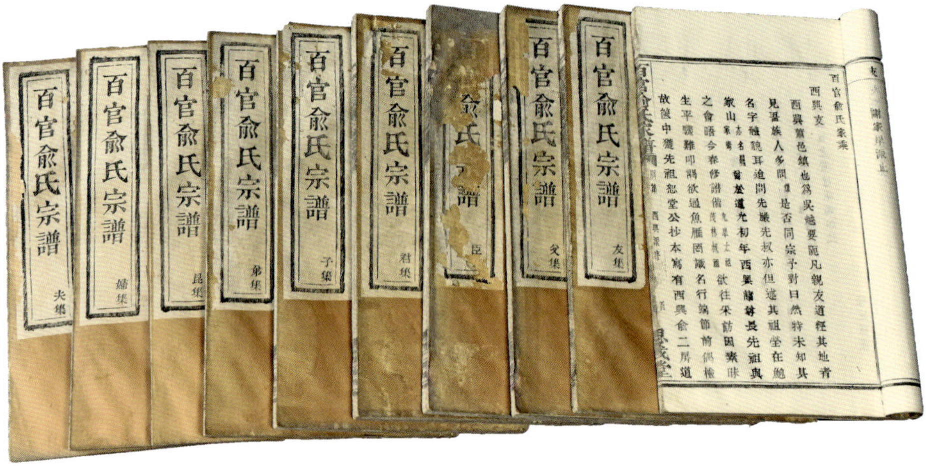

《百官俞氏宗谱》

7.《百官俞氏宗谱》

民国4年（1915）思成堂木活字本，按君臣、父子、夫妇、昆弟、朋友五伦编号，10卷10册。民国浙江首任都督萧山汤寿潜撰序言。俞氏一世祖明三公至五世祖和十公，向居山东青州府益都县金岭下梅径村青社里。六世祖仲卿公随子公韵公，隐居剡之五峰。十一世祖文应公徙嵊县之游谢乌坑里。十三世祖元孙公徙上虞百官，二十九世祖海三公（1508 ~ 1582），教学萧山西兴，遂定居发族，民国4年修谱时已传四十三世。萧山旧志选举表中之康熙戊戌（1718）武科进士俞有勳、同治癸酉科（1873）文武举人俞霖、俞金鳌，均出其族。

8.《萧山南坞俞氏支谱》

民国4年（1915）抄本，不分卷1册。抄录俞氏二十六世宏章、宏义兄弟始至三十一世止，时有后人添注。此类抄谱，乡间又称时辰簿，主要记载同一家族人员的生死卒葬及嫁娶情况。

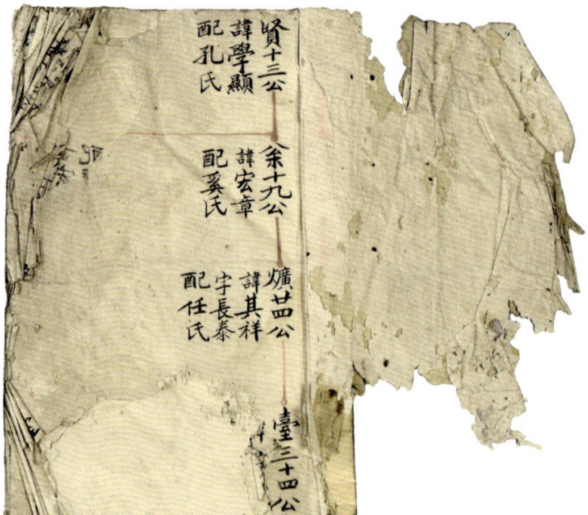

《萧山南坞俞氏支谱》

9.《萧山梁坞何氏宗谱》

民国5年（1916）衍庆堂木活字本，4卷4册。始祖仕中，行文一，宋时自义桥渔浦迁居梁坞头，传至三世，盛高为金家河大房派，盛发为梁坞本村二房派，盛三为本村三房派，盛四为瓜藤山何家里派，已传二十五世。是谱因何家里派送稿较迟，故失修，谱内有说明。该族人丁不旺，也并无名公巨卿，唯有一篇族人有关湘湖施家河筑坝呈批，足征文献，故录全文以存一段史实。“具呈何启泉、何锦珮、何锦瑞、何锦华等，年甲不齐，住二十都十一图梁坞庄，离城五里，为修建石坝、石溜，公叩恩准给示晓谕，以便兴筑事。切缘湘湖塘之施家河地方，于嘉庆年间筑有石坝、石溜各一角，以为抬船、过草、戽泥之用，迨坝溜坍塌，即经捐资修整，因石溜毁失，每遇过草戽泥，多有未便，是以量力捐资，现在施家河地方，湘湖塘石坝、石溜坍塌，何锦华、何寿福、何忠福、何梅福等纠资修筑一丈五尺，仍于该处，照旧建复，以为过运草料之用，免致毁伤坍塌。恐有不法棍徒，仍蹈前辙，藉端滋扰，有碍农务，为此公叩伏乞大老爷电鉴，俯准出示晓谕，实为恩便，顶德上呈。光绪十三年（1887）九月十八日呈批：修筑施家河溜坝，前据黄元瑞等呈请出示，尔等尽可照办，毋庸再请示谕。”呈批署名之何锦珮（1835 ~ 1906），梁坞本村三房派二十二世，迪功郎，其长次两女俱先后嫁彭家里金顺泉，即民国中国银行杭州分行行长金润泉。

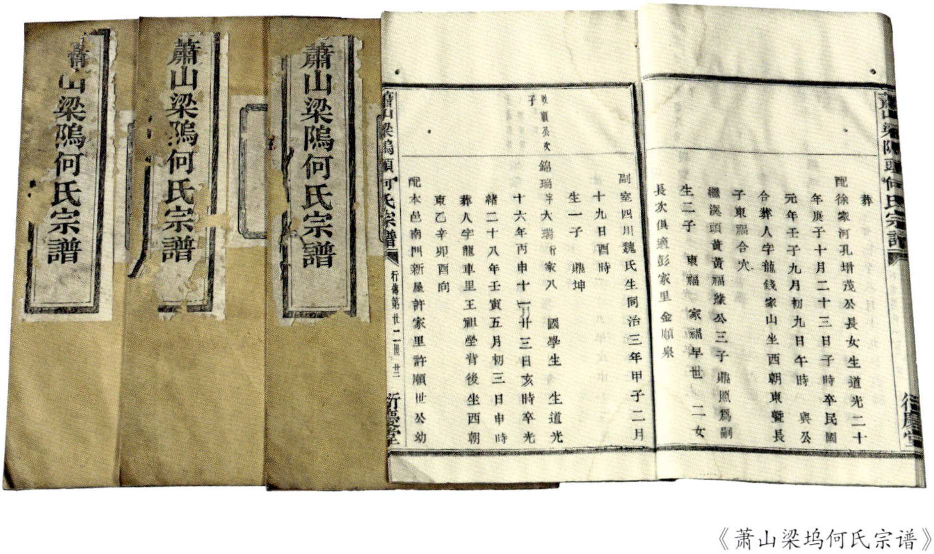

《萧山梁坞何氏宗谱》

10.《萧山蓝田章氏宗谱》

民国 19 年（1930）树德堂木活字本，12 卷 12 册。章氏始祖章及，唐朝康州刺史，自南安迁居福建浦城。九世祖章衡，宋嘉祐丁酉科（1057）状元，卒葬杭州龙井寺前，十世允文因守先茔，不复返浦城，爱富春山水秀丽，遂卜居于此，为富阳、诸暨、萧山三派共祖。十一世英亮，富阳章村始祖，公亮，知诸暨县事，萧山管村始迁祖，十三世章谕，迁居诸暨青山，二十九世正四公，移居萧山三都冠山下，为冠山始迁祖，其长子辛一公，自冠山迁长河蓝田庄，为蓝田庄始迁祖。萧山旧志选举表中之咸丰戊午科（1858）举人章夏谟，出其族。同治二年（1863），章夏谟与来镇卿、来凤郊、来蓉江、来炳如等联名呈请县府修复湘湖塘闸，严禁私垦湘湖。修纂宗谱之章以珪，仁和籍庠贡生，工于诗文，尤擅作联，教读终身，一度入时任福建按察使同邑朱其煊幕，萧山有名文士。卷一为章氏源流志、序言、诸暨泰南湖东章氏世系、天下无二章说、字号说、章氏宗祠叙略、诰敕、传赞、表略；卷二，序、传、赞、行实、行述、行状、坟图、分藏宗谱家；卷三，外纪系图；卷四，外纪本纪系图；卷五，本纪系图；卷六，外纪行传；卷七、八、九，本纪行传；卷十，冠山庄系图；卷十一、十二，冠山庄行传。

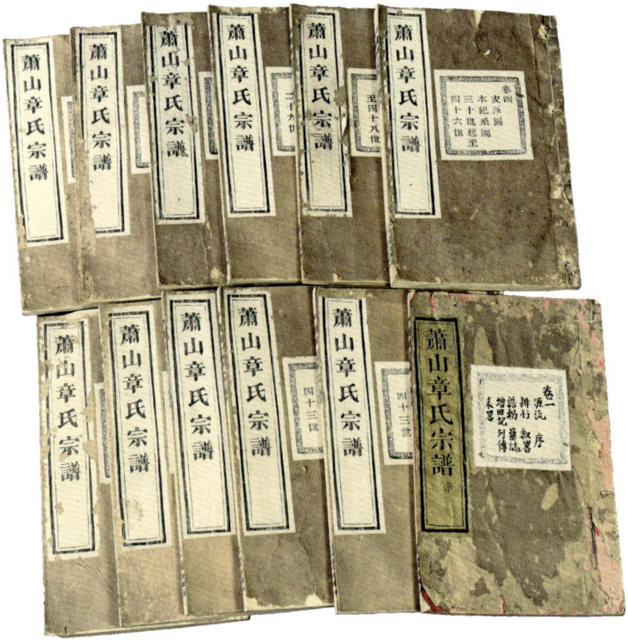

《萧山蓝田章氏宗谱》

11.《萧山刘氏宗谱》

民国 20 年（1931）合莫堂木活字本，全帙为 17 卷 17 册，现存卷一至卷五、卷八至卷十三，共 11 卷 。萧山义桥许贤北北坞刘氏，明正德年间金茂自杭州钱塘六和塔迁居于许贤六都开善金阶殿，今北坞村。此谱由临浦著名历史演义作家蔡东藩作序。世系修至十八世为止。此族向有活金死刘之称，谓本姓刘，死后则书刘，乃先辈所传，原为避朝廷诛刘而去卯刀改姓金之故。萧山旧志选举表中之金石声，嘉庆庚辰科（1820）进士，官至襄阳知府，为此族最有名之人物。其父金兰，秀才终老，教读为生，工于诗词，著有《蕉桐诗草》，已失传。宗谱载有金兰乾隆壬寅年（1782）作“村景八咏”诗，曰：玉洞奇泉、云峰灵鹫、坟花现瑞、仙井回春、月涌鸳溪、霞飞凤坞、六和宵梵、慈云晚钟。

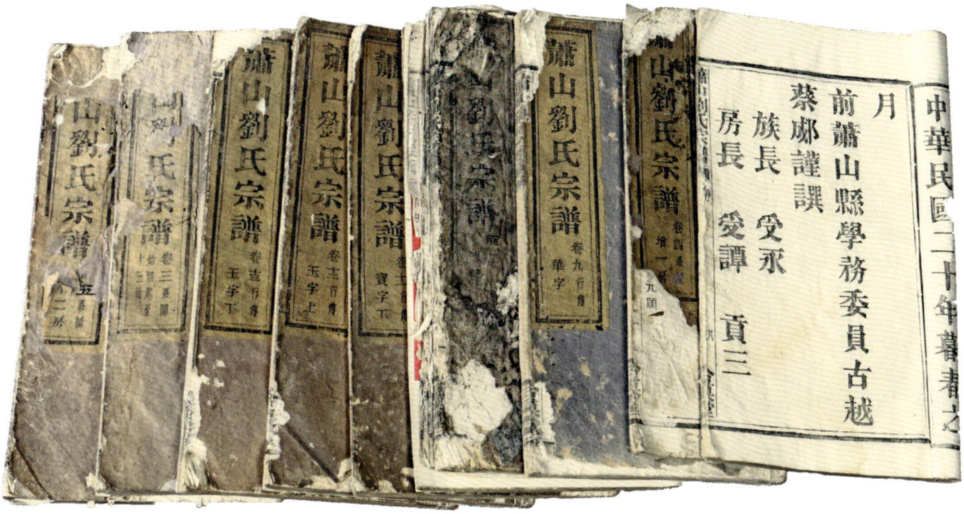

《萧山刘氏宗谱》

画谱

《列仙酒牌》

咸丰四年（1854）仲春，萧山任渭长画、蔡照初刻版画集出版，共为48仙，今存其半。卷末有蔡之跋，光绪丙戌（1886）上海同文书局有石印版，则撤去蔡跋，顺序也有改动。任渭长（1823～1857），世居萧山城中堰下，人物法老莲，气息高古，为近代海派一代大家。蔡照初（1821～1880后），因家近萧山文庙，故有“近圣人居”斋号，著名金石篆刻学家。任渭长与蔡照初，在湘湖王龄养和堂，另外又先后合作完成木刻版画集《剑侠传》《於越先贤传》《高士传》等共4种，任渭长画稿创作严谨，蔡照初镌刻精细入微，珠联璧合，堪称晚清版画之绝唱。《剑侠传》《列仙酒牌》版片中华人民共和国成立初期尚存湘湖某旧家，而今湘湖旧家尽去，未知尚留天壤间乎？

《列仙酒牌》

箬黃子立項南洲為陳章侯刻九歌畫湘博古水滸葉子
格雖鋟精緻以九謌為第一惜初拓本亦如昇元淳化之罕可
數覯　國初蕭尺木金南陵鑒工官竹莊王安節所刻諸
冊皆莫能出其右吁伎雖小而思與黃項為之若是易邪
任學渭長放老蓮葉子格繪列僊卌有八軀余鍥之梨片
五閱月而工始蕆拓寘齋頭非敢挾鐵筆與箬人爭也唯
是斆朝月夕輒與二三知己獻醻合歡聊徵藏弆之戲
以破岑寂云爾咸豐四年仲春之月蕭山蔡照初自題

杂著

1.《史姓韵编》

2.《萧山河荡纪念录》

3.《行员便览》

4.《中国银行职员录》

杂著

1.《史姓韵编》

光绪癸卯（1903）春月上海文澜书局石印，24 卷 8 册。萧山汪辉祖于乾隆五十五年（1790）在湖南宁远知县任上刊印出版，共 64 卷，将二十四史中世家、列传所载人名 28365 个、姓 748 个分姓汇录，依韵编次。

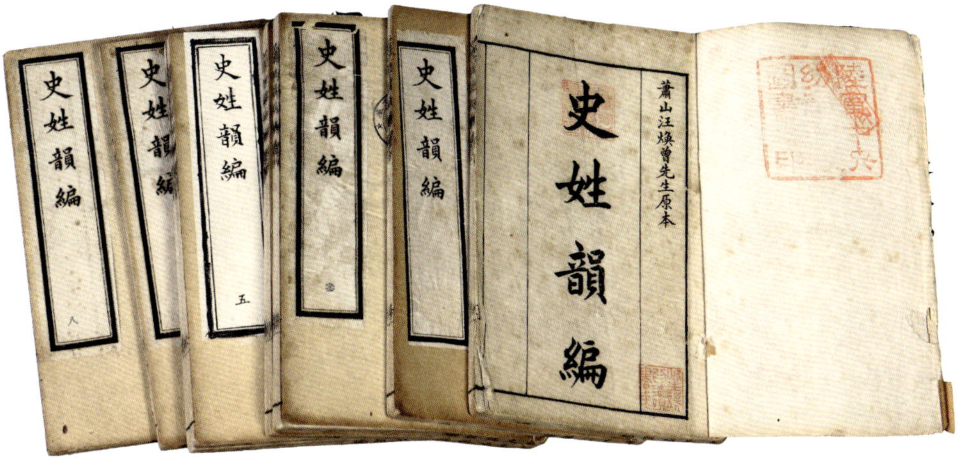

《史姓韵编》

2.《萧山河荡纪念录》

民国9年（1920）萧山蔡裕和缮录、合义和书局铅印本，不分卷1册。曹鼎新霓仙、莫廷赞壮由、楼凤郊企范编，邵继勋浩生、李赓申守恒校。民国8年10月间，萧山发生私人承买河荡风波，激起公愤，公举代表吁诉至县、省，直至财政部下令停办，省府下令取消承买，恢复原状，摘录相关呈稿、批令、布告等文件，刊作纪念录，以备后人修志之资料。

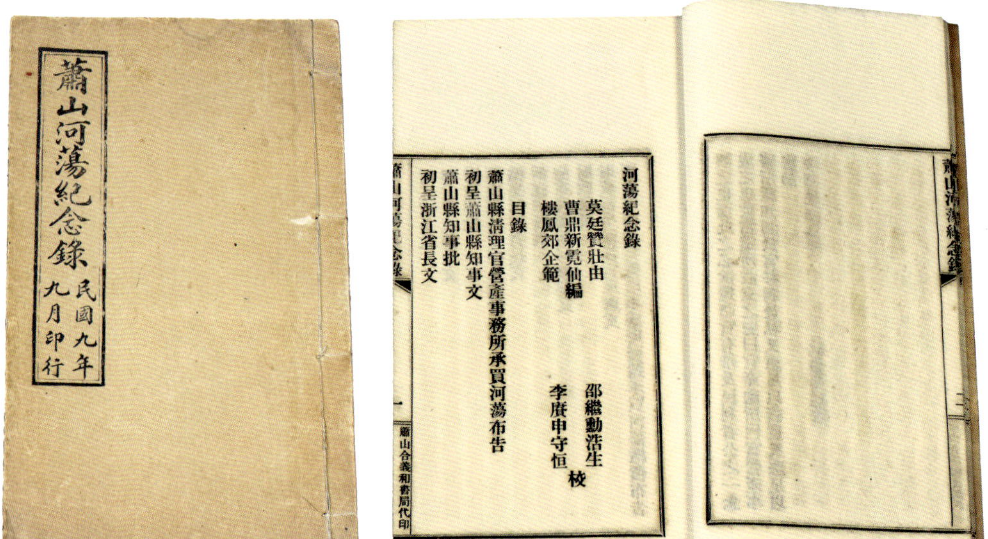

《萧山河荡纪念录》

3.《行员便览》

中国银行总管理处秘书室于民国 25 年（1936）编印，洋装 1 册，特加注明："不得赠送行外之人。"目次一，凡例；二，民国 25 年周历表；三，本行各分支行处、行址、电话及电报挂号；四，本行暑期临时办事处行址及电报挂号；五，本行国内通汇地点；六，本行国外代理店名称；七，本行仓库地址；八，本行行员宿舍地址及电话；九，本行各分支行处休假日期（民国 25 年）；十，本行职员英文姓氏撮要。因涉及银行相关机密，所以不得赠送行外之人。时任中国银行杭州分行行长之萧山金西桥人金润泉，其英文签名为 King Pah-chen 赫然在焉。

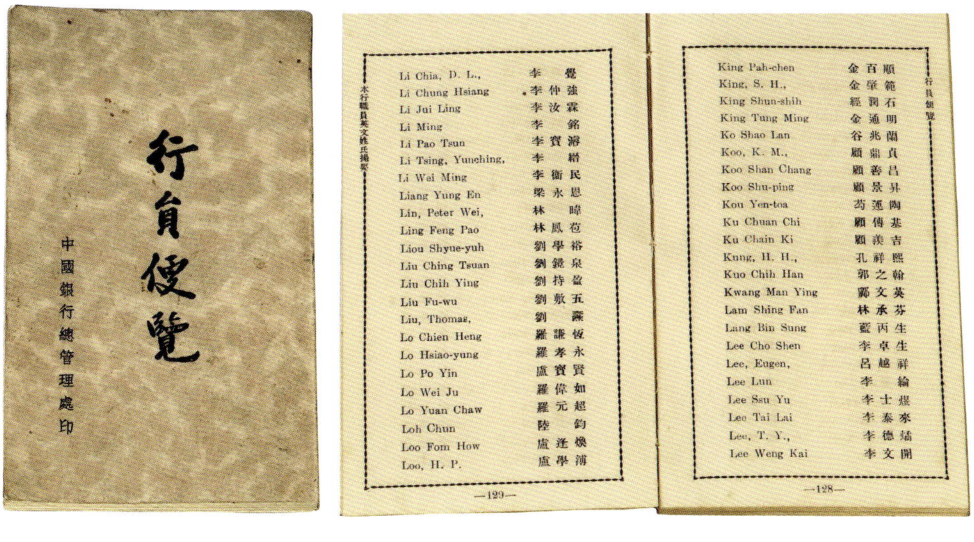

《行员便览》

4.《中国银行职员录》

民国时中国银行杭州分行行长金润泉，于家乡子弟多有提携。民国 36 年（1947）12 月中国银行总管理处铅印的职员录中，浙江全省在行萧山籍即有 41 人之多，都是由金行长推荐的。事隔七、八十年，乡人说起金行长，犹啧啧称赞，都说 :“全靠金行长担保，才好进银行。”职员录中有位田良，记载如下 : 庵东办事处（略名庵分处），民国 35 年 5 月 1 日开业，主管员田良，字晋安，年岁三十四，籍贯浙江萧山，到行年月 18 年（1929）12 月。田良（1913 ~ 2008），萧山许贤田家人，曾言他 17 岁进中国银行就是金行长做的保荐人。

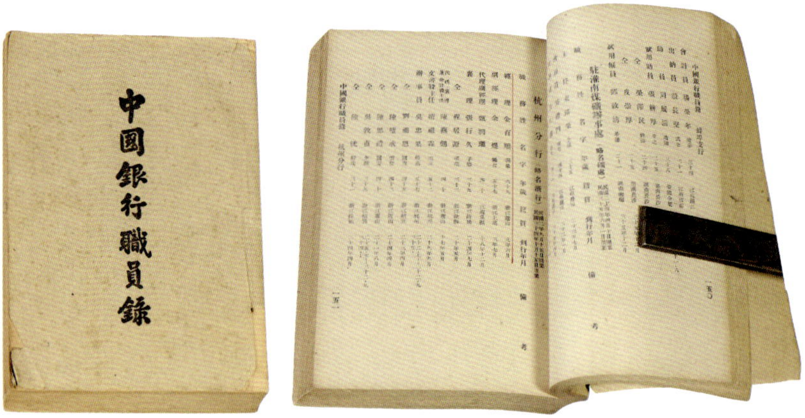

《中国银行职员录》

金石碑刻

湘湖四围多山，风水绝佳，附近九乡之名门望族，多择湘湖归葬。明清之际，尤以来氏为盛，甚至置买整山作为坟山，厝葬逝去族人。新中国各个时期平坟改田，或炸山开石，毁掉墓葬，往往会有墓志出土，乡人未识，或弃置田野，或驳入河坳，或作为沟渠砌石，或为田塍小桥，未以文物视之，若细细研究，其存留之原始信息，远大于史册之文字记载。

至于诗文碑拓，萧山以湘湖师范（今萧山湘师实验小学）之元代所立赵孟頫书萧山县学重建大成殿记碑最享盛誉，至今犹存，堪称国宝。若乾嘉时之汪辉祖，一代名幕，幼失怙，王、徐两母靠纺织、糊纸锭收入，抚育成长，为感两母双节恩德，遍请海内名公巨卿题诗，赞颂两母，汇刻成双节堂赠言石刻，共有 62 石，今多已不存，唯有拓片遗存，也是难得。

若金石篆刻，则以诗书画印称四绝，印列最末，视作小道，实篆刻艺术决不在前三者之下。所谓没有不会写字的篆刻家，只有不会刻印的书法家，即其理也。屈指萧山，数百年来，称得上篆刻家的，蜀山黄伯英或可列名其间。

汪氏雙節旌門詩

臨桂陳宏謀

粵山高粵海遠青驄出門素旐反空閨
二婦腸中車輪轉（解一）小婦頭搶地大婦
涕浪浪黃口兒始扶牀白髮在堂良人長
夜目張我與若死白髮在堂黃口兒始
扶牀（解二）朝織機夕篝火寒暑不知姑與兒
得煖飽忍飢受凍無不可一年三百六十日

墓志铭

1. 祝继志撰、童鉴书篆明来太母勤慎孺人祝氏墓志铭

2. 易仿之书明来孺人施氏墓志

3. 董份书明故来太君荣寿孺人华氏墓志

4. 来安国书明故诚毅处士来公暨配从德孺人汪氏之墓

5. 王家景书澹宁来府君暨德配合葬墓志

6. 王宗炎撰并书皇清诰封光禄大夫益占汤府君暨配诰赠一品夫人来夫人合葬墓志

墓志铭

1. 祝继志撰、童鉴书篆明来太母勤慎孺人祝氏墓志铭

萧山长河来氏大房十二世之来鸠（1482 ~ 1554），字时聚，号新湖。配祝氏（1480 ~ 1562），山阴天乐乡人（今萧山进化）。逝于嘉靖四十一年（1562）正月十七日，十二月廿二日与新湖公合葬于湘湖陈家埠之大石坞。撰文之祝继志，为祝氏之侄孙，嘉靖三十五年丙辰科（1557）进士，时任江西按察司佥事。书篆之童鉴，萧山湘湖石岩人，嘉靖十九年（1540）由楷书举阿达哈哈番通议大夫，时任文华殿中书舍人。

祝继志撰、童鉴书篆明来太母勤慎孺人祝氏墓志铭
纵55.5厘米 横55厘米

2. 易仿之书明来孺人施氏墓志

萧山长河来氏大房十四世来端本（1509 ~ 1565），字仲则，号海望，庠生，例监，嘉靖庚子（1540）顺天举人，授福建松溪知县，后补黄冈知县。妻施孺人（1511 ~ 1574），凤仪乡塘头里人（今瓜沥塘头），万历二年（1574）六月廿九日卒，次年十二月廿一日与海望公合葬于湘湖闵山之原。书墓志铭之易仿之，字惟效，湖北黄冈人，隆庆二年（1568）戊辰科进士，历任浙江衢州知府、四川涪州道。时任山东道监察御史，奉敕清理江西福建军务。

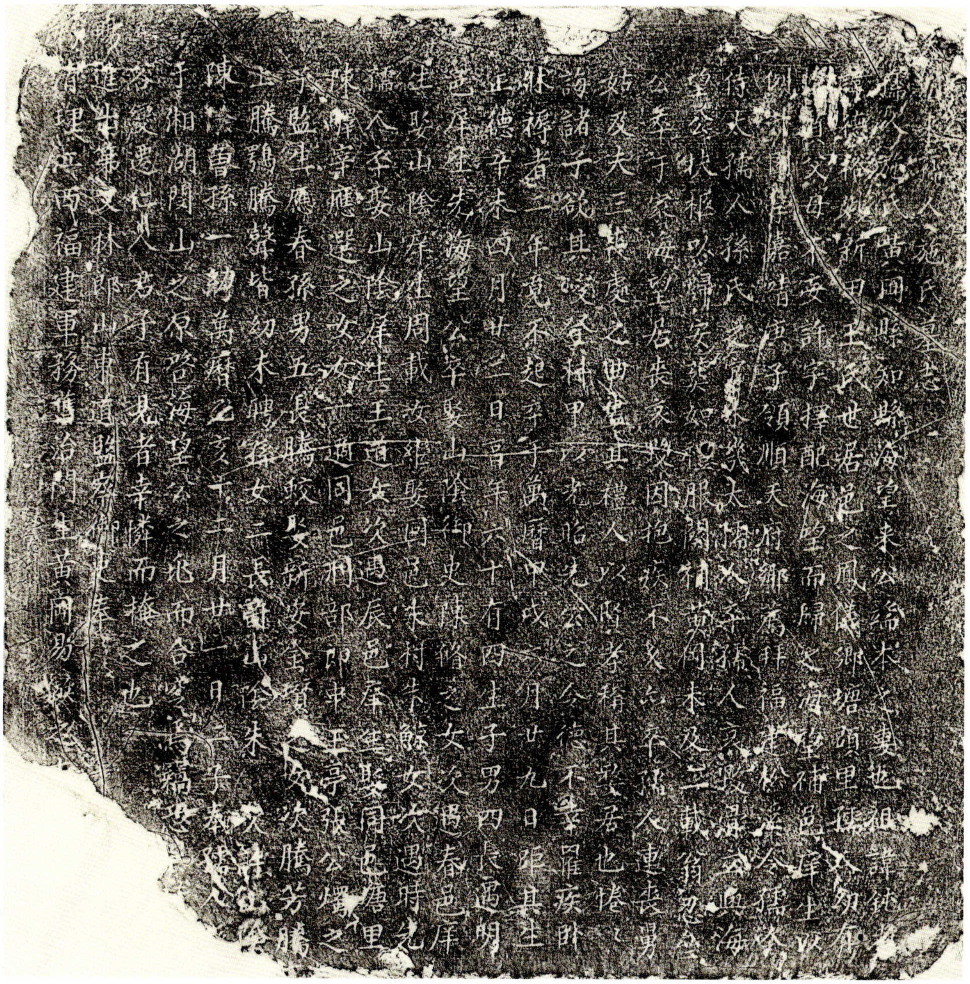

易仿之书明来孺人施氏墓志
纵50.5厘米 横52厘米

3. 董份书明故来太君荣寿孺人华氏墓志

萧山长河来氏大房十三世来弘辉（1493 ~ 1548），字惟光，号南庄，益府引礼舍人。配华氏（1494 ~ 1577），义桥渔浦人，卒于万历丁丑年（1577）正月廿二日，子端容等卜己卯年十月十三日与南庄公合葬于湘湖狮山之阳。至华氏卒时，子孙昌盛，科甲连绵，已至五世，共有 5 子、14 孙、38 曾孙、2 玄孙，其两孙士宾（1534 ~ 1597），万历己卯应天举人，任广东潮州府平远知县；士贤（1534 ~ 1612），任广东南雄府通判，万历癸酉举人。另两孙士案（1541 ~ 1596）、士建（1543 ~ 1594），萧山旧志人物传俱有载。传中所记萧山名宦乡贤如黄世科、孙学思、翁五伦、黄九皋等均与其家联姻。长河来氏六房子孙，大房为盛，诚不虚也。撰文之乌程董份，字用均，号泌园，嘉靖二十年辛丑科（1541）进士，时官礼部尚书，纂修国史，经筵讲官，著有《泌园集》。

董份书明故来太君荣寿孺人华氏墓志
纵50厘米 横49厘米

4. 来安国书明故诚毅处士来公暨配从德孺人汪氏之墓

萧山长河来氏四房十四世来孔昜（1538 ~ 1592），字赞之，号侍峰。娶汪氏（1548 ~ 1604）。万历三十三年（1605）十二月六日，夫妇合葬于湘湖梓坞山南麓之阳。生四子安国、安民、安世、安壤。长子安国（1567 ~ 1615）志墓。

来安国书明故诚毅处士来公暨配从德孺人汪氏之墓
纵41.5厘米 横43.5厘米

5. 王家景书澹宁来府君暨德配合葬墓志

萧山长河来氏大房二十世来凤翔（1705 ~ 1783），字照寰，号澹宁，由内阁志书馆供事议叙，铨授合肥派河驿宰、公安县孱陵驿宰，迁大冶县尉。原配盛孺人（1707 ~ 1725），系出县城南门，继配黄孺人（1712 ~ 1773），系出石岩埭上新屋下。嘉庆戊辰年（1808）十月二十四日申时合葬于山下冬字五百一号田。福建松溪知县王家景，钱塘人，嘉庆四年己未科（1799）进士。

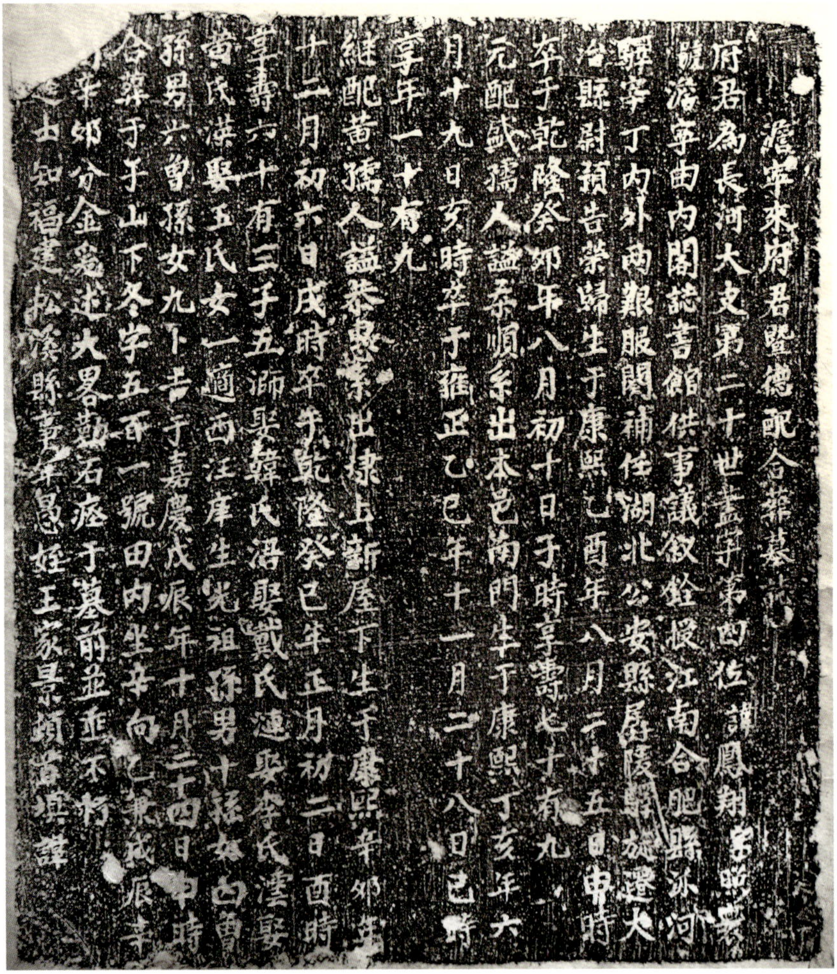
澹寧來府君暨德配合葬墓志
府君為長河大支第二十世盡字第四位諱鳳翔字照寰
號澹寧由內閣誌書館供事議叙銓授江南合肥縣派河
驛宰丁內外兩艱服闋補任湖北公安縣孱陵驛旋遷大
冶縣尉預告榮歸生于康熙乙酉年八月二十五日申時
卒于乾隆癸卯年八月初十日子時享壽七十有九
元配盛孺人謚恭順系出本邑南門生于康熙丁亥年六
月十九日亥時卒于雍正乙巳年十一月二十八日巳時
享年一十有九
繼配黃孺人謚恭惠系出埭上新屋下生于康熙壬辰年
十二月初六日戌時卒于乾隆癸巳年正月初二日酉時
享壽六十有二子五泝娶韓氏滘娶戴氏漣娶李氏澐娶
黃氏溎娶王氏女一適西江庠生光祖孫男十孫女四曾
孫男六曾孫女九卜吉于嘉慶戊辰年十月二十四日申時
合葬于于山下冬字五百一號田內坐辛向乙兼戌辰辛
辛卯分金爰述大畧勒石瘞于墓前並垂不朽
進士知福建松溪縣事年愚姪王家景頓首填諱

王家景书澹宁来府君暨德配合葬墓志
纵50.7厘米 横44.5厘米

6. 王宗炎撰并书皇清诰封光禄大夫益占汤府君暨配诰赠一品夫人来夫人合葬墓志

萧山县城西门外旧有汤家，邑人称为西门汤，即道光朝协办大学士汤金钊族，汤金钊以嘉庆四年己未科（1799）翰林出仕，历任吏、户、礼、工四部尚书，卒谥“文端”，乡老则俱以“汤大人”尊称之。先世自青田迁萧山长河河斗里，传至二十一世云玉，始析居县城西门外，是为汤金钊之高祖。曾祖望贤，祖慎庵。考清泉（1742 ~ 1823），讳元裕，字益占，因子金钊贵，诰封光禄大夫。配长河来济予长女（1742 ~ 1808），诰封一品夫人。府君殁于道光三年（1823）八月十四日，应骐、应獬、金钊兄弟以十一月二十六日合葬府君、夫人于石岩泾西桥法云山之阳。乡民旧称此地为百步禁界，凡经此墓百步之外须文官下轿、武官下马，墓在20世纪50年代初开山平坟时毁。撰文并书之王宗炎（1754 ~ 1825），居萧山城中西河下，乾隆庚子（1780）进士，截取知县，不仕归里，为汤金钊老师，藏书十万卷，筑书楼称“十万卷楼”。主讲杭州紫阳书院，根经务实，卓然为东南硕师，著有《晚闻居士遗集》9卷行于世。

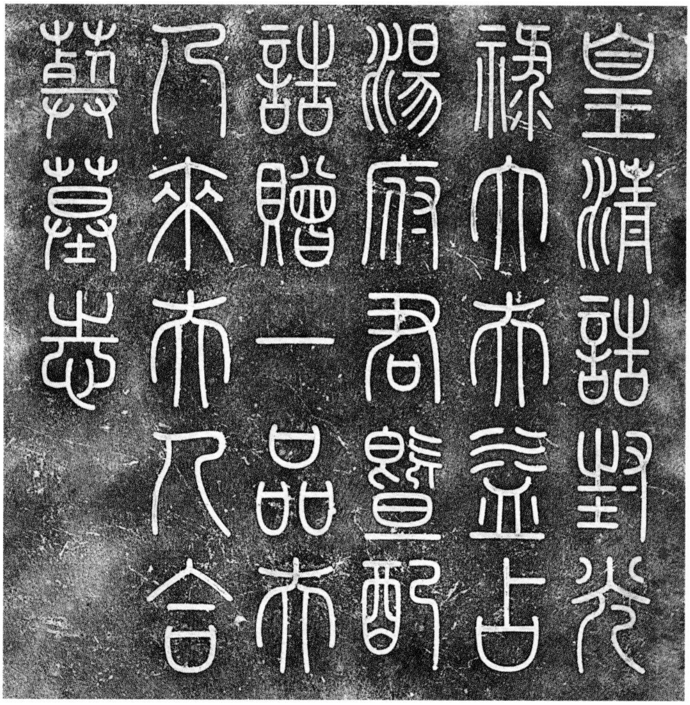

皇清诰封光禄大夫益占汤府君暨配诰赠一品夫人来夫人合葬墓志盖
纵67厘米 横70厘米

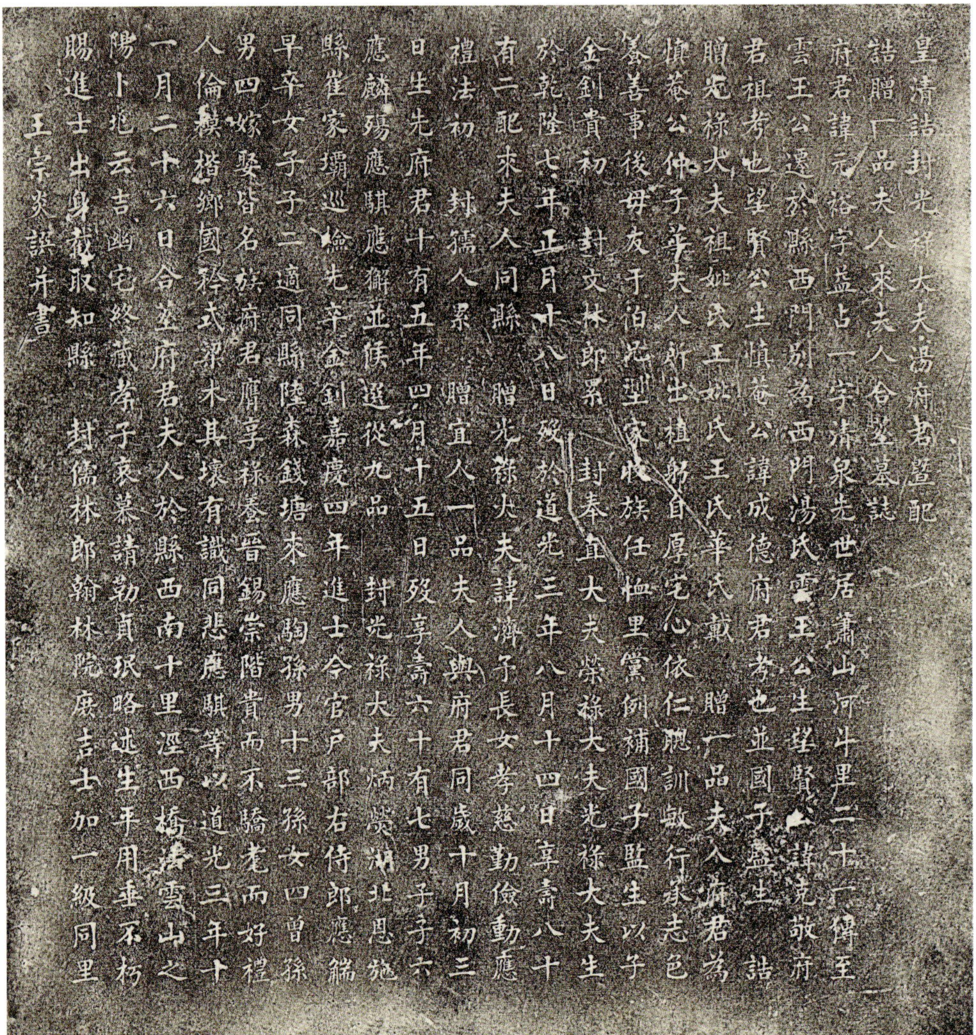
皇清誥封光祿大夫湯府君暨配
誥贈一品夫人來夫人合塟墓誌
府君諱元裕字益占一字清泉先世居蕭山河斗里二十一傳至
雲王公遷於縣西門別為西門湯氏雲王公生望賢公諱兗敬府
君祖考也望賢公生慎菴公諱成德府君考也並國子監生 誥
贈光祿大夫祖妣氏王妣氏王氏華氏戴 贈一品夫人府君為
慎菴公仲子華夫人所出植躬自厚宅心依仁聰訓敏行承志色
養善事後母友于伯兄望家收族任恤里黨例補國子監生以子
金釗貴初 封文林郎累 封奉直大夫榮祿大夫光祿大夫生
於乾隆七年正月廿八日歿於道光三年八月十四日享壽八十
有二配來夫人同縣 贈光祿大夫諱濟子長女孝慈勤儉動應
禮法初 封孺人累 贈宜人一品夫人與府君同歲十月初三
日生先府君十有五年四月十五日歿享壽六十有七男子子六
應麟殤應騏應獬並俟選從九品 封光祿大夫炳燦湖北恩施
縣崔家壩巡檢先卒金釗嘉慶四年進士今官戶部右侍郎應鏞
早卒女子子二適同縣陸森錢塘來應駒孫男十三孫女四曾孫
男四嫁娶皆名族府君膺享祿養晉錫崇階貴而不驕老而好禮
人倫楷模鄉國矜式梁木其壞有識同悲應騏等以道光三年十
一月二十六日合塟府君夫人於縣西南十里涇西橋青雲山之
陽卜地云吉幽宅終藏孝子哀慕請勒貞珉略述生平用垂不朽
賜進士出身截取知縣 封儒林郎翰林院庶吉士加一級同里
王宗炎謹并書

王宗炎撰并书皇清诰封光禄大夫益占汤府君暨配诰赠一品夫人来夫人合葬墓志
纵67厘米 横70厘米

诗文碑拓

1. 赵孟頫书萧山县学重建大成殿记
2. 鲜于枢书萧山县新文庙碑阴记
3. 毛奇龄、尤侗、施闰章、张玉书题看竹图诗
4. 汪辉祖识双节堂赠言石刻
5. 阮元题双节堂赠言墨迹
6. 朱石君题汪氏双节古体诗
7. 冯集梧双节诗、朱钰汪氏双节旌门诗
8. 陈宏谋撰、陈焯书汪氏双节旌门诗
9. 陶元藻撰、梁同书书汪氏双节旌门诗

诗文碑拓

1. 赵孟頫书萧山县学重建大成殿记

萧山县城小南门孔庙，又称学宫，中华人民共和国成立初期，湘湖师范迁此（今改为萧山湘师实验小学），故众只知湘师而不知实为萧山孔庙，内竖元代大书法家赵孟頫于大德三年（1299）十月所书《萧山县学重建大成殿记》碑一块，古杭谢杞刊。署款："前翰林直学士奉训大夫知制诰同修国史张伯淳撰，前集贤直学士奉议大夫太原路汾州知州赵孟頫书，朝列大夫江浙等处行中书省左右司郎中贾仁篆额。"赵孟頫（1254 ~ 1322），字子昂，号松雪道人，宋太祖十一世孙，居湖州。仕元至翰林学士承旨，荣禄大夫，封魏国公，谥文敏。诗书画印俱佳，诗文清远，篆籀、分隶、真行、草书，无不冠绝，而真行尤为当世第一，小楷又为诸书第一，画工释像、山水、木石、花竹，尤精人马，刻印与吾丘衍齐名，专尚玉筋。

此碑历经700余年战乱风雨，迄今巍然屹立，堪称江南第一赵碑。赵字因清代乾隆帝极为推崇，故其拓本字帖流传甚广，翻刻赝鼎鱼龙混杂，此拓本系出萧山旧家，清代整纸原碑原拓，拓印精良，与坊间翻刻自不可同日而语。

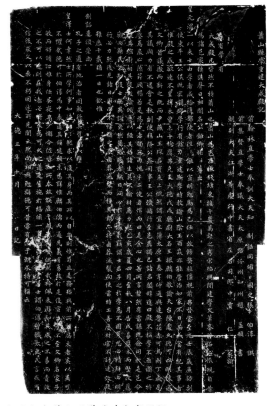

赵孟頫书萧山县学重建大成殿记
纵179厘米 横121厘米

2. 鲜于枢书萧山县新文庙碑阴记

萧山湘师之赵孟頫书《萧山县学重建大成殿记》碑，当属存世名碑之一，然其碑阴为金华胡长孺记、渔阳鲜于枢书，虽旧志有载，却少有言及。鲜于枢（1256 ~ 1301），字伯机，渔阳人，居杭州。官至太常寺典簿。精鉴法书、名画及古器物，善行草。赵孟頫极推重之。元代书法，赵孟頫、鲜于枢为巨擘。终元之世，学书多出入此两家，萧山一碑集两人书法妙迹，洵为至宝。

鲜于枢书萧山县新文庙碑阴记
纵123厘米 横69厘米

3. 毛奇龄、尤侗、施闰章、张玉书题看竹图诗

毛奇龄（1623 ~ 1716），字大可，号西河。先世由姚江迁萧山。康熙十七年（1678）诏举博学宏词科，列二等，授检讨，纂修《明史》。为清初一代大儒，一生所撰经文集，身后由子侄门生辑成《西河合集》493卷行世。工山水、人物、花卉，因道德文章名重海内，画艺反为所掩。传世书画，亦大多收入公藏，流传民间极少。毛奇龄于康熙壬戌年（1682）与尤侗、施闰章、张玉书等题看竹图诗，虽非原迹，然刻石下真迹一等，也是难得。

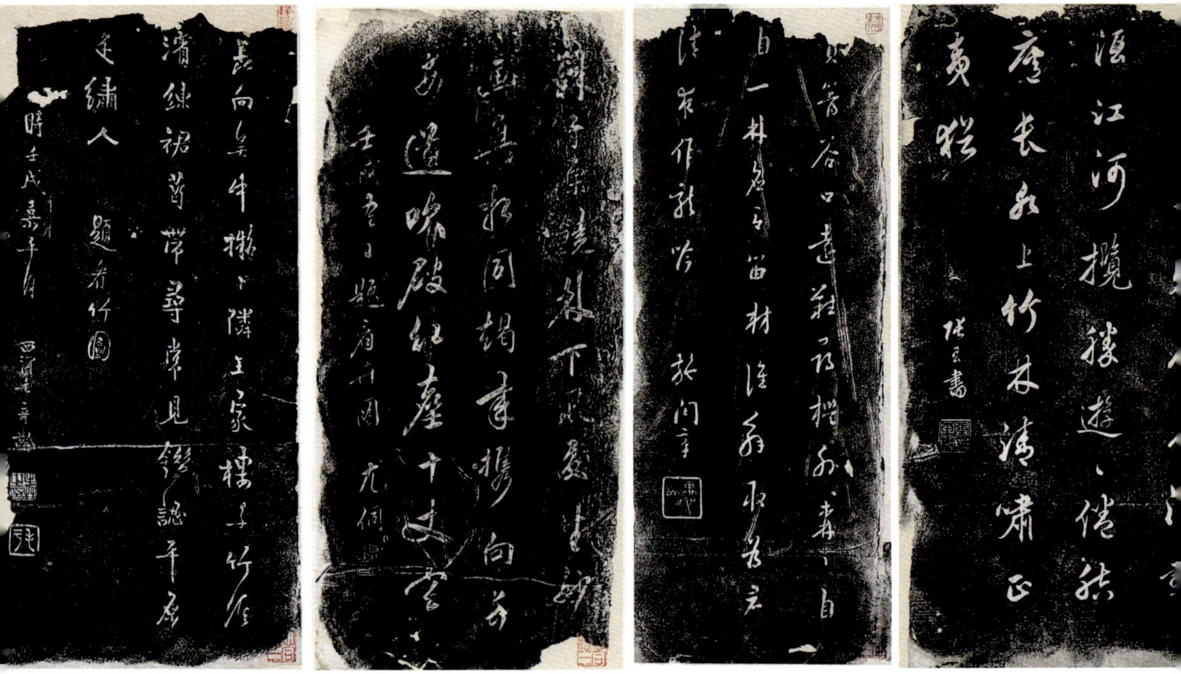

毛奇龄、尤侗、施闰章、张玉书题看竹图诗
纵37厘米 横18.5厘米

4. 汪辉祖识双节堂赠言石刻

一代名幕萧山汪辉祖双节堂赠言石刻十册。初刻邹半谷先生撰书二母传一石，时为乾隆丙戌（1766）仲秋，越十二年丁酉刊；先人表墓之文，续刻六石；又十二年戊申增刻二十一石；壬子复刻二十六石；别刻墓表缩行本并附以亡室墓志共八石，通六十二石。凡 19337 字，筑室三楹，谓谟美堂，置石其间。嘉庆四年（1799）秋，飓风大作，堂圮。冬，重建于西兴官塘旁。民国 24 年（1935）版《萧山县志稿》卷三十一艺文载：双节堂赠言集帖，乾隆间汪辉祖选刻，都六十二石，今在汪家衖故宅。当时刻石俱在，中华人民共和国成立后毁损，有散落坊间者，或残或漫漶，完整者仅数石而已。

右雙節堂贈言石刻十冊初刻鄒半谷先生撰書二母
傳一石時為乾隆丙戌仲秋越十二年丁酉刊 先人表
墓之文續刻六石已而集錄贈言授梓力不能兼及又十
二年戊申作吏湖南由寧遠鄉屬王穀滕進士增刻二十
一石壬子歸田復刻二十六石別刻墓表縮行本並附以
亡室墓誌共八石通六十二石凡一萬九千三百三十七
字癸丑仲冬築室三楹周遭繚垣置石其間而贈言續集
明年亦次第梓成蓋輝祖年已六十有五矣髮禿齒落衰
耗日甚無能闡揚 先德因編次目錄以遺子孫冀永其
傳嗟乎輝祖少遘閔凶非 二母教養之力無以有今日
是輝祖偷息視景之日皆思報吾 母之日也輝祖從曾
祖昆弟其子姓存者什無四五從祖昆弟以下其子姓無
一存者而輝祖以孱弱孤露之身獨嗣宗祊而衍似續非
二母庇護之力無以有今日是輝祖子孫戴高履厚之
日皆當思報吾 母之日也輝祖力不足以傳吾 母不
得不求憑藉於 大人先生之文詞懼其流失散佚而不
得傳也於是齎而鏤諸版懼其漫漶蝕敝而傳之不廣也
於是摹而勒諸石懼其剝泐損裂而久或失其傳也於是
覆之以堂固之以甃力之所得為如是而已夫以輝祖身
受吾 母罔極之恩親見吾 母艱貞憂苦之狀乞言天
下餘三十年所以傳吾 母者不過如是顧以緜延保大
俟之後世不可知之數輝祖不敢自信誰為輝祖信者然
贈言所錄皆當世不朽盛業重以吾 母堅節厲行其精
神皆自足以傳而且石未必遽泐而版未必遽漶也後之
君子讀其文詞撫其刻石知人論世珍重而愛惜之不與
瓦礫同棄不與草木同腐斯則輝祖之所厚望也夫
乾隆五十九年暮春中澣蕭山汪輝祖謹識
增補
錢湘舲先生書後入第五冊
孔衍聖公五言詩入第六冊
朱石君先生古體詩入第七冊
阮芸臺先生古體詩入第十冊

汪辉祖识双节堂赠言石刻
纵32厘米 横52厘米

5. 阮元题双节堂赠言墨迹

阮元（1764 ~ 1849），字伯元，号芸台，江苏仪征人。乾隆五十四年（1789）己酉科进士，历官浙江、江西巡抚，湖广、两广总督，道光时官至体仁阁大学士，加太傅，卒谥“文达”。在粤设学海堂，在浙设诂经精舍，培养士子，刊刻经籍。精于经学，长于考证，勤于校勘编书，主编《经籍纂诂》，在江西校刻《十三经注疏》，汇刻《皇清经解》。

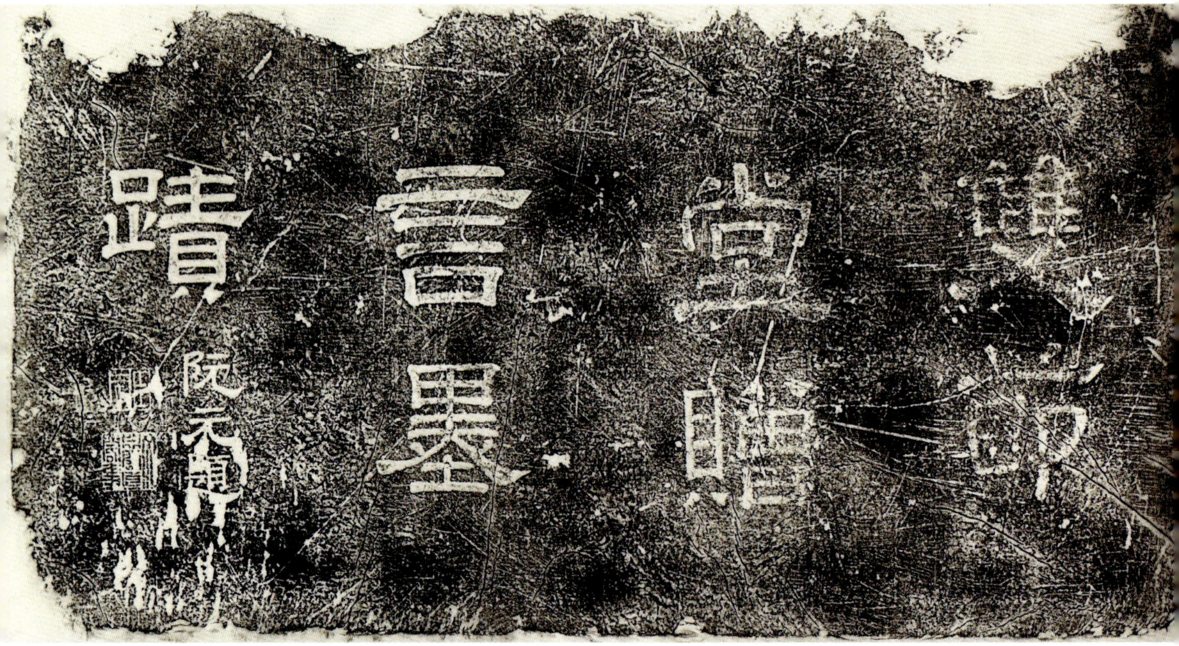

阮元题双节堂赠言墨迹
纵29.5厘米 横56.5厘米

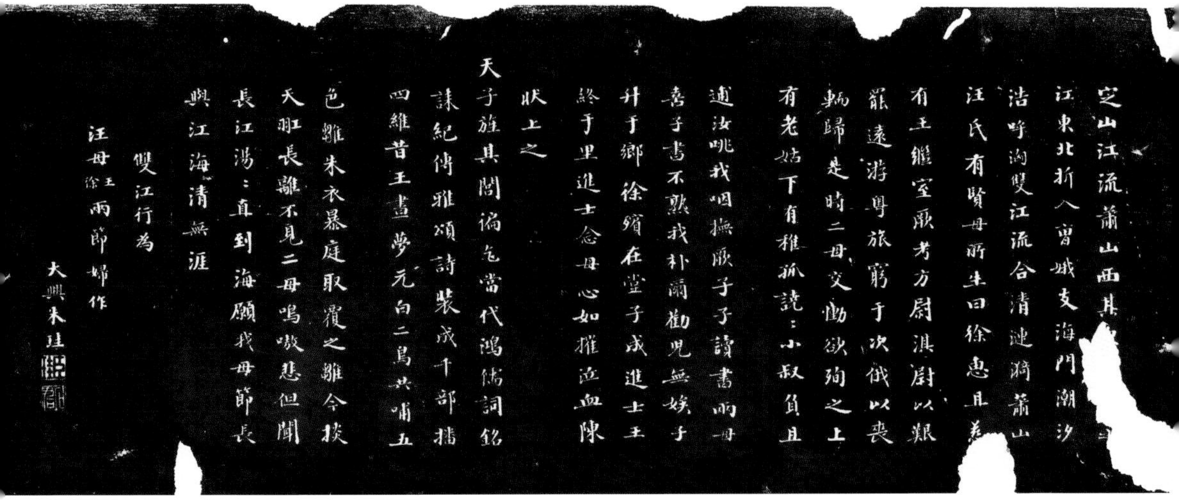

朱石君题汪氏双节古体诗
纵31.8厘米 横83.6厘米

6. 朱石君题汪氏双节古体诗

朱珪（1731 ~ 1806），字石君。祖籍萧山黄阁河，寄籍顺天大兴。乾隆十三年戊辰科（1748）进士，官至体仁阁大学士，卒谥“文正”。因入直上书房，为嘉庆帝师。为官厓岸廉峻，清操亮节，笃于宋儒之学，性道实践兼而有之。年四十余即独居，迄无一妾。著有《知足斋文集》6 卷、《进呈文稿》2 卷、《诗集》20 卷、《诗续集》4 卷，卒时，嘉庆帝赐抒痛诗十二韵，命翰林黄钺于殡前焚之，有“半生惟独宿，一世不贪钱”之褒。朱珪所作《双江行》古体诗首句“定山江流萧山西”，乃指湘湖之定山及浦阳江。

7. 冯集梧双节诗、朱钰汪氏双节旌门诗

冯集梧（1757 ~？），字轩圃，号鹭庭，桐乡人。乾隆四十六年辛丑科（1781）进士，入翰林院，授编修。五十四年典试云南，工诗善画。家富藏书，精校勘，著有《养志闲吟》《贮云居稿》。乾隆丙午年秋九月为汪辉祖双节堂题诗有“萧然之山高岑岑，湘湖湖水清且深”句，借喻王、徐二节母品行高洁。朱珏，字春泉，钱塘人，乾隆五十二年丁未科进士。所作汪氏双节旌门诗有“我居西湖湄，城山近逾”句，城山即指湘湖之越王城山。

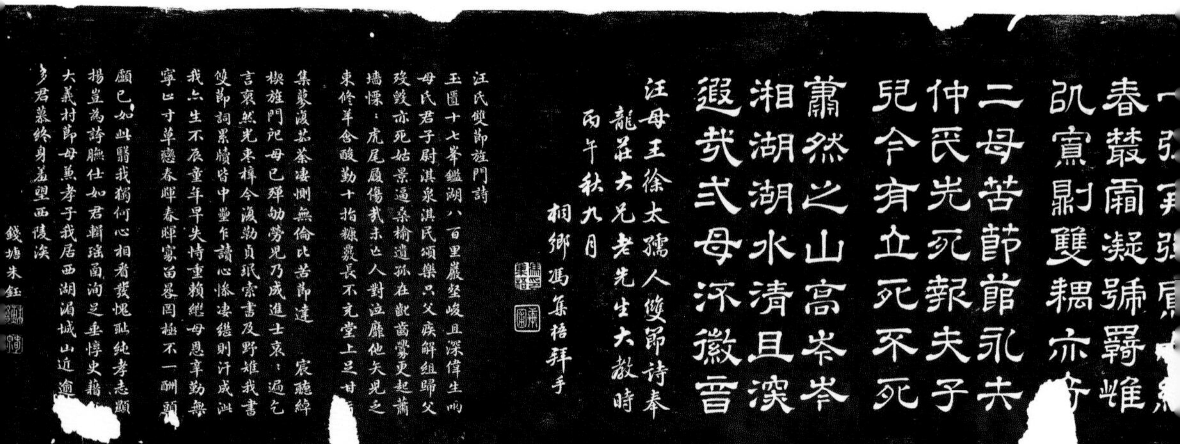

冯集梧双节诗、朱钰汪氏双节旌门诗
纵31.6厘米 横94.8厘米

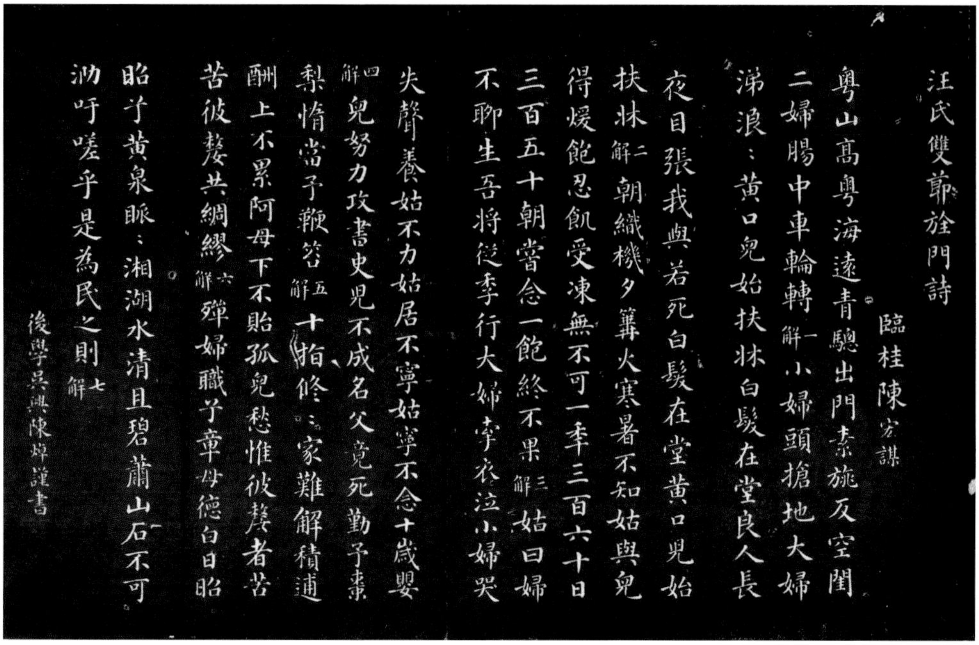

陈宏谋撰、陈焯书汪氏双节旌门诗
纵29.5厘米 横52厘米

8. 陈宏谋撰、陈焯书汪氏双节旌门诗

陈宏谋（1696 ~ 1771），字汝咨，号榕门，广西临桂人。雍正元年癸卯科（1723）进士，官至东阁大学士兼工部尚书，加太子太傅，卒谥“文恭”。辑有《五种遗规》，著有《培远堂全集》《陈榕门先生遗书》。陈焯（1733 ~ 1809），字映之，号无轩，吴兴（今浙江湖州）人。贡生，官镇海训导。工诗书，善山水，好古精鉴别。著有《湘管斋寓赏编》《湘管斋诗稿》行世。诗句“湘湖水清且碧，萧山石不可泐”，也是赞颂汪辉祖王、徐二母高洁品行，不可磨灭。

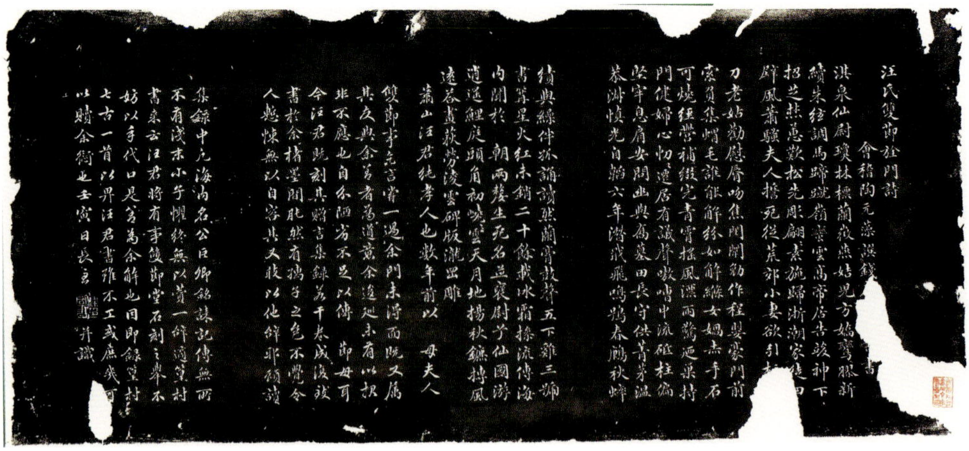

陶元藻撰、梁同书书汪氏双节旌门诗
纵32厘米 横72.5厘米

9. 陶元藻撰、梁同书书汪氏双节旌门诗

陶元藻（1717 ~ 1801），字龙溪，号篁村，明末由绍兴府会稽县陶家堰迁萧山西门之衡河。工诗，诗格清新秀逸，尤长古风，歌行苍凉，沉郁独有千古。著有《珠江集》2 卷、《广会稽风俗赋》1 卷、《泊鸥山房文集》8 卷、《泊鸥山房诗集》12 卷、《香影词》4 卷、《虚字韵编》16 卷、《双声韵谱》3 卷、《越谚遗编考》5 卷、《越画见闻》3 卷、《凫亭诗话》2 卷、《全浙诗话》60 卷。客京师，有良乡旅壁诗为钱塘袁枚所推重；客扬州，以修禊红桥即席赋绝句十章为盐运使卢见曾所激赏。作有《游压乌山》诗：禅扉两版带残晖，夹岸岚光冷翠围，望到白苹洲外路，卖鱼船载一僧归。陶元藻曾以自订诗集不入选者，置石函埋之，题其阡曰“诗冢”，撰二律索和，梁同书和诗五首，陶元藻十二月六日七十初度，梁同书又赋长句四章为寿，俱载在梁同书之《频罗庵遗集》，足证二人交谊深厚。汪氏双节旌门诗，陶撰梁书。梁同书当时书名满天下，与翁方纲、刘墉、王文治时称乾隆四大家，与梁巘、梁国治并称三梁。梁同书（1723 ~ 1815），钱塘人，字元颖，号山舟。乾隆十七年（1752）特赐进士。翰林院侍讲，日讲起居注官，赐加侍讲学士。

篆刻印章

1. 王宗炎青田石两面印
2. 丁侠仙刻青田石印
3. 来庄甫青田石信缄印
4. 黄伯英刻青田石三面印
5. 黄志唐青田石收藏对章
6. 韩之沧刻青田石名章

篆刻印章

1. 王宗炎青田石两面印

青田石印，一面白文“王宗炎印”，一面朱文“晚闻居士”，无边款。或为王宗炎自刻印，王宗炎墨迹未见，自刻印则仅此一见。

王宗炎（1754 ~ 1825），原名宗琰，避嘉庆帝名讳，改宗炎。字以除，号谷塍，又号晚闻居士，世居萧山西河下。乾隆庚子科（1780）进士，其子王端履嘉庆甲戌科（1814）进士，故其家称“世进士第”。又聚书十万卷，筑楠木厅藏书，称“十万卷楼”，俱赫赫有名。

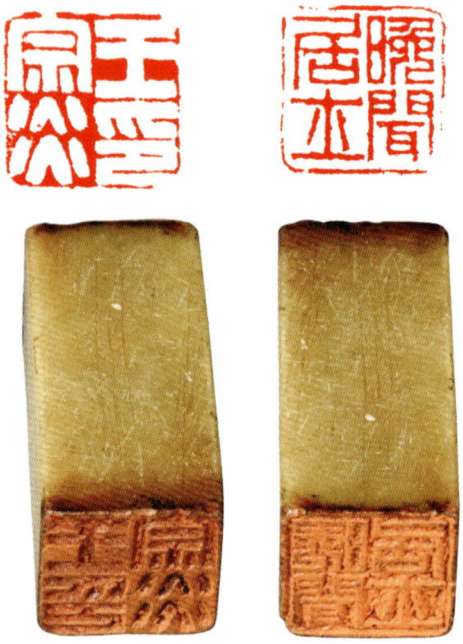

王宗炎青田石两面印
长1.97厘米 宽1.97厘米 高4.5厘米

2. 丁侠仙刻青田石印

丁侠仙刻朱文“紫珩”青田石印，紫珩即蔡受璜（1877 ~ 1929），世居萧山西河下。民国 15 年（1926）湘湖垦、禁之争时，萧山九乡公民代表蔡受璜与汤荃等人多次联名呈请当局严禁放垦湘湖。边款署：侠仙剪灯仿黄小松司马笔法。丁侠仙（1879 ~ 1910），谱名兆祁，更名庠，又名山，字冠青，世居萧山县城西门。光绪二十五年己亥（1899）浙江学政文治科试入学。世袭四品武骑都尉。是萧山著名画家丁文蔚侄孙，道光庚子科（1840）探花张百揆，则其外祖父也。其子少青（1902 ~ 1926），娶湘湖画家孙诒之女孙璐。

丁侠仙刻青田石印
长2.69厘米 宽2.68厘米 高6.53厘米

来庄甫青田石信缄印
长2.17厘米 宽1.23厘米 高2.14厘米

3. 来庄甫青田石信缄印

古时书信，常在信封粘合处再钤盖“某某谨缄”或“护封”印，源自上古封泥印。青田石朱文“庄甫谨缄”印。庄甫即来裕康（1865 ~ 1923 后），字瑞孙，萧山长河来氏大房二十四世。附贡生。与来裕恂、来裕昌等为同一曾祖的堂兄弟。

4. 黄伯英刻青田石三面印

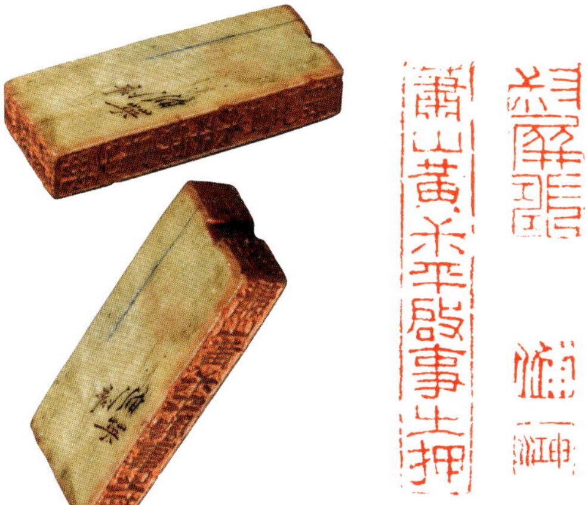

黄伯英刻青田石三面印
长2.46厘米 宽1.14厘米 高6.4厘米

黄伯英刻朱文“萧山黄叔平启事之押”“叔屏长寿”和半白半朱连珠文“浦”“申江”三面印。边款“伯英刻”三字。黄伯英(1876 ~ 1934),庠名祖翼，号钵隐，别署崙道人，萧山石岩埭上新庄人（今蜀山街道黄家章村）。邑庠生，工书，真草隶篆俱妙，金石亦其所长。文墨之暇，颇治小说家言，著有《红学丛抄》稿本，今存杭州图书馆。湘湖石岩山之一览亭，倾圮有年，民国 14 年（1925）长河来贾氏捐已祝寿之资重建，黄伯英书刻《重建一览亭记》碑，并书柱联：“岭树湖云沈（同沉）足底，江潮海日上眉端。”

“十里埭上黄，旗杆多如讨饭棒”。此旧时萧山乡谚，喻黄家科举鼎盛，旗杆林立，明清两朝中进士者 7 人，举人则更有 25 人之多，可谓盛矣。黄伯英叔祖黄中理，光绪丁丑科（1877）进士；其父黄元寿，光绪乙酉科举人；叔父黄同寿，光绪戊子科举人；堂叔父、黄中理子黄麐寿，光绪己丑恩科举人。父子兄弟叔侄登科，黄氏家族在湘湖一带影响极大。黄伯英祖父黄中耀被选为湘湖塘董，管理湘湖塘堤修缮培筑相关事宜。其父黄元寿于光

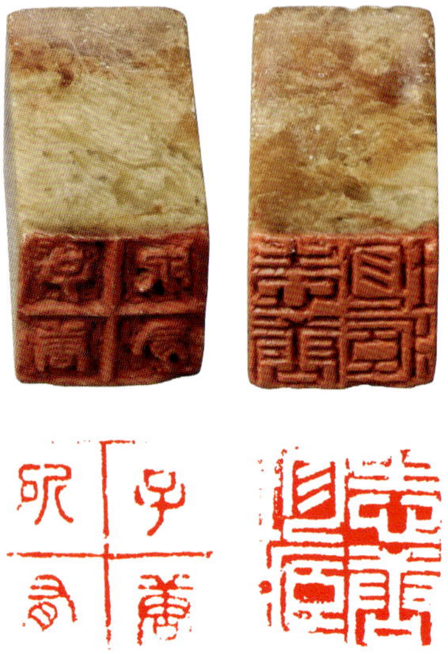

黄志唐青田石收藏对章
长2.15厘米 宽2.13厘米 高4.23厘米

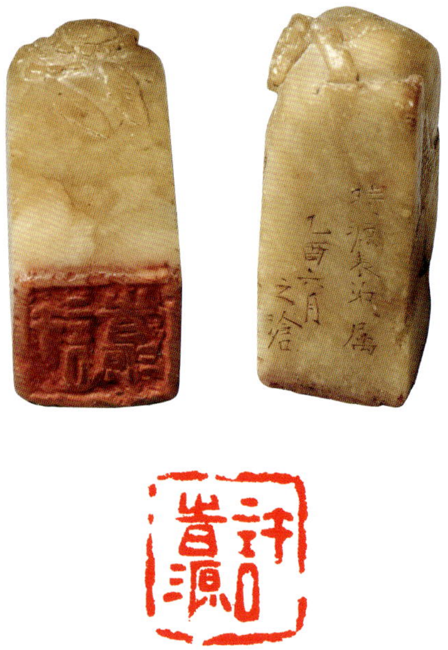

韩之沧刻青田石名章
长1.62厘米 宽1.6厘米 高4.22厘米

绪二十七年（1901）呈请省县欲毁义桥之横筑塘造闸通舟，光绪二十九年组织设立厚正公司，倡议开垦湘湖淤涨荒地，遭湘湖九乡民众群起反对而作罢。因家近湘湖，黄元寿颇多咏湘湖风景诗作，如《湘湖云影》《湘湖杨梅》《湘湖杂咏》等等。

黄叔平（1881 ~ ？），庠名祖藩，改名浦，伯英胞弟。邑庠生。浙江高等巡警学堂正科毕业，考取甲种警佐，宁波警察厅警佐。

5. 黄志唐青田石收藏对章

黄志唐自刻青田石收藏印 1 对，一方朱文“子唐所有”，一方白文“志唐珍藏”。黄志唐（1923 ~ ？），字敏丞，号逊斋，黄叔平子。

6. 韩之沧刻青田石名章

韩之沧刻朱文“许时源”青田石印。边款署 ：“时源表弟属，乙酉六月，之沧。”韩之沧（1923 ~ ？），名蔚林，家住萧山县城东阳桥下街。民国时任萧山新闻报社社长，民国 36 年（1947）2 月到 38 年 4 月，任城厢镇副镇长。

瓷杂拾零

湘湖跨湖桥文化遗址，距今约7000～8000年，其所在处，即昔日湘湖砖瓦厂取土处，当年常有木器、鹿角、陶片、石器、骨器等物出土，也有为好奇乡民捡拾收藏者。湘湖各山，或在开山时，或在大雨后，时现古物。城中建筑工地，也时有古建筑之砖瓦古物出土。至明、清、民国，则以传世文物为主，家传瓷盘、碗甑等餐具，虽极普通，根据文字，探究其背后的故事，参考文献，往往有出人意料的新发现。木质牌匾，常挂于房屋醒目之处，却也最易损毁，如逢战争、水火，房屋坍塌、拆毁，大多不存。湘湖孙氏祠堂之映雪堂神龛栏板，在湘湖的大拆迁后能保存下来，实属不易。

砖瓦

1. 东晋永和七年铭文砖

2. 南朝钱纹筒瓦

3. 南朝莲瓣纹瓦当

4. 民国湘湖孙濬川造瓦滴水

砖瓦

1. 东晋永和七年铭文砖

1989 年 3 月，萧山县城城河街拆迁改造，在旧明月坊工地，即今萧山工商银行处，地基挖掘到达工程要求底部时，发现此永和七年（351）墓砖，一边模印铜钱纹，一边模印铭文“永和七年八月十一日秦氏”。王羲之永和九年兰亭雅集 42 人，萧山高士许询亦参与集会。萧山城内两千年古寺，一名祇园寺，为许询东晋咸和年间舍宅而建，原名崇化寺；一名江寺，为江昭玄齐建元二年（480）舍宅所建，初名昭玄寺，后改觉苑寺，最后改今名。萧山古城，位浙东西要冲，据今存之古寺及出土文物可证，六朝时已相当繁华。

东晋永和七年铭文砖
长30厘米 宽14.5厘米 高5.5厘米

南朝钱纹筒瓦
长28厘米

2. 南朝钱纹筒瓦

1997 年，萧山城中世进士第剩余之建筑全部拆除，改建花鸟市场，此筒瓦即在建筑工地出土。

3. 南朝莲瓣纹瓦当

1989 年 2 月，萧山绣衣坊工地出土。南朝时期，佛教盛行，莲花为八宝之一，故莲花图案在石刻、砖瓦、塑像等多处出现，反映了这一时期举国崇佛的时代特征。

南朝莲瓣纹瓦当
直径14.5厘米

4. 民国湘湖孙濬川造瓦滴水

萧山湘湖沿岸，旧时窑户林立，生产各种砖瓦，其名色有尺六方、太堂、灶面、老大延陵、四斤头、棒硾砖、双开、砖簧、板瓦、筒瓦、定瓦、时瓦、长梢、尺筒、止水筒、狗头瓦、钉套、筷储筒、菊花盆、狮子、瓦将军、花边滴水等35个品种。滴水是造房时与屋顶盖瓦相配套的一种重要建筑材料，也是湘湖窑户生产的大宗产品之一。

民国湘湖孙濬川造瓦滴水
长24.5厘米

瓷器

1. 清青花釉里红鲤鱼盘
2. 清仿哥窑盘
3. 清崇福禅寺青花双龙纹筒式香炉
4. 民国匏园赠款新粉彩人物图粥罐

瓷器

1. 清青花釉里红鲤鱼盘

青花釉里红工艺在景德镇始于元末，是在瓷坯上以钴土料与铜红料为着色剂进行绘画，再上透明釉，在1250度左右的高温一次烧成后，钴料呈蓝色、铜料呈红色，相互辉映，甚是好看。然发色不好，红色不显，会呈灰红或灰绿，故非常难烧。清代釉里红烧制以雍正时最好，色泽鲜红，至清中后期大量烧制釉里红鲤鱼盘，红色鲜艳的不多见，然因画面喜庆，寓意吉利，深受民间喜爱。此凿“岳庙”两字之鲤鱼盘，鱼鳞发色灰红暗淡，正反映了这一时期的烧造工艺已大不如前朝。萧山西门外湘湖之东北角有座低矮的小山，称蒙山，山上原有一座巍峨雄伟的东岳庙，又称东岳行宫，俗称老岳庙，面北坐南。据说南宋高宗赵构为祭祀在开封的赵氏祖先而建，宋元鼎革之际，伪托东岳大帝以惑之。东岳庙香火兴盛，岁以三月二十八、七月十三两日为香期，远近咸集。特别在宁绍一带最享盛名，庙内厢房，可供香客住宿，庙内所置碗盘等餐具，为避免与别家寺院之餐具混淆，在购买时先请碗店在餐具上凿字，以示区别。东岳庙萧山还有多处，分别在临浦峙山、衙前、戴村、河上和沙地正字号，但都没有这儿出名。

清青花釉里红鲤鱼盘
直径22.5厘米 高3.7厘米

2. 清仿哥窑盘

哥窑瓷器，为宋代柴、官、哥、汝、定、钧五大名窑之一，至今未知其确切窑口。因其通体遍布大且深和小而浅的两种纹片，称作金丝铁线。哥窑明代成化朝始有少量仿制，大多为小件，清代雍正、乾隆朝所仿有较大器物，如瓶、盘以及笔筒等文房用具。此盘金丝铁线已无，纯是一色不明显的小开片，为清代后期所仿。东岳庙乾隆时有一个由乡绅数十人组织的同人会，管理庙事。宁绍一带来蒙山东岳庙朝山进香之人，每一帮人，仿其形式，纠资集会，有取名“东岳会”者。以所筹钱款，或出借获取利息，或购置田产收取租谷，或购置店铺出租收取房租，以所获利钱专为到东岳庙进香之用，各人所占股份亦可转让抵押，在所购餐具上凿“东岳会”字样，以免与别会混淆。

清仿哥窑盘
直径23厘米 高3.7厘米

3. 清崇福禅寺青花双龙纹筒式香炉

宣统二年（1910）的青花双龙纹瓷香炉，一面双龙戏珠纹，一面“敕建崇福禅寺座前”等几个大字，说明此香炉或为寺院定制，或为信徒捐赠，是该寺院的唯一历史遗存物。萧山义桥东方文化园里的杨岐禅寺，其前身为南宋宁宗嘉定二年（1209）敕封的“报亲崇福禅寺”，供奉栗主书“敕封崇福侯王宋国戚晋封齐王杨讳藩公之位”，因为是杨齐王舍宅为寺，故寺院历代供奉其牌位。咸丰辛酉年（1861）寺毁于太平军，同治初年杨齐王后裔杨华捐资重建。民国甲子年（1924）杨炳熹等重修。旧有大阁及妙高楼，后俱毁。杨岐钟声为旧时湘湖八景之一，如今已恢复。

清崇福禅寺青花双龙纹筒式香炉
直径24.5厘米 高21.5厘米

4. 民国匏园赠款新粉彩人物图粥罐

民国己未（1919）之夏，匏园赠婿望之与其女结婚时的一件新粉彩仕女人物图瓷粥罐，萧山俗呼饭甑或饭屑锅，盖因其盛放剩饭剩粥，故名之。

匏园即来裕恂（1873 ~ 1962），字壬甫，号雨生，萧山长河来氏大房二十四世。优行增广生。日本东京弘文学校毕业兼华侨中华学校教员。历充萧山劝学所所长，学务科科长。屈映光巡按使助理秘书，开化县第三科科长，余杭县第一科科长。《萧山县志》分纂，《新昌县志》参订。著有《汉文典》《春秋通义》《易经通论》《古今姓氏考》《萧山县志》《杭州玉皇山志》《匏园诗集》，一生诗作大约有 5000 余首，其中有关湘湖即有《湘湖秋泛》《避居中孙》《湘湖即事》《湘湖春望》《登越王城北望》《过石岩山》《冬日游湘湖十首》等数十首。其婿莫望之（1899 ~ 1920），萧山东门外莫家港人。浙江法政专门学校毕业，多才多艺，善吹洞箫。民国 9 年（1920）与来裕恂长女大观结婚仅 103 天即辞世，惜哉。

民国匏园赠款新粉彩人物图粥罐
直径16.8厘米 高17厘米

牌匾

1. 会魁匾

2. 文魁匾

3. 登科匾

4. 映雪堂神龛栏板

5. 百忍堂匾

6. 杭州润昌钱庄招牌

牌匾

1. 会魁匾

清道光二年（1822）壬午恩科会试中式第四名进士徐青照，正考官协办大学士、户部尚书英和与副考官礼部尚书汪廷珍、户部右侍郎汤金钊、礼部左侍郎李宗昉等为之立“会魁”匾，挂之祠堂，以为光宗耀祖。徐青照，字稚兰，萧山人，寄籍顺天大兴，道光进士，历任镇江、江宁知府，官至庐凤道。同科之常熟翁心存，本已落选，幸得副考官萧山汤金钊慧眼识珠，于弃卷中发现荐而得售，汤金钊于翁心存有知遇之恩，是以引出汤之孙女嫁与翁之六子翁同龢的一段佳话。

会魁匾
纵74厘米 横208厘米

2. 文魁匾

萧山城中何家弄原有陆氏宗祠，俗称旱桥头陆家，照壁上有陆成栋所书“世代忠良”四个大字，先毁于咸丰辛酉（1861）之太平军，光绪年重建。于20世纪末残存旧屋尽数拆除时，发现这块已改做房门之陆以庄“文魁”匾。右边小字为：“光绪十三年（1887）岁次丁亥重建。”左侧小字为：“乾隆戊申（1788）恩科浙江乡试中式第二十六名举人陆以庄立。”陆以庄，字履康，号平泉。世居萧山县城东

文魁匾
纵60厘米 横192厘米

门外半爿街，颜其居曰“东头小住”，在京寓所曰“小书巢”，家富藏书，又曰“千卷书庐”。嘉庆元年（1796）丙辰科进士，选庶吉士，散馆授编修，历官至都察院左都御史、工部尚书、顺天府尹。道光七年（1827）卒于京邸，谥“文恭”，归葬萧山城北老岳庙山脚，有华表一对并石人石马等，毁于“文化大革命”时。2015年萧山半爿街旧城改造拆迁时，曾有石华表一根，或即陆以庄旧居之原物，今已迁至萧山博物馆广场。

3. 登科匾

清代科举功名匾。中间大书“登科”两字，两边小字因年久保管未善，有字已漫漶不清，右边三行为：“钦命□□□（三字模糊）兵部右侍郎兼都察院右副都御史巡抚浙江等处地方提督军务兼管两浙盐政加一级纪录八次觉罗雅尔哈善为。”左侧两行为：“乾隆十八年（1753）癸酉科中式第□（此字模糊）名举人朱筠立，嘉庆十九年（1814）元孙□□（两字模糊）重立。”朱筠（1729 ~ 1781），字竹

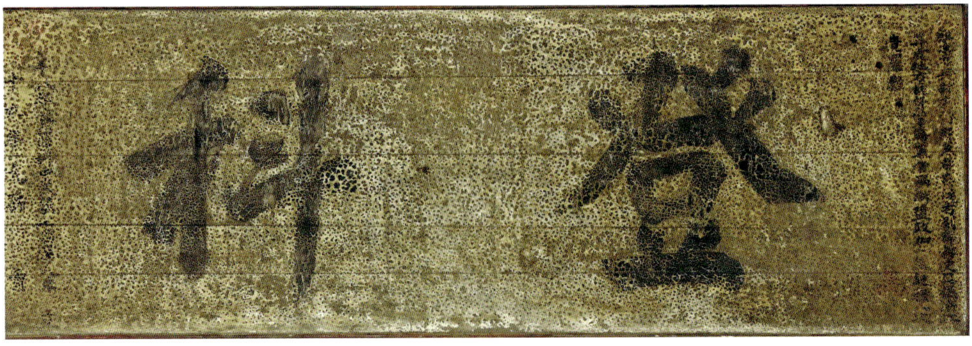

登科匾
纵63厘米 横168厘米

君，号笥河。祖籍萧山城南黄阁河，祖登俊，官中书科中书，家于京师，父文炳，遂入籍顺天大兴，官陕西周至县令。朱筠于乾隆十八年癸酉科中举，次年成进士，选庶吉士，散馆授编修，升赞善，擢侍读学士，提督安徽、福建学政。总纂《日下旧闻》兼四库馆纂修事。天性孝友，博闻强识，好奖掖后进。所居椒花吟舫，聚书数万卷。尝重刻《说文》，谓为学必自识字始；好金石文字，曰稽古莫如金石文。著《十三经文字同异》未成。书法参六书，学隋以前体。长于叙事诗，出入唐宋，著有《笥河诗文集》行世。朱筠有四兄弟，长兄朱堂，监生，以明纪纲目馆誊录议叙州同知；次兄朱垣，乾隆十六年辛未科进士，官山东知县；弟朱珪（1731 ~ 1806），乾隆十三年戊辰科进士，官至体仁阁大学士，嘉庆老师，卒谥“文正”，为四兄弟中最出名者，萧山乡老则俱尊称“朱珪大人”。

4. 映雪堂神龛栏板

萧山湘湖孙氏祠堂原建在下孙，堂号“映雪堂”，出自晋孙康映雪读书的典故。在湘湖一期拆迁时，祠堂残存旧屋中拆出的这块神龛栏板，当是湘湖孙氏祠堂在清末重修时的装饰构件。

映雪堂神龛栏板
纵88厘米 横223厘米

5. 百忍堂匾

民国 11 年（1922）季冬立，张氏老三房公修。萧山湘湖四周，张氏聚族而居有多个村庄，如青山张、湾里张、张家里、张家村、鸭水张等等，堂号则多为“百忍堂”。

百忍堂匾
纵72.5厘米 横227.5厘米

6. 杭州润昌钱庄招牌

萧山石岩金西桥人金润泉，于民国 12 年（1923）在杭州清河坊附近的祠堂巷 3 号（德润里南侧），独资开设杭州顺昌钱庄。初任经理为孙月楼，协理孙辛涛，后由金润泉长子金观贤任经理，孙月楼退任协理。并向中国银行杭州分行领用中国银行钞票，每张钞票俱印有红色“浙顺”两字。顺昌钱庄开设之初名为“杭州润昌钱庄”，知者不多。

杭州润昌钱庄招牌
纵53厘米 横17厘米

古钱

新莽大泉五十铜钱

1992 年 4 月，湘湖压乌山民工炸山取石时炸出一罐钱币，为王莽时期大泉五十铜范母及铜钱。当时铸钱与后世不同，先以铜范母浇铸陶范，再用陶范铸钱，钱铸好以后，打碎陶范取出钱币。铜范母与铜钱及陶范残块一同出土，可证古湘湖一带当有铸钱之所。

新莽大泉五十铜钱
直径2.7厘米

后　记

岁在丙申，时维八月，天上月朗，人间桂香。湘湖三期将成，非仅今天百万萧山人之福，当为万世子孙留胜迹，功莫大焉。

湘湖宋杨文靖公时，开田三万余亩，蓄水为湖，周设闸坝，灌溉九乡田亩。至明时，碛堰开通，地势一变，三江、麻溪建闸，地势又一变，湘湖水利至此仅三乡赖之。同治四年（1865），大水没廊檐，西江塘决口，外沙淤入湘湖，积成高阜，面积达四五千亩。至此，湘湖垦禁之争渐起，并愈演愈烈，多以禁垦占上风，一直到民国16年7月湘湖调查开始，才由此掀开了开垦湘湖的序幕，湘湖灌溉之功能也渐渐萎缩。新中国成立后大肆取土烧砖瓦，至此，彻底荒废，湘湖成了良田和一个个因挖土变成的深塘，此即湘湖之前世。

20世纪90年代，萧山民间恢复湘湖，呼声日起。2006年，借第一届世界休闲博览会在萧山召开的东风，湘湖一期建成开放。2011年，湘湖二期开放。而今三期将建成开放，湘湖葫芦形古貌恢复，景区面积扩大到25平方公里，湖面达6.1平方公里，与西湖相近，此乃湘湖之今生。

编者生长于湘湖南边之义桥古镇，湘湖的记忆仅停留在湘湖农场。因少好文史，常访古于湘湖之九乡，问惑于耆旧野老，寻觅书画故纸，收罗断碑残刻。及长，负笈县城。适逢20世纪80年代旧城拆迁改造之际，城厢旧家散出及工地出土者，始为购藏，积近三十年之力，渐有小成，尤以萧山本地文献收藏最具特色，也最具意义。当年骑自行车访古于湘湖周边之懵懂小子亦年将半百，湘湖梦成，不禁心生欢喜，谨以本书为贺。人文之湘湖，于此书或可窥一斑，则此心大慰矣。

申屠勇剑于中秋雨夜

图书在版编目（C I P）数据

湘湖文化民间遗存 / 申屠勇剑编著. -- 杭州 : 西泠印社出版社, 2016.9
（杭州全书. 湘湖（白马湖）丛书）
ISBN 978-7-5508-1887-3

Ⅰ. ①湘… Ⅱ. ①申… Ⅲ. ①文化遗存（考古学）—萧山区 Ⅳ. ①K872.552

中国版本图书馆CIP数据核字(2016)第236897号

杭州全书·湘湖（白马湖）丛书

湘湖文化民间遗存

申屠勇剑　编著

出 品 人　江　吟
责任编辑　张月好　冯斌强
责任出版　李　兵
出版发行　西泠印社出版社
地　　址　杭州市西湖文化广场32号E区5楼
邮　　编　310014
电　　话　0571—87243079
经　　销　全国新华书店
印　　刷　浙江海虹彩色印务有限公司
制　　版　杭州如一图文制作有限公司
开　　本　787mm×1092mm　1/16
印　　张　14
书　　号　ISBN 978-7-5508-1887-3
版　　次　2016年9月第1版　第1次印刷
定　　价　68.00 元

《杭州全书》

“存史、释义、资政、育人”
全方位、多角度地展示杭州的前世今生

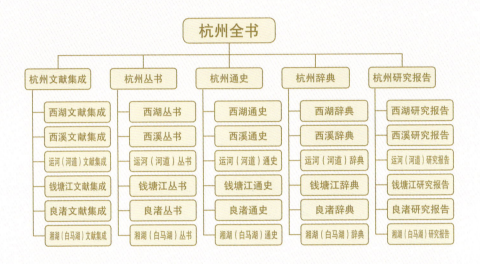

杭州全书

- 杭州文献集成
  - 西湖文献集成
  - 西溪文献集成
  - 运河（河道）文献集成
  - 钱塘江文献集成
  - 良渚文献集成
  - 湘湖（白马湖）文献集成
- 杭州丛书
  - 西湖丛书
  - 西溪丛书
  - 运河（河道）丛书
  - 钱塘江丛书
  - 良渚丛书
  - 湘湖（白马湖）丛书
- 杭州通史
  - 西湖通史
  - 西溪通史
  - 运河（河道）通史
  - 钱塘江通史
  - 良渚通史
  - 湘湖（白马湖）通史
- 杭州辞典
  - 西湖辞典
  - 西溪辞典
  - 运河（河道）辞典
  - 钱塘江辞典
  - 良渚辞典
  - 湘湖（白马湖）辞典
- 杭州研究报告
  - 西湖研究报告
  - 西溪研究报告
  - 运河（河道）研究报告
  - 钱塘江研究报告
  - 良渚研究报告
  - 湘湖（白马湖）研究报告

《杭州全书》已出版书目

文献集成

杭州文献集成

1.《武林掌故丛编（第 1—13 册）》（杭州出版社 2013 年出版）
2.《武林往哲遗著（第 14—22 册）》（杭州出版社 2013 年出版）
3.《武林坊巷志（第 23—30 册）》（浙江人民出版社 2015 年出版）

西湖文献集成

1.《正史及全国地理志等中的西湖史料专辑》（杭州出版社 2004 年出版）
2.《宋代史志西湖文献专辑》（杭州出版社 2004 年出版）
3.《明代史志西湖文献专辑》（杭州出版社 2004 年出版）
4.《清代史志西湖文献专辑一》（杭州出版社 2004 年出版）
5.《清代史志西湖文献专辑二》（杭州出版社 2004 年出版）
6.《清代史志西湖文献专辑三》（杭州出版社 2004 年出版）
7.《清代史志西湖文献专辑四》（杭州出版社 2004 年出版）
8.《清代史志西湖文献专辑五》（杭州出版社 2004 年出版）
9.《清代史志西湖文献专辑六》（杭州出版社 2004 年出版）
10.《民国史志西湖文献专辑一》（杭州出版社 2004 年出版）
11.《民国史志西湖文献专辑二》（杭州出版社 2004 年出版）
12.《中华人民共和国成立 50 年以来西湖重要文献专辑》（杭州出版社 2004 年出版）
13.《历代西湖文选专辑》（杭州出版社 2004 年出版）
14.《历代西湖文选散文专辑》（杭州出版社 2004 年出版）
15.《雷峰塔专辑》（杭州出版社 2004 年出版）
16.《西湖博览会专辑一》（杭州出版社 2004 年出版）

17.《西湖博览会专辑二》　（杭州出版社 2004 年出版）
18.《西溪专辑》（杭州出版社 2004 年出版）
19.《西湖风俗专辑》（杭州出版社 2004 年出版）
20.《书院·文澜阁·西泠印社专辑》（杭州出版社 2004 年出版）
21.《西湖山水志专辑》（杭州出版社 2004 年出版）
22.《西湖寺观志专辑一》（杭州出版社 2004 年出版）
23.《西湖寺观志专辑二》（杭州出版社 2004 年出版）
24.《西湖寺观志专辑三》（杭州出版社 2004 年出版）
25.《西湖祠庙志专辑》（杭州出版社 2004 年出版）
26.《西湖诗词曲赋楹联专辑一》（杭州出版社 2004 年出版）
27.《西湖诗词曲赋楹联专辑二》（杭州出版社 2004 年出版）
28.《西湖小说专辑一》（杭州出版社 2004 年出版）
29.《西湖小说专辑二》（杭州出版社 2004 年出版）
30.《海外西湖史料专辑》（杭州出版社 2004 年出版）
31.《清代西湖史料》（杭州出版社 2013 年出版）
32.《民国西湖史料一》（杭州出版社 2013 年出版）
33.《民国西湖史料二》（杭州出版社 2013 年出版）
34.《西湖寺观史料一》（杭州出版社 2013 年出版）
35.《西湖寺观史料二》（杭州出版社 2013 年出版）
36.《西湖博览会史料一》（杭州出版社 2013 年出版）
37.《西湖博览会史料二》（杭州出版社 2013 年出版）
38.《西湖博览会史料三》（杭州出版社 2013 年出版）
39.《西湖博览会史料四》（杭州出版社 2013 年出版）
40.《西湖博览会史料五》（杭州出版社 2013 年出版）

西溪文献集成

1.《西溪洪氏、沈氏家族史料》（杭州出版社 2015 年出版）
2.《西溪丁氏家族史料》（杭州出版社 2015 年出版）

钱塘江文献集成

1.《钱塘江海塘史料一》（杭州出版社 2014 年出版）
2.《钱塘江海塘史料二》（杭州出版社 2014 年出版）
3.《钱塘江海塘史料三》（杭州出版社 2014 年出版）
4.《钱塘江海塘史料四》（杭州出版社 2014 年出版）
5.《钱塘江海塘史料六》（杭州出版社 2014 年出版）

6.《钱塘江大桥史料一》（杭州出版社 2015 年出版）
7.《钱塘江大桥史料二》（杭州出版社 2015 年出版）
8.《海宁专辑一》（杭州出版社 2015 年出版）
9.《海宁专辑二》（杭州出版社 2015 年出版）

湘湖（白马湖）文献集成

1.《湘湖水利文献专辑（上）》（杭州出版社 2013 年出版）
2.《湘湖水利文献专辑（下）》（杭州出版社 2013 年出版）
3.《民国时期湘湖建设文献专辑》（杭州出版社 2014 年出版）
4.《历代史志湘湖文献专辑》（杭州出版社 2015 年出版）

丛 书

杭州丛书

1.《钱塘楹联集锦》（杭州出版社 2013 年出版）
2.《艮山门外话桑麻（上下）》（杭州出版社 2013 年出版）
3.《钱塘拾遗（上下）》（杭州出版社 2014 年出版）

西湖丛书

1.《西溪》（杭州出版社 2004 年出版）
2.《灵隐寺》（杭州出版社 2004 年出版）
3.《北山街》（杭州出版社 2004 年出版）
4.《西湖风俗》（杭州出版社 2004 年出版）
5.《于谦祠墓》（杭州出版社 2004 年出版）
6.《西湖美景》（杭州出版社 2004 年出版）
7.《西湖博览会》（杭州出版社 2004 年出版）
8.《西湖风情画》（杭州出版社 2004 年出版）
9.《西湖龙井茶》（杭州出版社 2004 年出版）
10.《白居易与西湖》（杭州出版社 2004 年出版）
11.《苏东坡与西湖》（杭州出版社 2004 年出版）
12.《林和靖与西湖》（杭州出版社 2004 年出版）
13.《毛泽东与西湖》（杭州出版社 2004 年出版）

14.《文澜阁与四库全书》（杭州出版社 2004 年出版）
15.《岳飞墓庙》（杭州出版社 2005 年出版）
16.《西湖别墅》（杭州出版社 2005 年出版）
17.《楼外楼》（杭州出版社 2005 年出版）
18.《西泠印社》（杭州出版社 2005 年出版）
19.《西湖楹联》（杭州出版社 2005 年出版）
20.《西湖诗词》（杭州出版社 2005 年出版）
21.《西湖织锦》（杭州出版社 2005 年出版）
22.《西湖老照片》（杭州出版社 2005 年出版）
23.《西湖八十景》（杭州出版社 2005 年出版）
24.《钱镠与西湖》（杭州出版社 2005 年出版）
25.《西湖名人墓葬》（杭州出版社 2005 年出版）
26.《康熙、乾隆两帝与西湖》（杭州出版社 2005 年出版）
27.《西湖造像》（杭州出版社 2006 年出版）
28.《西湖史话》（杭州出版社 2006 年出版）
29.《西湖戏曲》（杭州出版社 2006 年出版）
30.《西湖地名》（杭州出版社 2006 年出版）
31.《胡庆余堂》（杭州出版社 2006 年出版）
32.《西湖之谜》（杭州出版社 2006 年出版）
33.《西湖传说》（杭州出版社 2006 年出版）
34.《西湖游船》（杭州出版社 2006 年出版）
35.《洪昇与西湖》（杭州出版社 2006 年出版）
36.《高僧与西湖》（杭州出版社 2006 年出版）
37.《周恩来与西湖》（杭州出版社 2006 年出版）
38.《西湖老明信片》（杭州出版社 2006 年出版）
39.《西湖匾额》（杭州出版社 2007 年出版）
40.《西湖小品》（杭州出版社 2007 年出版）
41.《西湖游艺》（杭州出版社 2007 年出版）
42.《西湖亭阁》（杭州出版社 2007 年出版）
43.《西湖花卉》（杭州出版社 2007 年出版）
44.《司徒雷登与西湖》（杭州出版社 2007 年出版）
45.《吴山》（杭州出版社 2008 年出版）
46.《湖滨》（杭州出版社 2008 年出版）
47.《六和塔》（杭州出版社 2008 年出版）
48.《西湖绘画》（杭州出版社 2008 年出版）
49.《西湖名人》（杭州出版社 2008 年出版）

50.《纸币西湖》（杭州出版社 2008 年出版）
51.《西湖书法》（杭州出版社 2008 年出版）
52.《万松书缘》（杭州出版社 2008 年出版）
53.《西湖之堤》（杭州出版社 2008 年出版）
54.《巴金与西湖》（杭州出版社 2008 年出版）
55.《西湖名碑》（杭州出版社 2013 年出版）
56.《西湖孤山》（杭州出版社 2013 年出版）
57.《西湖茶文化》（杭州出版社 2013 年出版）
58.《宋画与西湖》（杭州出版社 2013 年出版）
59.《西湖文献撷英》（杭州出版社 2013 年出版）
60.《章太炎与西湖》（杭州出版社 2013 年出版）
61.《品味西湖三十景》（杭州出版社 2013 年出版）
62.《西湖赏石》（杭州出版社 2014 年出版）

西溪丛书

1.《西溪寻踪》（杭州出版社 2007 年出版）
2.《西溪的传说》（杭州出版社 2007 年出版）
3.《西溪的动物》（杭州出版社 2007 年出版）
4.《西溪的植物》（杭州出版社 2007 年出版）
5.《西溪沿山十八坞》（杭州出版社 2007 年出版）
6.《西溪历代诗文选》（杭州出版社 2007 年出版）
7.《西溪书法楹联集》（杭州出版社 2007 年出版）
8.《西溪历史文化探述》（杭州出版社 2007 年出版）
9.《西溪胜景历史遗迹》（杭州出版社 2007 年出版）
10.《西溪的水》（杭州出版社 2012 年出版）
11.《西溪的桥》（杭州出版社 2012 年出版）
12.《西溪游记》（杭州出版社 2012 年出版）
13.《西溪丛语》（杭州出版社 2012 年出版）
14.《西溪画寻》（杭州出版社 2012 年出版）
15.《西溪民俗》（杭州出版社 2012 年出版）
16.《西溪雅士》（杭州出版社 2012 年出版）
17.《西溪望族》（杭州出版社 2012 年出版）
18.《西溪的物产》（杭州出版社 2012 年出版）
19.《西溪与越剧》（杭州出版社 2012 年出版）
20.《西溪医药文化》（杭州出版社 2012 年出版）

21.《西溪民间风情》（杭州出版社 2012 年出版）
22.《西溪民间故事》（杭州出版社 2012 年出版）
23.《西溪民间工艺》（杭州出版社 2012 年出版）
24.《西溪古镇古村落》（杭州出版社 2012 年出版）
25.《西溪的历史建筑》（杭州出版社 2012 年出版）
26.《西溪的宗教文化》（杭州出版社 2012 年出版）
27.《西溪与蕉园诗社》（杭州出版社 2012 年出版）
28.《西溪集古楹联匾额》（杭州出版社 2012 年出版）
29.《西溪蒋坦与〈秋灯琐忆〉》（杭州出版社 2012 年出版）
30.《西溪名人》（杭州出版社 2013 年出版）
31.《西溪隐红》（杭州出版社 2013 年出版）
32.《西溪留下》（杭州出版社 2013 年出版）
33.《西溪山坞》（杭州出版社 2013 年出版）
34.《西溪揽胜》（杭州出版社 2013 年出版）
35.《西溪与水浒》（杭州出版社 2013 年出版）
36.《西溪诗词选注》（杭州出版社 2013 年出版）
37.《西溪地名揽萃》（杭州出版社 2013 年出版）
38.《西溪的龙舟胜会》（杭州出版社 2013 年出版）
39.《西溪民间语言趣谈》（杭州出版社 2013 年出版）

运河（河道）丛书

1.《杭州运河风俗》（杭州出版社 2006 年出版）
2.《杭州运河遗韵》（杭州出版社 2006 年出版）
3.《杭州运河文献（上）》（杭州出版社 2006 年出版）
4.《杭州运河文献（下）》（杭州出版社 2006 年出版）
5.《京杭大运河图说》（杭州出版社 2006 年出版）
6.《杭州运河历史研究》（杭州出版社 2006 年出版）
7.《杭州运河桥船码头》（杭州出版社 2006 年出版）
8.《杭州运河古诗词选评》（杭州出版社 2006 年出版）
9.《走近大运河·散文诗歌卷》（杭州出版社 2006 年出版）
10.《走近大运河·游记文学卷》（杭州出版社 2006 年出版）
11.《走近大运河·纪实文学卷》（杭州出版社 2006 年出版）
12.《走近大运河·传说故事卷》（杭州出版社 2006 年出版）
13.《走近大运河·美术摄影书法采风作品集》（杭州出版社 2006 年出版）
14.《杭州运河治理》（杭州出版社 2013 年出版）

15.《杭州运河新貌》（杭州出版社 2013 年出版）
16.《杭州运河歌谣》（杭州出版社 2013 年出版）
17.《杭州运河戏曲》（杭州出版社 2013 年出版）
18.《杭州运河集市》（杭州出版社 2013 年出版）
19.《杭州运河桥梁》（杭州出版社 2013 年出版）
20.《穿越千年的通途》（杭州出版社 2013 年出版）
21.《穿花泄月绕城来》（杭州出版社 2013 年出版）
22.《烟柳运河一脉清》（杭州出版社 2013 年出版）
23.《口述杭州河道历史》（杭州出版社 2013 年出版）
24.《杭州运河历史建筑》（杭州出版社 2013 年出版）
25.《杭州河道历史建筑》（杭州出版社 2013 年出版）
26.《外国人眼中的大运河》（杭州出版社 2013 年出版）
27.《杭州河道诗词楹联选粹》（杭州出版社 2013 年出版）
28.《杭州运河非物质文化遗产》（杭州出版社 2013 年出版）
29.《杭州运河宗教文化掠影》（杭州出版社 2013 年出版）
30.《杭州运河土特产》（杭州出版社 2013 年出版）
31.《杭州运河史话》（杭州出版社 2013 年出版）
32.《杭州运河旅游》（杭州出版社 2013 年出版）
33.《杭州河道文明探寻》（杭州出版社 2013 年出版）
34.《杭州运河名人》（杭州出版社 2014 年出版）
35.《中东河新传》（杭州出版社 2014 年出版）
36.《杭州运河船》（杭州出版社 2015 年出版）
37.《杭州运河名胜》（杭州出版社 2015 年出版）
38.《杭州河道社区》（杭州出版社 2015 年出版）
39.《运河边的租界——拱宸桥》（杭州出版社 2015 年出版）
40.《运河文化名镇塘栖》（杭州出版社 2015 年出版）

钱塘江丛书

1.《钱塘江传说》（杭州出版社 2013 年出版）
2.《钱塘江名人》（杭州出版社 2013 年出版）
3.《钱塘江金融文化》（杭州出版社 2013 年出版）
4.《钱塘江医药文化》（杭州出版社 2013 年出版）
5.《钱塘江历史建筑》（杭州出版社 2013 年出版）
6.《钱塘江古镇梅城》（杭州出版社 2013 年出版）
7.《茅以升和钱塘江大桥》（杭州出版社 2013 年出版）

8.《古邑分水》（杭州出版社 2013 年出版）
9.《孙权故里》（杭州出版社 2013 年出版）
10.《钱塘江风光》（杭州出版社 2013 年出版）
11.《钱塘江戏曲》（杭州出版社 2013 年出版）
12.《钱塘江风俗》（杭州出版社 2013 年出版）
13.《淳安千岛湖》（杭州出版社 2013 年出版）
14.《钱塘江航运》（杭州出版社 2013 年出版）
15.《钱塘江旧影》（杭州出版社 2013 年出版）
16.《钱塘江水电站》（杭州出版社 2013 年出版）
17.《钱塘江水上运动》（杭州出版社 2013 年出版）
18.《钱塘江民间工艺美术》（杭州出版社 2013 年出版）
19.《黄公望与〈富春山居图〉》（杭州出版社 2013 年出版）
20.《钱江梵影》（杭州出版社 2014 年出版）
21.《严光与严子陵钓台》（杭州出版社 2014 年出版）
22.《钱塘江史话》（杭州出版社 2014 年出版）
23.《桐君山》（杭州出版社 2014 年出版）
24.《钱塘江藏书与刻书文化》（杭州出版社 2014 年出版）
25.《外国人眼中的钱塘江》（杭州出版社 2014 年出版）
26.《钱塘江绘画》（杭州出版社 2014 年出版）
27.《钱塘江饮食》（杭州出版社 2014 年出版）
28.《钱塘江游记》（杭州出版社 2014 年出版）
29.《钱塘江茶史》（杭州出版社 2015 年出版）
30.《钱江潮与弄潮儿》（杭州出版社 2015 年出版）
31.《之江大学史》（杭州出版社 2015 年出版）
32.《钱塘江方言》（杭州出版社 2015 年出版）

湘湖（白马湖）丛书

1.《湘湖史话》（杭州出版社 2013 年出版）
2.《湘湖传说》（杭州出版社 2013 年出版）
3.《东方文化园》（杭州出版社 2013 年出版）
4.《任伯年评传》（杭州出版社 2013 年出版）
5.《湘湖风俗》（杭州出版社 2013 年出版）
6.《一代名幕汪辉祖》（杭州出版社 2014 年出版）
7.《湘湖诗韵》（浙江古籍出版社 2014 年出版）
8.《白马湖诗词》（西泠印社出版社 2014 年出版）

9.《白马湖传说》（西泠印社出版社 2014 年出版）
10.《湘湖人物》（浙江古籍出版社 2015 年出版）
11.《画韵湘湖》（浙江摄影出版社 2015 年出版）

良渚丛书

1.《神巫的世界》（杭州出版社 2013 年出版）
2.《纹饰的秘密》（杭州出版社 2013 年出版）
3.《玉器的故事》（杭州出版社 2013 年出版）
4.《从村居到王城》（杭州出版社 2013 年出版）
5.《良渚人的衣食》（杭州出版社 2013 年出版）
6.《良渚文明的圣地》（杭州出版社 2013 年出版）
7.《神人兽面的真像》（杭州出版社 2013 年出版）
8.《良渚文化发现人施昕更》（杭州出版社 2013 年出版）
9.《良渚文化的古环境》（杭州出版社 2014 年出版）

余杭丛书

《品味塘栖》（浙江古籍出版社 2015 年出版）

研究报告

南宋史研究丛书

1.《南宋史研究论丛（上）》（杭州出版社 2008 年出版）
2.《南宋史研究论丛（下）》（杭州出版社 2008 年出版）
3.《朱熹研究》（人民出版社 2008 年出版）
4.《叶适研究》（人民出版社 2008 年出版）
5.《陆游研究》（人民出版社 2008 年出版）
6.《马扩研究》（人民出版社 2008 年出版）
7.《岳飞研究》（人民出版社 2008 年出版）
8.《秦桧研究》（人民出版社 2008 年出版）
9.《宋理宗研究》（人民出版社 2008 年出版）
10.《文天祥研究》（人民出版社 2008 年出版）
11.《辛弃疾研究》（人民出版社 2008 年出版）
12.《陆九渊研究》（人民出版社 2008 年出版）

13.《南宋官窑》（杭州出版社 2008 年出版）
14.《南宋临安城考古》（杭州出版社 2008 年出版）
15.《南宋临安典籍文化》（杭州出版社 2008 年出版）
16.《南宋都城临安》（杭州出版社 2008 年出版）
17.《南宋史学史》（人民出版社 2008 年出版）
18.《南宋宗教史》（人民出版社 2008 年出版）
19.《南宋政治史》（人民出版社 2008 年出版）
20.《南宋人口史》（上海古籍出版社 2008 年出版）
21.《南宋交通史》（上海古籍出版社 2008 年出版）
22.《南宋教育史》（上海古籍出版社 2008 年出版）
23.《南宋思想史》（上海古籍出版社 2008 年出版）
24.《南宋军事史》（上海古籍出版社 2008 年出版）
25.《南宋手工业史》（上海古籍出版社 2008 年出版）
26.《南宋绘画史》（上海古籍出版社 2008 年出版）
27.《南宋书法史》（上海古籍出版社 2008 年出版）
28.《南宋戏曲史》（上海古籍出版社 2008 年出版）
29.《南宋临安大事记》（杭州出版社 2008 年出版）
30.《南宋临安对外交流》（杭州出版社 2008 年出版）
31.《南宋文学史》（人民出版社 2009 年出版）
32.《南宋科技史》（人民出版社 2009 年出版）
33.《南宋城镇史》（人民出版社 2009 年出版）
34.《南宋科举制度史》（人民出版社 2009 年出版）
35.《南宋临安工商业》（人民出版社 2009 年出版）
36.《南宋农业史》（人民出版社 2010 年出版）
37.《南宋临安文化》（杭州出版社 2010 年出版）
38.《南宋临安宗教》（杭州出版社 2010 年出版）
39.《南宋名人与临安》（杭州出版社 2010 年出版）
40.《南宋法制史》（人民出版社 2011 年出版）
41.《南宋临安社会生活》（杭州出版社 2011 年出版）
42.《宋画中的南宋建筑》（西泠印社出版社 2011 年出版）
43.《南宋舒州公牍佚简研究》（上海古籍出版社 2011 年出版）
44.《南宋全史（一）》（上海古籍出版社 2011 年出版）
45.《南宋全史（二）》（上海古籍出版社 2011 年出版）
46.《南宋全史（三）》（上海古籍出版社 2012 年出版）
47.《南宋全史（四）》（上海古籍出版社 2012 年出版）
48.《南宋全史（五）》（上海古籍出版社 2012 年出版）

49.《南宋全史（六）》（上海古籍出版社 2012 年出版）
50.《南宋美学思想研究》（上海古籍出版社 2012 年出版）
51.《南宋川陕边行政运行体制研究》（上海古籍出版社 2012 年出版）
52.《南宋藏书史》（人民出版社 2013 年出版）
53.《南宋陶瓷史》（上海古籍出版社 2013 年出版）
54.《南宋明州先贤祠研究》（上海古籍出版社 2013 年出版）

杭州研究报告

1.《金砖四城——杭州都市经济圈解析》（杭州出版社 2013 年出版）
2.《民间文化杭州论稿》（杭州出版社 2013 年出版）
3.《杭州方言与宋室南迁》（杭州出版社 2013 年出版）

运河（河道）研究报告

《杭州河道研究报告（一）》（浙江古籍出版社 2015 年出版）
钱塘江研究报告
《钱塘江研究报告（一）》（杭州出版社 2013 年出版）

湘湖（白马湖）研究报告

1.《九个世纪的嬗变》（浙江古籍出版社 2014 年出版）
2.《湘湖保护与开发研究报告（一）》（杭州出版社 2015 年出版）
3.《湘湖战略定位与保护发展对策研究》（浙江古籍出版社 2016 年出版）

余杭研究报告

《慧焰薪传——径山禅茶文化研究》（杭州出版社 2014 年出版）

杭州 | 州 | 全 | 书